Erni Mangold

# Lassen Sie mich in Ruhe

## Erinnerungen

*Aufgezeichnet von Doris Priesching*

Mit 80 Abbildungen und Verzeichnissen
der Theater-, Film- und Fernsehrollen sowie
der Regiearbeiten und Auszeichnungen

Amalthea

*Bildnachweis*

ARCHIV ERNI MANGOLD Friedrich Schilder: 1; Richard Müller: 4; Foto Rohringen: 8; Sveto Bozucanin: 9; Gabriele du Vinage: 10–12; Bruno Völkel: 16; Schönbrunnfilm/Sandmann: 18; Royal/Deutsche London/Gabriele: 19; Lothar Sandmann: 20; Real/Rank/Gabriele: 21; Real/Europa/Gabriele: 22; Foto Othmar: 25; T. von Mindszenty: 27; Foto Fayer: 29, 33; Friedhelm von Estorff: 34; Lore Bermbach: 42; Gabriele und Matthias du Vinage: 43; Gabriele Brandenstein: 44, 54; Ernst Hausknost: 46, 47, 50; Rudolf Wehrl: 48, 49; Kövesdi Presseagentur: 52; Victor Mory: 56; ORF: 58; Volkstheater Wien: 59; APA: 60; Winnie Jakob: S. 261; alle übrigen: Privat

SOWIE Universität Hamburg/Hamburger Theatersammlung: 30 (Archiv Rosemarie Clausen), 31 (Archiv Rosmarie Pierer/Thalia Theater), 35–40 (Archiv Rosemarie Clausen).

Illustrationen im Text

Archiv der Salzburger Festspiele: S. 50; Archiv der Bregenzer Festspiele: S.57; Deutsches Theatermuseum, München: S. 144; Winnie Jakob: S. 261; alle übrigen: Privat

Der Verlag hat alle Rechte abgeklärt. Konnten in einzelnen Fällen die Rechteinhaber der reproduzierten Bilder nicht ausfindig gemacht werden, bitten wir Sie, dem Verlag bestehende Ansprüche zu melden.

Frontispiz: Als Sarah Bernhardt in dem Stück von John Murrell, 2011, Volkstheater Wien

1. Auflage Oktober 2011
2. Auflage November 2011


Umschlaggestaltung: Kurt Hamtil, Wien
Umschlagfoto: Josef Fischnaller
Satz: VerlagsService Dr. Helmut Neuberger
& Karl Schaumann GmbH, Heimstetten
Gesetzt aus der 12/16 Punkt Adobe Garamond
Druck und Bindung: CPI Moravia Books GmbH
Printed in the EU
ISBN 978-3-85002-766-3

# Inhalt

## III. Rundum



## Anhang

# Vorwort

Ich hätte dieses Buch nicht gebraucht. Zurückschauen, Vergangenheit, Theater, Film, Fernsehen – wen kümmert das? Mich am allerwenigsten. Vorbei ist vorbei und weg ist weg, nach dieser Maxime lebe ich, inzwischen seit 84 Jahren. Ich weiß, wovon ich spreche. Ein Buch, in dem ich mich mit meiner Vergangenheit auseinandersetzen soll? Ich kann damit nichts anfangen.

Ich kann stur sein wie ein Bock, bin aber gleichzeitig gutmütig wie ein Schaf. Ich bin eine schlechte Neinsagerin.

Ich konnte es nie, und ein Nein geht mir bis heute nicht von der Zunge. Naja, wenn sie mich so lieb bitten. Neulich wieder im Kunsthistorischen Museum. Beim Projekt *Ganymed Boarding* interpretierte ich Franz Schuhs Text zu Wolf Hubers Bild *Der Humanist Jacob Ziegler*, ganze Abende lang, wieder und immer wieder. Regelmäßig stand ich drei Stunden ohne Pause, fast bis zum Zusammenbrechen. War ich mit einer Partie fertig, stand die nächste bereit, nicht eine Sekunde konnte ich weg. Die Leute bettelten: »Bitte, bitte, Frau Mangold, nur noch einmal!« Und ich fing wieder von vorne an. Einer war schon zum dritten Mal dabei, der meinte: »Frau Mangold, diesmal waren Sie aber besonders gut!« Ja, offenbar hatte ihm gefallen, wie ich in Trance geredet hatte.

Es wäre besser gewesen, öfter Nein zu sagen. Es ging nicht.

Dabei schreibt es sich höchst einfach: Nein. »Erni, da gibt es dieses Stück, magst du nicht?« Nein. »Liebe Frau Mangold, wir laden Sie herzlich ein …« Nein. »Sehr geehrte Frau Professor, Sie müssen unbedingt …« Nein. Nein. Nein. Einfach. Theoretisch. Denn Nein zu sagen, also wirklich und bestimmt: Nein! – Ich schaffe es nicht. Vergiss es.

Und deshalb gibt es dieses Buch. Weil ich es im entscheidenden Moment wieder einmal nicht fertiggebracht habe, Nein zu sagen. Deshalb drei Teile: »Ich«, »Die Anderen« und »Rundum«, jetzt als Ergebnis meiner Vergangenheit.

Gut, wenn ich dabei bin, ist es ja okay. Es macht Spaß, immer noch Spaß. Theater, Fernsehen, Hörspiel und irgendwie letztlich dieses Buch, das mir nächtelang den Schlaf raubte. Erinnerungsarbeit. Entzückend.

Und so danke ich allen, die zum Gelingen dieses Buches beigetragen haben: Frau Dr. Brigitte Sinhuber, die es unbedingt wollte, und ihrem Team für die mühevolle Kleinarbeit beim Zusammenstellen meiner Werkliste. Weiters danke ich Thomas Ballhausen und dem Filmarchiv Austria, dem ORF sowie Stöffi Speich, Harald Fidler und Peter Patzak, ich danke dem Theater in der Josefstadt, dem Schauspielhaus Wien und dem Volkstheater, den Schauspielhäusern in Hamburg und Düsseldorf sowie der Hamburger Theatersammlung der Universität Hamburg, Frau Dr. Michaela Giesing, dem Archiv der Salzburger Festspiele, Frau Mag. Franziska-M. Lettowsky, und dem Deutschen Theatermuseum München, Herrn Stephan Priddy. Ohne sie alle gäbe es dieses Buch nicht. Dieses Buch, das ich nicht gebraucht hätte. Und überhaupt: Doris, du bist schuld, soll ich mich bedanken? Nein – du musst es tragen.

# I.

# Ich

# »Hier ist der Abortus«

Es begann abenteuerlich.

Gemessen an den Umständen meiner Geburt hätte ich im Grunde genommen ein neuer Mozart werden müssen: Wie Klein Wolfgang Amadé erblickte ich gegen jede Vernunft das Licht der Welt, und wie er war ich später ein höchst merkwürdiges Kind. Trotzdem bin ich ziemlich eindeutig kein Musikgenie, aber das ist eine andere Geschichte.

Ich, Erna Goldmann, kam am 26. Jänner 1927 im Gasthaus meiner Großeltern in Großweikersdorf, Niederösterreich, zur Welt. Vermutlich mag ich Wirtshäuser deshalb sehr gerne und fühl ich mich in ihnen sauwohl. Die Angelegenheit damals war allerdings wenig romantisch.

Meine Mutter hatte zum Zeitpunkt meiner Geburt sieben Abtreibungen hinter sich. Sie war 22, als sie mich bekam, und sehr »foin« und vornehm. Sie hatte das Sacre Cœur in Wien besucht und wollte ursprünglich Pianistin werden. Das Wort »Scheiße« wurde bei uns daheim nie gebraucht – das heißt, erst nachdem ich es von den Deutschen mit nach Hause gebracht hatte, und dann war es jedes Mal ganz furchtbar.

Die Abtreibungen hatten sie einen Batzen Geld gekostet.

Dass sie ein Riesenglück hatte, überhaupt überlebt zu haben, dessen war sie sich nicht bewusst. Der Gedanke wäre ihr mit ziemlicher Sicherheit nie in den Sinn gekommen. So war sie eben, so war die Zeit. Kein Platz für Sentiment.

Abtreiben konnte man über die Hebamme. Illegal, versteht sich, das Ganze war streng verboten und musste höchst geheim stattfinden. Mama behauptete, sie hatte es machen müssen, weil sie Probleme mit der Lunge hatte. Ich bin nicht sicher, ob das stimmte. Oder war sie wirklich lungenkrank? Keine Ahnung. Es spielt heute keine Rolle mehr.

Jedenfalls war es so, dass meine Eltern zwar verhütet hatten, aber irgendwie musste ich trotzdem durchgeschlüpft sein. Die Geburt sollte in der Wiener Semmelweis-Klinik stattfinden, weshalb meine Mutter im dritten Monat in die Hauptstadt zu einem Kontrolltermin fuhr. Dort bekam sie überraschend Blutungen, und im Zuge dessen wurde so etwas wie Kuretage gemacht. Was die Ärzte da genau taten oder an welcher unzugänglichen Stelle ich im Mutterleib klebte? Ich weiß es nicht, aber offenbar hatte ich mich sehr geschützt.

Als meine Mutter die Klinik verließ, sagte man ihr, sie solle sich die nächsten Wochen schonen, schließlich habe sie einen Abortus hinter sich. Also fuhr sie nach Admont in die Steiermark, ging spazieren – und kotzte weiter, weshalb ihr klar war, dass sie doch noch schwanger sein musste. Sie wollte unbedingt, dass ich in Wien zur Welt kam, weil es ihr wichtig war, den Ärzten zu beweisen, dass sie mit der Fehlgeburt unrecht hatten.

Ich machte ihr ein zweites Mal einen Strich durch die Rechnung, denn ich kam einen Monat zu früh zur Welt und zwar bei einer Sauschlachtung am Hof meiner Großeltern, bei dem eine Gastwirtschaft angeschlossen war. Meine Mutter half beim

Abstechen, als plötzlich das Fruchtwasser kam, und die Mutter meiner Mutter sagte: »Ja, du kriegst ein Kind.« Großes Tamtam, denn man sah ihr die Schwangerschaft kaum an. An eine Frühgeburt hatte überhaupt niemand gedacht.

Meine Mutter konnte es wohl selbst nicht glauben, dass es schon so weit war und wollte unbedingt noch zum Kirtag gehen und tanzen. Sie hatte sich von einem Freund abholen lassen, aber es war zu spät. Das Baby kam. Glücklicherweise war der Freund soeben mit seinem Medizinstudium fertig, er wusste, was zu tun war. Ich wurde sein erstes Neugeborenes auf dem Wirtshaustisch meiner Großeltern.

Es war keine leichte Geburt, Steißlage, in einem ziemlich strengen Winter. Ich wog gerade 2,5 Kilogramm und war 54 Zentimeter groß. Als mich mein Vater das erste Mal sah, rief er: »Mein Gott, ist das alles klein!« Wäre er nicht so gescheit gewesen und hätte sich damals nicht schon für Ernährung interessiert, hätte ich vermutlich nicht überlebt. In den 1920er-Jahren gab es neue Erkenntnisse über gesundes Essen, und er setzte sich sehr damit auseinander. Also wurde ich nicht nur mit Muttermilch genährt, sondern zusätzlich mit viel Gemüse.

14 Jahre später kam ich eines Tages nach Hause, und auf der Bank saß ein alter Mann mit weißem Haar: Es war der Chefarzt der Semmelweis-Klinik. Meine Mutter stellte mich ihm artig vor: »Herr Primar, hier ist der Abortus.« – »Aha. Ja, das gibt's«, sagte er.

Die Geschichte meiner Geburt – entzückend, nicht?

# Zartes Püpplein

Zu meinen Ahnen gibt es nicht viel zu sagen. Ich stamme mütterlicherseits von einem Bauerngeschlecht ab. Aristokratische Bauern – so nannte man das damals –, denn sie waren reich und besaßen große Ländereien. Den Bauern-Großvater Josef mochte ich furchtbar gern. Ich war fünf, als er mir einmal auf den Hintern klopfte, und ich wies ihn empört zurecht: »Großvater, einer Dame klopft man nicht auf den Popo!« Er fand das saukomisch.

Der Großvater war später meine erste Leich'. Damals zeigte man den Kindern ja die Toten noch am Totenbett.

Meine Mutter, 1904 geboren, hatte drei Geschwister, war Pianistin und hieß mit Mädchennamen Groiss. Das kommt vom französischen »croix«: Als die Hugenotten in Frankreich vertrieben wurden, kamen sie bis Großweikersdorf. Also Groiss, Maria, genannt Mizzi.

Väterlicherseits gab es vor mir vor allem Künstler und Lehrer. Mein Großvater, Heinrich Goldmann, war Bildhauer und goss noch Kaiser Franz Joseph in Gips.

Mein Vater, Severin Goldmann, 1887 geboren in Bad Ischl, war eines von sechs Kindern. Die Familie meines Vaters war sehr kreativ. Als Kinder wollten sie Fallschirmspringen und hüpften mit dem Regenschirm vom ersten Stock aus dem Fenster. Es passierte ihnen nichts. Vier Buben und zwei Mädchen.

Er war Lehrer, später Direktor in Großweikersdorf und Maler.

Meine Eltern führten keine sehr gute Ehe. Mein Vater war unglücklich, weil er aus seinem geliebten Oberösterreich wegmusste. Aber er bekam als Lehrer keine Stellung und wurde deshalb ins tiefste Weinviertel geschickt.

Sie lernten sich im Zug kennen. Mizzi fuhr nach Wien, weil sie als Studentin der Musikhochschule in der Akademie aufgenommen wurde. Sie soll eine hoch-hoch-hochtalentierte Musikerin gewesen sein, die sicher eine erfolgreiche Pianistin geworden wäre. Wenn sie nicht genau das getan hätte, was viele Frauen damals taten: Sie heiratete früh, mit 18, gab ihren Beruf auf und förderte ihren Gemahl. Später warf sie ihm das vor. Die Ehe wurde zur Strindberg-Ehe.

Im Ersten Weltkrieg zog mein Vater sich sehr geschickt aus der Affäre. Er war Offizier und verletzte sich beim Sprung über einen Graben am Knie. So ersparte er sich den Einsatz, nicht aber die Verachtung meiner Mutter. Sie fand sein Verhalten grauenhaft und hielt ihn für einen Feigling. Aber er hielt das aus, wohl auch, weil er sie durch den relativ hohen Altersunterschied – meine Mutter war um 17 Jahre jünger als er – nie für ganz voll nahm. Er sah ja mehr ein Mäderl in ihr. »Du verstehst das nicht«, sagte er zu ihr, und damit war die Sache erledigt.

Ich war ja ein so zartes Püpplein! Als Kind bekam ich alle Krankheiten, die es nur gab. Trotzdem denke ich, dass ich insgesamt

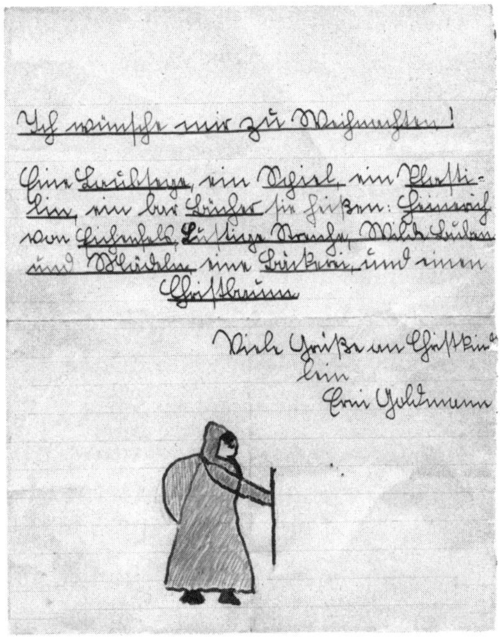

*»Ich wünsche mir zu Weihnachten!
Ein Laubsege, ein Spiel, ein Plastilin, ein bar Bücher sie heißen: Heinrich von Eichenfels, Lustige Streiche, Wilde Buben und Mädeln, eine Bäckerei, und einen Christbaum.
Viele Grüße an Christkindlein
Erni Goldmann«*

eine ganz gute Kindheit hatte, was ich hauptsächlich meinem Vater verdanke. Wir fuhren auf Sommerfrische nach Bad Ischl und gingen oft alle zusammen ins Gebirge. Das mochte ich gern, denn ich liebte die Berge sehr. Meinem Vater war das wichtig: »Du darfst die Berge nie verlassen, denn sie sind dein Ein und Alles.« Erst als der Krieg vorbei war, hörten wir mit den gemeinsamen Touren auf.

Er erzog mich »goetheanisch«. Das heißt, ich wuchs wie Klein-Johann-Wolfgang-von auf, dessen Mutter ihrem Sohnemann vorgelesen haben soll. Die Ursprünge dieses Erziehungsstils wurden nie hervorgehoben, ich kam erst als Erwachsene dahinter, als ich in Weimar im Goethe-Museum vor exakt den gleichen Zeichnungen stand, die Goethe zur Unterweisung in Naturkunde verwendet und die mein Vater ebenfalls angefertigt hatte. Er war mindestens ebenso eifrig bestrebt, aus mir eine wohlerzogene Bildungsbürgerin zu machen.

Mit dem Märchenerzählen begann er, als ich zwei war. Dabei nahm er Teile aus Grimms Märchen, oder – das mochte ich noch lieber – er dachte sich seine eigenen aus, die er niederschrieb und mir vorlas. Das Heft ging später irgendwie verloren, aber ich weiß noch, alle diese Geschichten waren wunderschön. Er erzählte sie mir Abend für Abend. Mit 15 wurde ich zu *Wilhelm Meister* und *Faust* getrieben.

Ich erhielt so eine seiner Meinung nach vorzügliche Spracherziehung, was ihm nur leider nicht sehr viel nützte. Denn als ich älter war, mit 14 Jahren, legte ich mir als echtes Landkind einen schlimmen Weikersdorfer Bauerndialekt zu. Das störte ihn furchtbar, weil ich doch nach seinen Wünschen Lehrerin werden sollte. Gleichzeitig musste ich seiner Meinung nach dringend etwas gegen meine schlechte Haltung tun – ich hatte nicht nur eine schreckliche Aussprache, sondern hatschte irre. Ich war eine echte Gammlerin.

1938 übersiedelten wir von Großweikersdorf nach Wien in die Rembrandtstraße im zweiten Bezirk. Ich nehme an, es geschah wegen mir. Ich sollte dem schlechten Einfluss der Provinz entkommen und zu einer wohlerzogenen Dame erzogen werden. Doch das war gar nicht so einfach. Meinen Bauerndialekt wollte ich nicht aufgeben, weil ich mich dem Wienerischen nicht anpassen wollte. Ich bestand darauf, anders zu sein, und sei es nur wegen meiner Sprache: »Ich komme von woanders her, ich bin wer anderer, und ich bleibe die, die ich bin.« Ich war tatsächlich stolz auf meinen Bauernslang.

Das störte den Papa. »Die Sprache muss sich erweitern«, sagte er, schon wieder ganz goetheanisch, »es ist gut, wenn sie literarisch gebildet wird.« Er wollte unbedingt, dass ich besser sprechen und gehen lerne, und dachte, in der Großstadt könne er in dieser Angelegenheit mehr erreichen als am Land. Ich machte es ihm nicht leicht, denn es gab lange nichts, wohin er mich hinschicken hätte können, wo ich auch hingegangen wäre.

Mein Vater schlug mich, soweit ich mich erinnere, nur ein einziges Mal: Mit einem kleinen Pracker auf den nackten Popo, allerdings in der Öffentlichkeit – und zwar, weil ich gestürzt war. Er hasste es wie die Pest, wenn ich nicht aufpasste. Ich hatte ausgeprägte X-Haxen und fiel deshalb recht oft um.

Mir persönlich war das egal, denn ich war – wie ich heute zugeben muss – ein eigenartiges Kind. Ich wollte erwachsen sein und glaubte gleichzeitig an das Christkind. Ich hatte einen eingefrästen Gerechtigkeitssinn und versuchte, mit meinem kindlichen Verstand die Konflikte zwischen meinen Eltern zu lösen: »Das ist so und nicht anders richtig, und das solltet ihr so und nicht anders machen!« Unentwegt war ich am Urteilen, Einordnen und Bewerten. Seltsamerweise nahmen sie mich dabei sogar ernst.

Meine Mutter schlug mich, weil sie es nicht duldete, wenn ich zu spät kam: Eine halbe Stunde, und es gab völliges Theater. Genauigkeit war ihr wichtig. Ich mochte meine Mutter natürlich nicht. Nicht, weil sie mich schlug, sondern weil ich zu ihr überhaupt keinen Zugang fand. Ich liebte nur meinen Vater. Weil ich ihn für klüger hielt, und weil mich diese Form der Intelligenz faszinierte, entschuldigte ich alle seine Fehler. Das ist nicht gut, und für diese Einseitigkeit bestrafte mich später das Leben.

Vater-Töchter-Beziehungen sind sehr prägend, und die meine prägte mich in Bezug auf Männer: Ich wählte stets die falschen. Eine Tochter, die zur Mutter eine starke Bindung hat, ist grundsätzlich viel kritischer und wird nie diese Abhängigkeit von Männern haben. Ich war emanzipiert in meinem Job, aber ich war nie emanzipiert als Mädchen und sehr lange nicht als Frau. Ich war eine Gefalltochter, eine Protesttochter, eine Leistungstochter, alles das konnte ich wunderbar. Ich redete mir ein, dass mein Vater mich akzeptierte und war überglücklich. Dabei akzeptierte er Männer stets mehr als mich und hielt Freundschaften mit meinen Partnern, selbst nachdem ich schon lange Schluss gemacht hatte. Als ich heiratete, sagte er bei der Hochzeitsrede: »Gott sei Dank habe ich jetzt keine Verantwortung mehr.« Ich erschrak über diese Worte und dachte mir: Öha! Ich lief hinter der Liebe meines Vaters her und wusste es noch nicht einmal.

Erst ein Jahr vor ihrem Tod gelang es meiner Mutter, mir die Liebe zu zeigen, die ich nie gespürt hatte. Erst da kam ich dahinter, dass es ihr nicht anders gegangen war als mir: Sie hatte die Liebe ihrer Mutter nie bekommen und war deshalb offenbar nicht fähig, sie weiterzugeben.

Es passierte, als ich merkte, sie quält mich nicht mehr. Ich hatte immer die Vorstellung, meine Mutter wird mir riesige Schwierigkeiten machen, wenn sie stirbt. Aber es wurde ganz anders. Ich kaufte ihr eine kleine Wohnung neben meiner, und sie war damit zufrieden. Ich war keine Opfertochter und wollte nie – nie! – eine werden. Ich finde Opfertöchter bemitleidenswert. Eine Opfertochter schläft beim pflegebedürftigen Elternteil, kocht für ihn, bringt das Essen, macht alles, was Mutter oder Vater sagt. Sie gibt einen Teil ihres Lebens auf. Grauenhaft, weil es mit Liebe nichts zu tun hat.

Meine Mutter lebte in der kleinen Wohnung noch zwei Jahre. Sie war 88, als sie starb und ich 60. Sie ließ sehr, sehr toll los, weil sie einfach nicht mehr leben wollte. Es war ihr auch fad, sagte die Heimhilfe.

Mein Vater starb 1967 mit 80 in Ischl. Ein Teil seines Gehirns hatte sich aufgelöst. Das Wort »Düsseldorf« wird als medizinischer Test genommen, und wenn derjenige das Wort nicht herausbringt, stattdessen »hükskorüsormpf« sagt, dann weiß man, dass er diese Krankheit hat. Ich konnte ihn verstehen bis zum Schluss, er konnte sprechen, Witze erzählen, die ich übersetzen musste.

Als es nicht mehr ging, brachte ich ihn nach Ischl ins Spital. Der Primar der Neurologie fuhr tags darauf in den Urlaub, vielleicht war es das Glück meines Vaters. Ich sah es damals als Nachteil. Dieser Primar teilte uns mit, die Krankheit bessere sich nicht mehr, das sei ein Prozess, der ein Jahr dauere, spätestens dann werde mein Vater sterben.

Der Arzt, der zurückblieb, machte den Vater in kurzer Zeit zur Leiche. Die Behandlungen brachten ihn um. Er wurde immer schwächer und hatte starke Schmerzen. Ich ging zu diesem Arzt und bat um ein schmerzstillendes Medikament. Das hätte ich nicht tun sollen: »Das können Sie nicht beurteilen! Was wissen Sie schon davon? Wir können ihn ja nicht töten!«, pudelte er sich auf. – »Nicht töten, aber erleichtern könnten Sie ihm das Sterben schon.« Das war's. Schrecklich, ich werde es nie vergessen. Im Spital muss man vorsichtig sein. Wenn es einem schlecht geht, wenn es zum Sterben geht, nur nicht ins Spital, denn dann bist du womöglich verloren.

Er war zwar nicht ganz tot, aber durch die Behandlungen, die sie ihm verabreichten, wurde das Sterben beschleunigt. Er hatte ein gutes Herz, konnte nicht leicht loslassen. Nach 14 Tagen war es vorbei.

Mein damaliger Mann Heinz Reincke ließ mich in dieser Phase ziemlich im Stich, er war ungern im Krankenhaus. Der Bruder meines Vaters, Heinrich, 92, und ich saßen fünf Stunden bei meinem Vater, lachten und weinten.

»Ich weiß nicht, Erni«, sagte mein Onkel. »Das stimmt ja eigentlich nicht. Ich bin ja doch viel älter als dein Papa. Sollt ich mich vielleicht ausm Fenster stürzen?« Und dann tat ich etwas, das ich lange bereuen sollte: Ich hörte auf meinen Mann, der meinte: »Komm jetzt, gehen wir!« Eine Stunde später war Vater tot.

Ich bedauerte es, dass ich in der Stunde des Todes nicht bei ihm war. Heinz versuchte mir das auszureden, der Vater hätte dann hässlich ausgesehen, und es sei doch besser, ihn gesund und lebendig in Erinnerung zu behalten – was natürlich Unsinn war, denn Tote schauen überhaupt nicht hässlich aus. Ich weinte sehr.

Das Begräbnis war sehr beglückend. Ich bekam ein Grab für ihn in Ischl, was nicht so leicht war, denn mein Vater war aus der Kirche ausgetreten. Der Pfarrer holte tief Luft und sagte: »Na ja, dann liegt er halt so ein bissl abseits.« Er bekam schließlich einen wunderschönen Platz, gerade weil er so abseits liegt. Der Friedhof wird gut gepflegt, weil er eine Touristenattraktion ist.

Er liegt nicht zusammen mit der Mutter, die in Großweikersdorf begraben ist. Sie wollte in die Gruft ihrer Eltern, dort gab es nur noch einen Platz, und weil er Ischler war, dachte ich, es ist doch gut.

Ich entwarf ein sehr schönes schmiedeeisernes Kreuz. Viele Jahre später fand ich einen Brief von ihm, in dem er beschrieb, wie er begraben werden wollte. Ganz anders. Mit einem Holzkreuz, das eine bestimmte Länge haben sollte.

Er rauchte bis zum Schluss, die Tschick schnorrte er sich und sang immer: »Eine Zigarette muss ich haben, gilt sie dir oder gilt sie mir!« Als ich noch rauchte, stand ich am Friedhof vor seinem Grab und sang dieses Lied. Ein bissl peinlich. Er hatte noch eine Melodie: »Ich bin ein Zigeuner, hass und lieb wie keiner«, oder so ähnlich. Wenn er das anstimmte, hasste ihn meine Mutter.

Sie sind richtig begraben, das ist okay.

Ich bin musikalisch sehr gebildet, selbst aber leider völlig unmusikalisch. Das musste schließlich selbst meine Mutter akzeptieren, die mir mit vier das Klavierspielen einhämmern wollte und es später immer wieder versuchte. Ich liebe Musik über alles, egal, ob Klassik, Jazz oder Pop, aber ich beherrsche kein Instrument. Eine Zeit lang spielte ich Geige, aber das hatte mehr mit einem Weißrussen zu tun, in den ich schrecklich verliebt war. Die Leute sagten, ich hätte Talent, und sogar meine Mutter hörte auf zu keppeln und staunte. Irgendwann interessierte es mich trotzdem nicht mehr, ich denke, es hatte mit dem Weißrussen zu tun.

Ich war immer eine Außenseiterin. In der Schule stellte ich die Fragen, die man nicht stellen durfte, und bekam konsequent nie die Antworten, nach denen ich suchte. So wurde immer über mich gelacht. Ich hatte ständig das Gefühl, ich werde ungerecht behandelt. Mit meinem Gerechtigkeitswahn ließ sich das schlecht vereinbaren. Wurde mir auf den Kopf zugesagt, dass ich lüge, und ich hatte nicht gelogen, war das für mich eine Katastrophe. Es endete immer damit, dass ich sehr krank wurde. Später, in Wien, kam ich etwas besser zurecht, weil ich mich dort diesem Druck entziehen konnte. Aber am Land war es schlimm.

So legte ich mir meine speziellen Freunde zu. Ich hatte einen Teddybären, den ich so abgöttisch liebte und abzuzelte, dass er irgendwann kein einziges Haar mehr hatte. Den nackigen Bären habe ich heute noch, er liegt bei mir im Schlafzimmer.

Mein zweiter Freund war ein Zwerg. Dieser Zwerg versteckte sich hinter der Truhe, und immer wenn ich etwas nicht essen wollte, schmiss ich es hinter diese Truhe zum Zwerg. Meine Mutter wusste davon, ich hatte ihn jahrelang und erzählte in der Schule: »Mein Zwerg spricht mit mir, ich habe ihn in der Schultasche.« Er lebte für mich.

Ich bin Legasthenikerin und muss bis heute aufpassen, dass ich den einen oder anderen Buchstaben nicht zu viel oder zu wenig setze, etwas anhänge, wo nichts mehr hingehört und nicht »schöner-er-er-er« schreibe.

Ich war sehr gut in Deutsch und schrieb tolle Aufsätze, aber durch die Legasthenie waren sie voll mit Rechtschreibfehlern, was natürlich wieder Grund für die Häme von Schulkollegen und Lehrern war. Sie dachten einfach, ich sei strohdumm, und lachten mich weiter aus. In Mathematik war ich sowieso sauschlecht, obwohl das mehr mit meiner Lehrerin zu tun hatte. Sie hatte eine Warze auf der Nase, und ich hasste sie sehr – weil ich sie so ungeheuer hässlich fand und sie als Lehrerin einfach schrecklich war.

Ich schwindelte sehr viel in der Schule. Dieses ganze überholte System machte mich total unglücklich, und ich musste alle meine Kraft aufbringen, um mich davon nicht niederwalzen zu lassen.

Ich gewöhnte mir in der Zeit eine Widerborstigkeit an, die ich sehr lange beibehielt, auch als ich älter wurde. Ich war es gewohnt, gegen den Strom zu schwimmen. Unter Hitler tat ich das sehr akkurat.

## »Mit Kriegsgut wirft man nicht!«

Mit der Hitlerzeit kam ich nicht zurecht. Ich war zwölf, als er kam. Es war für mich ein ziemlicher Schlag. Ich konnte das alles gar nicht begreifen und war entsetzt, als ich sah, wie die Massen aufmarschierten. Ich war fassungslos, als meine Eltern plötzlich »Heil Hitler!« riefen. Ich war völlig verwirrt, als ich sah, wie man mich für die Hitlerjugend vereinnahmen wollte. Zwei Tage hielt ich es in einer dieser Gruppen aus. Eine der BDM-Anführerinnen sagte: »Du musst singen und eins, zwei marschieren.« Ich haute ihr eine runter und lief davon. Meinen Eltern erklärte ich, dass ich dort nie wieder hingehen würde. Basta, das war's.

Mit dem Namen Goldmann stürzten sich die Nazis natürlich sofort auf meinen Vater. Er hatte aber lange vor dem Einmarsch einen Ahnenpass machen lassen, weil er wissen wollte, welche Krankheiten es in seiner Familie gab und welche in der Familie seiner Frau aufgetreten waren. Er stand damals schon auf dem Standpunkt, Krebs sei vererbbar und wollte seine Risiken abtesten. Jüdische Ahnen zu haben, war schon vor Hitler kein Vorteil, so ließ er sich für den Ahnenpass eine gute Geschichte einfallen. Er sagte, seine Familie hieße eigentlich Goltermann, aber sein Großvater sei immer entsetzt gewesen, weil der Name ständig falsch geschrieben wurde, einmal mit dt, dann mit th und so fort. So sei aus dem nichtjüdischen Goltermann das jüdische Goldmann geworden, ohne dass jemals jüdisches Blut in dieser Familie geflossen sei. Ich kaufte ihm die Geschichte nie ab.

Mit seinem Ausweis war der gute Severin jedenfalls vor den Nazis »sauber«. Mit 50 merkte er immerhin, welches Arschloch Hitler war und ging in Frühpension. Vor 1942 war das noch anders. Mein Vater hatte eine Landkarte an der Wand aufgehängt, die er mit kleinen, bunten Stecknadeln kennzeichnete, Stecknadeln mit Köpfchen drauf, blaue, grüne, rote. Daran konnte man erkennen, wie weit die Truppen schon vorgerückt waren. 1942 begannen die Niederlagen. Ich freute mich und hoffte, dass es bald aus ist. »Hoppla, die sind am absteigenden Ast«, bemerkte mein Vater – und ging fortan auf Distanz. Den Nazis erzählte er, der Name Goldmann mache ihm als Lehrer bei den Eltern und den Schülern große Schwierigkeiten. Eine Lüge, aber die Nazis sagten: »Das können wir ja verstehen, Herr Goldmann.« So konnte er aus der Partei austreten. In Frühpension war er ohnehin schon.

Das war sein großes Glück, weil er so nach dem Krieg wieder unterrichten durfte. Er bekam sofort Arbeit, obwohl er schon alt war. Die Pointe an dem Ganzen: Nach dem Krieg war er sehr bald wieder Antisemit.

Als 1956 die Ungarn nach Österreich flüchteten, sagte er: »Da sitzen sie schon wieder in den Restaurants mit ihrem ganzen Schmuck, und es geht ihnen schon wieder gut.« Ich sah ihn an und sagte: »Du spinnst, Papa.« Ich konnte das nie verstehen.

Ich verabscheute die Nazis in einer Weise, dass ich mich heute wundere, wie ich so gut durchkommen konnte. Ich kann es mir nur so erklären, dass ich ein hübsches Mädchen war, mich aber gleichzeitig saudumm stellen und grenzdebil dreinschauen konnte. Dadurch sahen sie in mir ein »süßes, kleines Mäderl« und scherten sich nicht weiter um mich. Ich nützte das aus und glaubte irgendwann sogar selbst daran.

Süß war ich natürlich überhaupt nicht. Ich trug nie Uniform, sagte nie »Heil Hitler!«, immer »Guten Tag«. Deshalb war ich unbeliebt und wurde verachtet, vor allem von den Lehrern.

Während dieser ganzen Zeit war ich sehr unglücklich und hatte nur eine einzige Freundin. Ich glaube, es war 1942, da ging ich mit dem Judenstern in Wien, wegen ihr. Sie war etwas jünger und kam wie ich aus Großweikersdorf. Ihre Eltern hatten dort einen Gemischtwarenladen gehabt, Textilien verkauft und ihren Kunden Kredite gegeben. Dadurch hatten sie natürlich eine schlechte Nachrede, denn damit verdienten sie viel Geld.

Die ganze Familie wurde nach Wien gebracht, und sie bekamen ein kleines Zimmer in einer Villa in der Böcklinstraße. Mein Vater sagte früh zum Vater meiner Freundin: »Ich bitte dich, geh weg, sonst überstehst du das nicht.« Er antwortete: »Was kann mir schon passieren? Ich habe ja nichts getan.«

Als Papa kapierte, was läuft, half er vielen. Irgendwie ahnte er offenbar etwas, und das ging ihm dann doch gegen den Strich. Leute stellten Koffer mit ihren Habseligkeiten bei uns ab. Er wusste etwas, ich wusste dadurch auch, dass Schreckliches vor sich ging. Nicht das gesamte Ausmaß des Wahnsinns, aber die Juden, die bei uns die Koffer abstellten, erzählten furchtbare Sachen von Arbeitslagern, aus denen keiner zurückkam. Ich ahnte nichts von der Vernichtung, aber mir war klar, dass die Juden dort nicht nur arbeiten mussten, sondern auch ermordet wurden. Nach dem Krieg blieben bei uns ein, zwei Koffer stehen. Sie wurden nie abgeholt.

Ich besuchte meine Freundin und ging mit ihr spazieren – alles nicht ungefährlich, aber es war mir egal. Sie musste den Judenstern tragen, hätte ich keinen gehabt, wäre ich garantiert angepflaumt worden. Sich mit einer Jüdin in der Öffentlichkeit zu zeigen, das ging nicht und konnte sehr unangenehm werden. Mit Judenstern wurden wir soweit in Ruhe gelassen. »Nur für Arier« stand auf den Parkbänken. Ich fand das entsetzlich und sagte sofort: »Komm, setzen wir uns.« Aber sie war panisch und lehnte voller Furcht ab: »Nein, das dürfen wir nicht!« Wir saßen trotzdem.

Manches blendete ich einfach aus. An die Novemberpogrome 1938 habe ich zum Beispiel keine bewusste Erinnerung. Ich durfte in dieser Zeit nicht ausgehen und hörte nur davon. Verdrängung war Normalität. Man wurde sehr dumm gehalten, wir erfuhren nichts, oft nicht einmal, was um die nächste Ecke geschah. Das Ausmaß der ganzen Schrecklichkeit wurde mir erst nach dem Krieg bewusst.

Ich entfloh den Massenaufmärschen, wo ich konnte. Ein gutes Mittel, sich von allem fernzuhalten, war in die Oper zu gehen. Dadurch eignete ich mir eine Musikalität an, zwar eine andere, als sich meine Mutter gewünscht hatte, aber das Ganze wuchs sich zu einer Leidenschaft aus, die zur Folge hatte, dass ich stundenlang am Stehplatz stand. Natürlich hörte man damals vor allem Wagner, es störte mich nicht. Ich war nicht allein, junge Leute drängten sich auf den billigsten Plätzen. Daraus entstand eine Gemeinschaft, die sehr angenehm war, weil sie weit weg war von dem ganzen System. Ich ging fast jeden zweiten Tag in die Oper, sah den *Ring* zwei-, dreimal, *Salome* sechs-, siebenmal, *Othello* ebenso oft und eigenartigerweise *Carmina Burana*. Ich weiß es nicht mehr genau, aber ich bin ziemlich sicher, dass die Nazis Carl Orff auf Linie gebracht haben. Ich erinnere mich an viele Frauen auf der Bühne, die mit Besen kehrten, irgendeine perverse Show zogen sie ab.

Nach dem Krieg interessierten mich Konzerte, Oper nicht mehr. Sonntags ging ich in den Musikverein, die Karten bekam ich umsonst, weil ich ein paar Leute kannte. Im Theater war ich kaum, ein- oder zweimal in der »Josefstadt«, es gefiel mir. Aber die Musik begeisterte mich.

Nach dem Krieg lernte ich Herbert von Karajan und Karl Böhm persönlich kennen. Böhm brachte mir Mozart nahe, denn damals stand ich mehr auf Beethoven. Beethoven war aufwühlender, entsprach mehr meinem pubertären Gemüt. Mozart fand ich uninteressant, bissl Geklimper, bis Böhm mir zeigte, dass da viel mehr dahinter ist.

Karajan wiederum interessierte sich weniger für meinen Musikgeschmack, mehr für mich persönlich. Ich gefiel ihm.

Ich muss 22 gewesen sein, als Karajan eines Tages vor dem Theater stand und mich abholte. Keine Ahnung, ob er im Stück war, ich nehme es an. Zu der Zeit war er noch mit Anita Gütermann verheiratet. Sie half ihm sehr und führte ihn in die Wiener Gesellschaft ein. Bis dahin war er ja in Berlin, hier kannte ihn fast niemand. Wir plauderten, er erzählte viel von seiner Musik. Er war zurückhaltend, drängte mich zu nichts. Ich fand ihn als Künstler spannend, als Mann leider nicht. War halt so.

Das Ende unserer Treffen war eher ernüchternd. Er wollte mir irgendwann sein neues Auto zeigen, ich lag aber im Bett mit einem Riesenkater, weil ich wahrscheinlich am Vortag wieder einmal betrunken war – eine Art Dauerzustand in jener Zeit.

Meine Mutter stand völlig entgeistert im Zimmer: »Du, der Karajan steht vor der Tür«, flüsterte sie. Ich fuhr auf: »Jössas, mit dem habe ich mich verabredet! Sag ihm, ich kann nicht.«

Da war er beleidigt, und ich traf ihn nie wieder.

Jahre später saß ich einmal in einem seiner Konzerte, Bruckner. Karajan dirigierte Bruckner unglaublich gut. Ich saß in der ersten Reihe, zum Schluss verbeugte er sich – und zwinkerte mir zu. Immerhin.

Wien im Krieg? Die Bomben waren mir völlig gleichgültig. Ich fürchtete mich überhaupt nicht, sondern fand das alles irgendwie abenteuerlich. Nur ein einziges Mal war ich in einem Bunker, es war unerträglich, grausig, absurd und scheußlich. Man ging hinein und war wie in einem Zementkasten, ich hatte das Gefühl, lebendig begraben zu sein. Meine Eltern hatten Angst und wollten es sicherer haben, aber in den Bunker brachten sie mich nicht mehr hinein.

Also gingen wir in die Katakomben. Die waren zwar nicht sicher, denn die Bomben konnten durchfallen und große Zerstörungen anrichten. Aber dort gefiel es mir besser. Es war aufregend, denn man konnte da zwischen zwei Stockwerken wechseln und sogar in Wohnungen schlüpfen. Da saßen dann junge Leute, die sagten – wie ich –, sie pfeifen auf den Keller und tranken Sekt. Ich setzte mich dazu, trank mit ihnen und fand das ungeheuer toll.

In der Rembrandtstraße lebte eine Bekannte, sie wurde später Kostümbildnerin beim ORF. Sie war so alt wie ich, und ich bat sie eines Abends aus einem Gefühl heraus: »Geh bitte, schlaf bei uns, damit dir nichts passiert.« Die Nazis waren seit Tagen unterwegs und suchten die ganze Zeit. Sie übernachtete bei uns, und das rettete ihr wahrscheinlich das Leben, denn am nächsten Morgen war in der Mauer ihres Wohnhauses ein Granattrichter, und dahinter lagen fünf Leichen. Nur eine einzige Frau ließen sie am Leben. Sie hatte gesagt, dass ihr Sohn eingerückt sei. Verraten wurden sie von einer Hausmeisterin. Die stand auf der Straße und zeigte den SS-lern, wo sie suchen mussten. Sie sagte kein Wort, deutete nur mit dem Finger in Richtung der Fenster. Das war üblich und hieß: Dort wohnen noch Juden.

Ich wollte diese Hausmeisterin nach dem Krieg umbringen. Über die Jahre vergaß ich sie, und als ich wieder in Wien war, wohnte sie nicht mehr dort. Wir fanden sie nicht. Vielleicht war es gut, so blieben wir von einer bösen Tat verschont – und sie auch.

Ein Schlüsselerlebnis in dieser Zeit war die Sache mit der Straßenbahn. Man konnte ja in den offenen Zügen auf- und abspringen, eine ganz feine Sache, die wir wie einen Sport betrieben. Ich stand schon an der Rampe, als ein junger Mann mit einem verletzten Bein versuchte aufzuhüpfen. Er humpelte nebenher, stolperte schließlich, und ich fing ihn in letzter Sekunde auf, zog ihn herein, sonst wäre er garantiert unter die Straßenbahn gekommen.

»Bist du verrückt? Du kannst doch nicht mit dem wehen Haxen da reinspringen!«

Nach dem Krieg erzählte mir dieser Mann, dass er das kaputte Bein nur vorgetäuscht hatte, um nicht in den Krieg zu müssen. Ich war fassungslos: »Aber du hättest doch bei diesem Sprung draufgehen können? Wieso hast du das riskiert?« – »Nein«, sagte er. Die Tarnung hätte er selbst dafür nicht aufgegeben: »Nicht für einen einzigen Sprung. Das musste man durchhalten.«

So war diese Scheißzeit.

Ich erlebte den Krieg in keiner Weise so, dass es mir je an etwas fehlte. Überhaupt nicht. Ich aß so gut wie überhaupt nichts. Nach dem Krieg stopfte ich am Tag fünf Grahamweckerl hinein, vier Wassereis, und als es das gab, täglich ein Mayonnaiseei. Das war wunderbar, mehr brauchte ich nicht. Irgendwann bekam ich eine Eiweißallergie und musste die Eier bleiben lassen. Mit meiner ersten großen Filmgage ging ich in ein Restaurant und bestellte mir ein Beefsteak. Das Geld verfraß ich samt und sonders.

Im Krieg war ich nie hungrig. Essen war mir nicht wichtig, ich kümmerte mich nicht darum. Wenn du jung bist, leidest du nicht. Meine Mutter litt sehr. Mein Vater? Ich weiß es nicht mehr.

Ich war mit mir beschäftigt und damit, Menschen kennenzulernen. Damit verbunden war meist der Konsum von Unmengen von Alkohol. Dass ich so viel vertrug, war später ein Glück, denn man konnte mich nicht betrunken machen. Also gut, ein Russe mit viel Wodka vielleicht. Aber an und für sich hatte ich einen gewissen Schutz, wenn man so will.

Mein Glück war, dass ich nicht vergewaltigt wurde. Ich war mit 19 noch Jungfrau, was nicht weiter ungewöhnlich war. Daran war natürlich vor allem die katholische Kirche schuld, weil meine Mutter sehr gläubig war. Nach dem Krieg war sie bei den Zeugen Jehovas, aber das nur nebenbei.

Ich würde heute so sagen: Weil ich in einer gewissen Sorglosigkeit lebte, ging alles gut. Ich konnte mit den schwierigen Umständen besser umgehen. Bis heute sage ich mir: Weg ist weg, da kann man nichts machen.

In gewisser Weise war ich leichtsinnig. Daraus ergaben sich gefährliche Situationen, die mich leicht Kopf und Kragen kosten hätten können.

1944 erklärte Goebbels den »Totalen Krieg«, und junge Menschen, die nicht mehr zur Schule gingen, wurden als Flakhelferinnen oder in Fabriken eingezogen. Flakhelferin – das hätte ich in tausend Jahren nicht gemacht. Ich bemühte mich also, in die Fabrik zu kommen. So landete ich bei Siemens & Halske an den Maschinen für die Rüstung.

Mit mir arbeiteten Jugoslawinnen. Wir wussten nicht einmal genau, was wir da taten, denn die Waffenproduktion war streng geheim. Während der Arbeit war es uns streng verboten, miteinander zu sprechen. Es gab Tag- und Nachtdienste. Ich plauderte trotzdem mit einer der Arbeiterinnen – die ich ohnehin nicht verstand –, und zum Spaß warf ich ihr eines der Trümmer, die zusammengeschraubt werden mussten, zu. Der Vorgesetzte war empört: »Mit Kriegsgut wirft man nicht!«, brüllte er. Köstlich, dieser Irre sprach von Rüstungsmaterial wie von Lebensmitteln und redete mit uns wie mit Kleinkindern. Jedenfalls war so endgültig klar, wofür wir produzierten.

Siemens & Halske half mir indirekt bei meiner Ausbildung. In der riesigen Halle war es so laut, dass ich Monologe hielt.

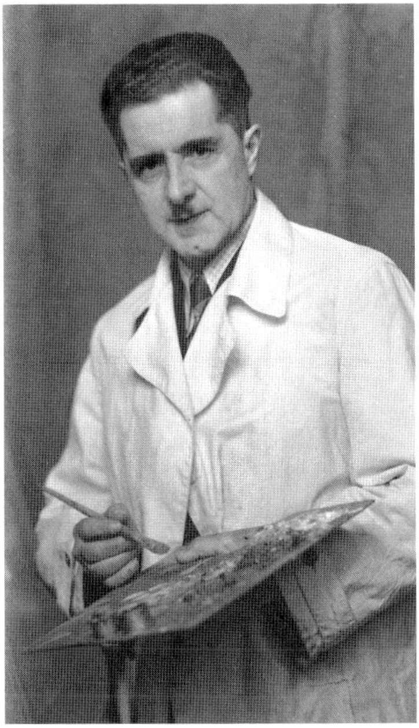

*1–4 Vater Severin Goldmann. – Mutter Maria, geborene Groiss, mit ihrer sieben Monate alten Tochter. – Erstes, noch spontanes Posieren mit Blumenbukett. – Ein echter Wildfang*

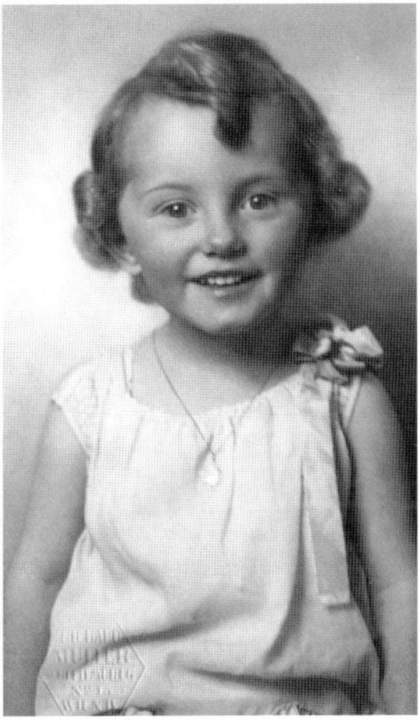

*5 Landpartie mit dem Vater*

*7–9 Holde Jugend. – Stolze Mutter, ernstes Kind. – Familienglück beim Musizieren* ▶

*6 Erstkommunion: Alle Kinder tragen Strümpfe, nur eine trägt keine.*

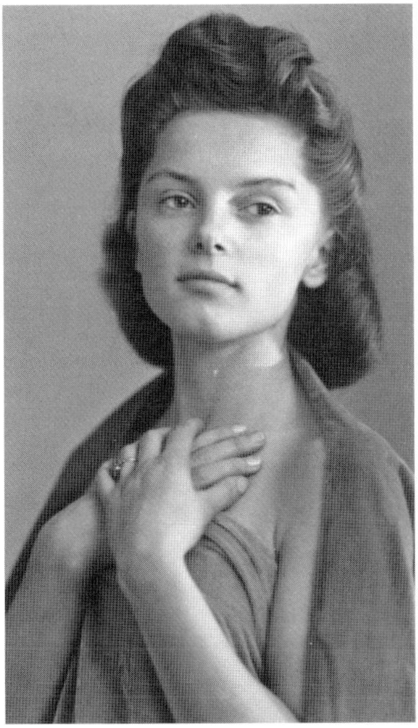

*10–12 Als Aktmodell*

*13 Der Maler und seine Objekte, in der Mitte: Tochter Erni*

*14 Offenherziges Porträt – siehe oben*

*15/16 Theater- und Filmrollen in den Fünfzigerjahren*

*17 Ein »reizendes« Geschöpf*

*18 »Sexerl« in Aktion: In »Die Fiakermilli«, 1953, einem Wiener Film von Arthur Maria Rabenalt*

Während ich an den Maschinen »Kriegsgut« herstellte, brüllte ich Dramen von Goethe und Schiller. Das gefiel allen und brachte eine willkommene Abwechslung.

Hin und wieder streute ich Sand in die Maschinen. Das war's. So waren immer drei oder vier Maschinen kaputt. Alle meine Kollegen wussten, dass ich es war. Keiner verriet mich, was ich schon damals bemerkenswert fand.

Sehr bald hatte ich von dieser Arbeit genug. Also ließ ich mir eine große Warze am Daumen wegnehmen und schüttete Salzsäure in die Wunde, damit sie nicht zuheilt. Die Narbe sieht man heute nicht mehr, damals brannte es höllisch, aber die wunderbare Sache war, dass ich nicht mehr zu Siemens & Halske musste.

Als die Bomben auf die Stadt fielen, war ich aber noch dort, und eines Tages erfuhr ich, dass sie in der Rembrandtstraße, wo wir wohnten, detoniert waren. Das hätte unser Haus sein können, und ich durfte heim. Man musste sich ein Tuch vors Gesicht halten, weil alles voller Staub war. Am Ring sah ich die Menschen vor der Oper weinen. Es war der 12. März 1945, und die Staatsoper brannte nach amerikanischen Bombardements, die eigentlich der Raffinerie in Floridsdorf gegolten hatten. Die Menschen weinten um ihre Oper. Mich ließ das völlig kalt, ich konnte ihre Trauer nicht verstehen. Mein Gott, das ist ein Gebäude, was stellt ihr euch so an? Es gab damals weitaus grausigere Sachen.

Eines Nachts ging ich nach Hause und blieb am Schottentor bei einem großen Bombentrichter stehen. Ich sah in dieses Loch hinein, und plötzlich standen zwei junge Burschen neben mir.

»Was schauen Sie so? Gestapo!« – Rotzlöffel. – »Zeigen Sie mir Ihr Abzeichen.« – Sie schlugen den Kragen um, ich sah das Zeichen. – »Kommen Sie mit.«

Ich musste mitgehen, was hätte ich machen sollen? Wir gingen den Ring hinunter zum Hauptquartier der Gestapo. Ich musste hinein und saß zwei Stunden fest. Ich wusste: Mach jetzt das Maul nicht auf, bleib ruhig und verhalte dich brav. Es gelang. Sie befragten mich, und danach ließen sie mich nach Hause gehen. Schikane, nichts sonst.

Ein andermal brannte unser Haus tatsächlich. Wir saßen im Keller, und mein Vater war hinaufgelaufen, um einen kleinen Kanari in einer der Wohnungen zu retten. Gott sei Dank bemerkte er so die schwarzen Trümmer, die beim Fenster hinunterfielen – Brandbomben.

Ich war die Einzige, die sich auf das Dach klettern traute, und als ich oben stand, sah ich den Stephansdom brennen. Über meinem Kopf sausten die Kugeln, »tüüüh, tüüüh, tüüüh«. Ich musste das Haus löschen und fand das alles ungeheuer aufregend. Die Leute rannten eimerweise und holten Wasser, und ich löschte die Feuerstellen. Fortan trug ich im Haus den Beinamen »die Jungfrau vom zweiten Bezirk«.

Die Jungfrau musste eines Tages unbedingt ins Burgtheater. »Sie können nicht hinein, heute ist die Napola da drinnen«, wies man mich vor den Toren ab. Ich versteckte mich und kam irgendwie doch hinein.

Als ich drinnen war, hätte mich fast der Schlag getroffen. Da saßen sie, die jungen Burschen, alle in Uniform, die eine hohe Schulbildung bekamen, weil sie später als Gauleiter oder für andere hohe Ämter vorgesehen waren. Das Bild, das sich mir bot, schockierte mich – diese grauenhaften Uniformen! Sie trugen alle die gleichen Krawatten, alle das gleiche Gewand, ich war gleichzeitig abgestoßen und fasziniert. Nur junge Gesichter, das Haus bummvoll wie beim Opernball, und alle hatten das Gleiche an. Ein furchtbarer Anblick, den ich nie vergessen werde.

1945 war im Augarten eine SS-Division stationiert, da schlich ich mich hinein. Die SS-ler kamen auf mich zu, luden mich auf Sekt ein, und ich hörte mir an, was sie zu erzählen hatten.

Von Offizieren wurde man ja nicht angemacht, so auch dieses Mal nicht. Sie betrachteten Mädchen als Schmuck, mehr nicht. Ich selbst konnte sie damals nicht einschätzen, ich dachte, ja, das ist wieder einmal etwas Neues. Ich wusste nicht, wie gefährlich diese Unterhaltung war. Sie hätten misstrauisch werden können, weil ich so neugierig war. Ich dachte, ich müsse sie aushorchen, wie sie sich die Zukunft vorstellen, es war ja schon klar, dass alles vorbei war.

Am nächsten Tag bogen die Russen ums Eck. Ich stand wieder beim Augartentor, weil die Nazis dort mit der Panzerdivision hinausfuhren. Sie riefen mir zu: »Mädel, komm, komm rauf, auf'n Panzer, sonst schneiden dir die Russen die Brüste ab!« Ich war der Meinung, es sei besser dazubleiben und nicht aufzusteigen, und mit den Brüsten – das werden wir erst sehen.

Um mich standen ein paar Soldaten, wie bestellt und nicht abgeholt. Plötzlich packt mich einer von denen und schmeißt sich auf mich drauf, und ich brülle ihn an: »Heast, bist du übergeschnappt! Was fällt dir denn ein? So eine Frechheit!« Es war aber weniger eine Frechheit als schlicht und ergreifend meine

Rettung, denn in der nächsten Hundertstelsekunde ging's »tock-tock-tock-tock«. Ein Feindflieger schoss über uns hinweg. Mein Vater erwischte mich und zog mich entsetzt nach Hause.

Die Soldaten ließen buchstäblich alles liegen und stehen. In der Nähe war ein Haus, das voll mit Lebensmitteln war, die sie nicht mitgenommen hatten. Die Leute plünderten die ganze Bude und ich mittendrunter.

Wir trugen halbe Kühe weg. Ich schaute vor allem, dass ich für meine Eltern etwas heimbringen konnte. Ich erinnere mich, dass ich damals über den ersten Toten meines Lebens stieg. Er war mit Papier zugedeckt und lag bei den Vorratsräumen. Ich stieg einfach über ihn. Mein Vater freute sich, dass ich Essbares nach Hause brachte. Er ging später selbst, um sich etwas zu holen. Bis die Russen kamen, war nichts mehr da.

Meine Eltern gewöhnten sich an, auf mich zu hören. Als der Krieg fast zu Ende war, wollten sie zurück aufs Land ziehen, weil sie Angst vor den Russen hatten. Ich wollte unter keinen Umständen zurück, also blieben wir. Was gut war, sonst wären meine Mama und ich garantiert vergewaltigt worden.

Und dann waren sie da, die Russen. Wir standen in der Rembrandtstraße, und sie winkten uns zu. Mein Vater packte mich und zog mich ins Haus. Wir wussten, diese erste Partie, das sind die Kämpfer, die machen nichts. Erst die zweite Garde, das sind die Vergewaltiger.

Es passierte einiges im zweiten Bezirk. In der Rembrandtstraße sollte ursprünglich jeder zweite erschossen werden, hieß es, wegen der Denunziationen. Die Russen wollten ein Exempel statuieren.

Sie machten es schließlich doch nicht, brauchten es wahrscheinlich nicht. Denn Denunzieren war man ja gewohnt unterm Hitler, so wurde es weiterhin praktiziert. Wenn sie irgendein Nazigerücht über irgendjemanden hörten, dauerte es nicht lange und derjenige war weg. Die Russen schickten alle Verdächtigen sofort nach Sibirien.

Die Jungfrau vom zweiten Bezirk wiederum hatte ihren eigenen Plan und begann, Philosophie zu studieren. Als es an der Uni 1945 wieder Vorlesungen gab, hatschte ich hinein. Die Vorlesungen waren bummvoll. Es interessierte mich – aber offen gestanden nicht allzu lange, irgendwie machte es mich recht bald nicht mehr so an. Logik strengte mich an.

Später ärgerte ich mich, weil es ein typisch männliches Vorurteil ist, dass Frauen nichts mit Logik anfangen können. Ich ließ es dennoch bleiben und stieg in den Intelligenzberuf Schauspielerei ein.

# Meine vier Leben

Mit 19 schleppte mich mein damaliger Freund, der Ernstl Haas, zu einer Wahrsagerin. Das war für damalige Zeiten nicht weiter ungewöhnlich, mein Vater zum Beispiel war besessen von solchen Orakeln. Wenn die Zukunft unsicher ist, hält man sich offenbar an den absurdesten Rettungsseilen fest.

Die Dame war in eingeweihten Kreisen durchaus bekannt und angesehen. Was sie sagte, hatte Gewicht und wurde – natürlich! – geglaubt.

Die Prophezeiung fand unter kuriosen Umständen statt: Der Raum, in dem sie saß, war voll mit Leuten, und ich sah nicht zu ihr hin. Ernstl sagte: »Ruf ihr doch zu, vielleicht nimmt sie dich.« Ich rief mein Geburtsdatum, und obwohl sie mich ebenfalls nicht sah, nahm sie mich dran. Sie kam zum überaus praktischen Schluss, mein jetziges Leben sei nicht weniger als meine Erfüllung. Die Schule des Lebens läge hinter mir, und würde ich eines Tages mein aktuelles Dasein beenden, müsse ich nicht noch ein weiteres Mal zur Welt kommen, sondern dürfe eingehen in die ewigen Jagdgründe. Sie zauberte mir meine drei bisherigen Leben vor, und merkwürdigerweise haben alle in irgendeiner Form einen Bezug zu meinem aktuellen Dasein.

In meinem ersten Leben war ich die Tochter eines Kaufmanns in der Zeit der Renaissance. Der Kaufmann war ungeheuer reich und wollte, dass ich einen ehrenwerten Beruf erlerne. Aber ich war wie üblich dagegen und ging stattdessen lieber ins Theater. Dadurch wurde ich so etwas wie eine wunderbare Inspiration, die von allen geliebt wurde. Das Theater ist heute für mich Inspiration und Therapie in einem.

In meinem zweiten Leben war ich blind. Durch einen Arzt bekam ich mit 14 Jahren das Augenlicht wieder zurück. Heute sehe ich im Dunkeln immer noch klar, was vor allem hinter der Bühne sehr hilfreich sein kann, wo es manchmal stockdunkel ist und Kollegen wie blind hin- und hertapsen.

Mein drittes Erdendasein verbrachte ich in Ungarn, hatte zwei Söhne und ritt leidenschaftlich, was ich als Kind und Jugendliche ebenso gern tat.

Jetzt Erfüllung. Wenn es stimmt, ist es wunderbar. Ich persönlich finde, vier Leben sind nicht gerade viel, um das Nirwana oder sonst einen Platz zu erreichen, von dem man sich absolute Ruhe verspricht. Empfinde ich mein hiesiges Leben als Erfüllung? Manchmal ja, manchmal nein. Ich für meinen Teil wäre auf jeden Fall froh, müsste ich kein Karma mehr erleben.

Es gab noch eine zweite Wahrsagerin, ihr Name war Zuckriegl. Als ich noch ein Butzerl war, sagte sie zu meinem Vater: Ihre Tochter wird Künstlerin, da können Sie machen, was Sie wollen.

Und weil der Papa auf die Zuckriegl schwor, meinte er fortan, dass ich Künstlerin, oder falls der unwahrscheinliche Fall eintreten würde und das doch nicht klappt, zumindest Lehrerin werden solle. Er schickte mich in Wien in die Krauss-Schule, benannt nach ihrem Gründer, dem Burgschauspieler Helmuth Krauss. Die Schule, heute in der Weihburggasse im ersten Bezirk, befand sich damals schräg vis-à-vis der Oper. Berühmte Absolventen waren Oskar Werner, Aglaja Schmid und Karlheinz Böhm. An eine große Karriere glaubte mein Vater nicht. Er hoffte vielmehr, ich werde dort stehen, gehen und sprechen lernen, und die Schule würde mich aus meinem Gammlerleben herausholen. Schaut mehr dabei raus, gut – wenn nicht, könne ich immer noch Lehrerin werden. Ich trug ein paar Gedichte vor, Krauss nahm mich sofort. Ich war 15 und somit die jüngste.

War die Krauss-Schule eine gute Schule? Ich kann es heute schwer beurteilen. Singen und Fechten gab es als Fächer nicht, soweit ich mich erinnere. Meine Haltungsschäden verbesserten sich zweifellos nachhaltig, und neben meinem Dialekt eignete ich mir Hochdeutsch als erste Fremdsprache an. Ich sprach am Reinhardt-Seminar vor, weil ich gehört hatte, dass man sich dort von dem ganzen Hitlerzeug zurückziehen konnte, was ich mir sehr viel angenehmer vorstellte. Dem war aber überhaupt nicht so, denn dort saßen sie erst recht. Beim Vorsprechen sagte ich wie gewöhnlich »Guten Tag« und nicht »Heil Hitler«. Ja, und weil ich Goldmann hieß, war die Sache schnell erledigt. Sie meinten, ich sei »menschlich nicht so weit« und lehnten mich ab.

Ein Jahr später, 1943, gab es in der Krauss-Schule einen Fragmentabend mit dem Stück *Das kleine Dreieck*. Dabei sah mich Hans Olden. Ich gefiel ihm, und er verschaffte mir mein Debüt im Wiener Renaissancetheater. Nebenbei ging ich noch in dieses Knödelgymnasium, denn ich sollte ja die Option auf Lehrerin haben. Daraus wurde vorerst nichts.

1944 erhielt ich ein Engagement bei den Salzburger Festspielen. Ich spielte eine Kellnerin in *Lumpazivagabundus* und lernte Hans Holt, Paul Hörbiger und Theo Lingen kennen. Lingens Ehefrau war Halbjüdin, Hörbiger hatte sich zu der Zeit schon vom Nationalsozialismus abgewandt. Das Merkwürdige war, dass sie mich – vielleicht, weil ich Goldmann hieß – einweihten: »Erni, du musst den Mund halten«, sagte Theo Lingen. »Da oben – siehst ihn? Da steht der böse Geist. Der denunziert.«

Dass sie mich warnten, fand ich großartig. Ich fühlte mich bei ihnen sauwohl und eingebettet. Umso trauriger war ich, weil es nie zu einer Aufführung kam. Nachdem Goebbels den »Totalen Krieg« erklärte, wurden sämtliche Vorstellungen abgesagt.

»Da oben« stand übrigens Karl Ehmann, ein heute beinahe in Vergessenheit geratener Wiener Schauspieler, der damals aber gut bekannt war und nach dem Krieg in vielen Filmen mitspielte, die so außerordentlich wichtig waren für die »nationale Identität«: *Die Trapp-Familie, Der Förster vom Silberwald, Kronprinz Rudolfs letzte Liebe, Sissi* und so weiter. Ich kam in den 1950er-Jahren in den »Genuss«, mit ihm an der Josefstadt zu spielen.

Bis September 1953 war die Wiener Innenstadt Internationale Zone. Ich konnte mit den Russen besser als mit den Amis. Das war allerdings Zufall, denn die Leute hatten große Angst vor ihnen. Um die Jungen zu schützen, wollten die Älteren uns in den Keller einsperren. Spitzenidee, wenn uns die Russen dort gefunden hätten, hätten sie mich und die anderen geholt, und wir wären wie viele andere in der Straße garantiert vergewaltigt worden. In den Keller ging ich also nicht.

Meine Eltern brachten mich zu einer Bekannten ins Hochhaus in der Herrengasse. Sie wohnte im achten Stock und hat-

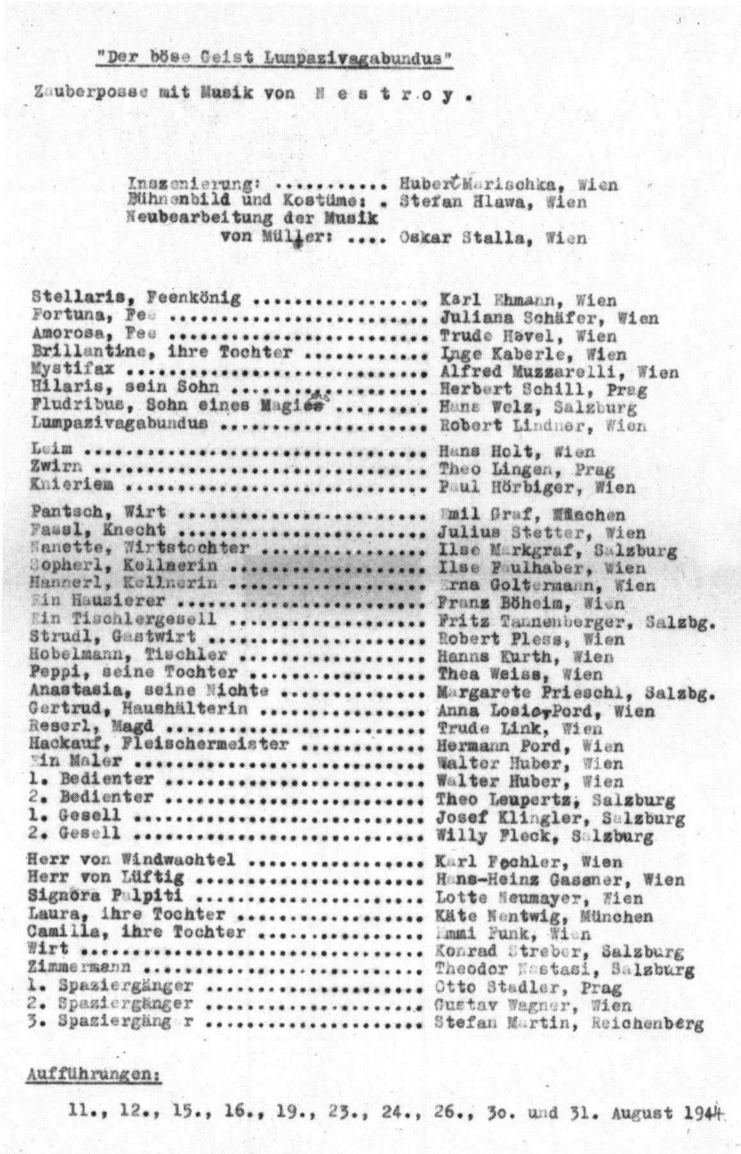

"Der böse Geist Lumpazivagabundus"

Zauberposse mit Musik von N e s t r o y .

Inszenierung: .......... Hubert Marischka, Wien
Bühnenbild und Kostüme: . Stefan Hlawa, Wien
Neubearbeitung der Musik
von Müller: .... Oskar Stalla, Wien

| | |
|---|---|
| Stellaris, Feenkönig ................ | Karl Ehmann, Wien |
| Fortuna, Fee ........................ | Juliana Schäfer, Wien |
| Amorosa, Fee ........................ | Trude Hävel, Wien |
| Brillantine, ihre Tochter ........... | Inge Kaberle, Wien |
| Mystifax ............................ | Alfred Muzzarelli, Wien |
| Hilaris, sein Sohn .................. | Herbert Schill, Prag |
| Fludribus, Sohn eines Magiers ....... | Hans Welz, Salzburg |
| Lumpazivagabundus ................... | Robert Lindner, Wien |
| Leim ................................ | Hans Holt, Wien |
| Zwirn ............................... | Theo Lingen, Prag |
| Knieriem ............................ | Paul Hörbiger, Wien |
| Pantsch, Wirt ....................... | Emil Graf, München |
| Fassl, Knecht ....................... | Julius Stetter, Wien |
| Nanette, Wirtstochter ............... | Ilse Markgraf, Salzburg |
| Sopherl, Kellnerin .................. | Ilse Faulhaber, Wien |
| Hannerl, Kellnerin .................. | Erna Goltermann, Wien |
| Ein Hausierer ....................... | Franz Böheim, Wien |
| Ein Tischlergesell .................. | Fritz Tannenberger, Salzbg. |
| Strudl, Gastwirt .................... | Robert Pless, Wien |
| Hobelmann, Tischler ................. | Hanns Kurth, Wien |
| Peppi, seine Tochter ................ | Thea Weiss, Wien |
| Anastasia, seine Nichte ............. | Margarete Prieschl, Salzbg. |
| Gertrud, Haushälterin ............... | Anna Losic-Pord, Wien |
| Reserl, Magd ........................ | Trude Link, Wien |
| Hackauf, Fleischermeister ........... | Hermann Pord, Wien |
| Ein Maler ........................... | Walter Huber, Wien |
| 1. Bedienter ........................ | Walter Huber, Wien |
| 2. Bedienter ........................ | Theo Leupertz, Salzburg |
| 1. Gesell ........................... | Josef Klingler, Salzburg |
| 2. Gesell ........................... | Willy Fleck, Salzburg |
| Herr von Windwachtel ................ | Karl Fochler, Wien |
| Herr von Lüftig ..................... | Hans-Heinz Gassner, Wien |
| Signora Palpiti ..................... | Lotte Neumayer, Wien |
| Laura, ihre Tochter ................. | Käte Nentwig, München |
| Camilla, ihre Tochter ............... | Emmi Funk, Wien |
| Wirt ................................ | Konrad Streber, Salzburg |
| Zimmermann .......................... | Theodor Nastasi, Salzburg |
| 1. Spaziergänger .................... | Otto Stadler, Prag |
| 2. Spaziergänger .................... | Gustav Wagner, Wien |
| 3. Spaziergänger .................... | Stefan Martin, Reichenberg |

Aufführungen:

11., 12., 15., 16., 19., 23., 24., 26., 30. und 31. August 1944

*Besetzungsliste für eine Aufführung der Salzburger Festspiele 1944, über der wegen des »Totalen Krieges« der Vorhang nie aufging. Hannerl, Kellnerin: Erna Goltermann – das bin ich.*

te ein kleines Zimmer für mich. Um vom zweiten in den ersten Bezirk zu kommen, durfte man möglichst nicht als junge Frau erkannt werden, deshalb verkleideten sie mich, gaben mir alte Kleider, damit ich aussah wie eine Siebzigjährige. Wer genauer geschaut hätte, hätte natürlich schon bemerkt, dass ich ein junges Mäderl war. Ich schaffte den Umzug unbeschadet.

Es war allerhöchste Zeit. Am Morgen bekam meine Mutter Besuch von einem russischen Offizier. Er hatte wohl eine Vorliebe für Musik und befahl ihr, sie solle sich ans Klavier setzen und Wiener Walzer spielen. Mein Vater und ich standen daneben und schauten zu. Am Abend kam er wieder und suchte mich, vermutlich, um mich zu vergewaltigen, aber ich war schon weg, im Hochhaus.

Diese Bekannte pflegte ziemlich enge Kontakte zu den russischen Offizieren. Sie kamen zu ihr, brachten Essen mit und soffen die ganze Nacht. Und ich? Immer dabei. Meinen ersten Walzer tanzte ich mit einem Russen.

Die Offiziere waren im Großen und Ganzen okay. »Was bist du?«, fragten sie mich. »Artistka«, antwortete ich. »Artistka!«, riefen sie und jubelten. Einer hob mich hoch, schupfte mich in die Luft und fing mich wieder auf. Er war völlig aus dem Häuschen und kriegte sich gar nicht mehr ein. Als es mir zu toll wurde, lief ich in die Küche, holte einen Kochlöffel und klopfte ihm auf den Kopf: »Lass das jetzt!« Da lachte er noch mehr: »Artistka!« Sie liebten mich, diese Trunkenbolde, die erst gefährlich wurden, wenn sie wirklich zu viel hatten – und das konnte dauern.

Zu dem Zeitpunkt lag ich meist schon im Bett und hörte sie rufen: »Wo ist Fraulein?« Dann wusste ich, jetzt heißt's aufpassen. Ich kletterte vom achten Stock durch ein Gangfenster und versteckte mich, sonst hätten sie mich gepackt. Aber abgesehen davon waren sie sehr lustig.

1944 trat ich zur Abschlussprüfung bei Krauss an, und auch dort wäre ich fast durchgefallen, weil ich die Kommission nicht mit »Heil Hitler« grüßte. Krauss erzählte mir danach, wie er sich für mich eingesetzt habe, indem er den Prüfern erklärt habe, ich hätte sicher aus Aufregung den Hitlergruß vergessen. So kam ich schließlich durch.

Diese Angelegenheit wurde für Krauss später wichtig. Nach dem Krieg hoffte jeder, unter der Nazizeit etwas getan zu haben, das sich jetzt vielleicht positiv auswirken könnte. Krauss selbst war Nationalsozialist, nichts Besonderes, ein Mitläufer wie viele. Ich half ihm, als seine Vergangenheit ihn längst eingeholt hatte.

Mein Vater steckte mich nach dem Krieg in einen Ami-Offiziersklub, in dem ich kellnern sollte. Für mich war das okay, denn die Amis dort waren in Ordnung.

Der Offiziersklub war in einer Seitengasse der Kolingasse. Schräg vis-à-vis gab es ein kleines Theater, das »Theater in der Kolingasse«. Zu der Zeit war ich mit Helmut Qualtinger schon dick befreundet. Er trat auf, ich gab Lesungen. Ich stand am Fenster und warf Helmut Pfannkuchen hinüber, und er und Ernstl fingen sie auf. Es ging sich genau aus.

Über den Offiziersklub kam man zu den viersprachigen Identitätsausweisen, mit denen man über die Demarkationslinie nach Enns in den Westen konnte. Später überquerte ich die Sperre einmal im Kofferraum, ich quetschte mich hinein, damals war ich noch nicht klaustrophobisch. Ich wollte reisen, die Welt sehen, Menschen kennenlernen, das war mir enorm wichtig.

Dieses Mal, es war 1946, verschaffte ich mir Ausweis und Mitfahrgelegenheit in einem Lastwagen voller Ami-Soldaten. Der Fahrer war ein grauenhafter Typ, ein fürchterlicher Primitivling, der kaum ein Wort sprach, doch ich fühlte mich sicher mit meinem Ausweis und all den Soldaten. Aber es wurde eine grausige Geschichte.

Dieser Mensch brauste mitten durch Salzburg, das zur amerikanischen Besatzungszone gehörte. Dort mussten die Soldaten in die Kaserne. Als wir die Stadt hinter uns ließen, war es stockfinster, es gab keine Häuser, kein Mensch war unterwegs, um uns herum nur Wald, und ich rechnete mit dem Schlimmsten.

Schließlich landeten wir mitten in der Nacht in Hellbrunn. In der Ferne brannte ein Licht, dort fuhren wir hin. Wir kamen in einem Lager voller amerikanischer Soldaten an, die in Baracken untergebracht waren. Sie sprachen einen furchtbaren Slang, von dem ich kein Wort verstand. Es gab einen Offizier, den ich sogleich um Hilfe bat, aber dem war ich leider herzlich egal.

Der Lastwagenfahrer packte mich und schmiss mich in eine dieser Baracken. Es folgten eineinhalb Stunden Kampf. Ich schlug ihn, trat ihn, auch dorthin, wo man Männern hintritt, aber es nützte nichts. »What's the matter with you?«, brüllte der Kerl. Er verpasste mir eine Ohrfeige, und ich musste mich auf ein Feldbett legen, zusammengekauert wie ein Hund.

Am nächsten Tag fuhr er mich nach Salzburg, ohne ein Wort zu sagen. Er war offensichtlich persönlich beleidigt, weil ich nicht mit ihm freiwillig schlafen wollte. Freiwillig. Das muss man sich vorstellen …

Man ging damals zu amerikanischen Partys, die alle im Hotel Regina in Wien stattfanden und ganz merkwürdig waren. Ich hatte immer das Gefühl, Ami-Offiziere sind alle durch den Krieg beschädigt. Was eigenartig war, denn sie waren von all den Alliierten am geschütztesten und am wenigsten den Kämpfen ausgesetzt. Ich empfand viele von ihnen ziemlich wirr im Kopf, vor allem, wenn sie Alkohol getrunken hatten.

Nach einer dieser Partys ergab es sich, dass einer der Offiziere mich heimbringen wollte. Allein zu gehen war gefährlich, und so sagte ich ja. Im Auto wurde er zudringlich, und als ich mich wehrte, verpasste er mir einen Tritt in den Hintern, sodass ich aus dem Auto fiel. Ich ging den Amis schon nach der Salzburger Geschichte möglichst aus dem Weg, ab jetzt mied ich auch die Partys.

Die Russen waren da anders. Mir zeigte einmal einer, wie ein Russe vergewaltigt. So schnell konntest du gar nicht schauen, dass deine Hände und Beine auseinander waren und er über dir war, und schon war's so weit. Ich bin froh, dass der Ami in Salzburg es nicht auf die russische Art machte, aber sein Verhalten kann ich bis heute nicht verstehen. Die Abneigung, die ich in der Zeit entwickelte, hatte später Folgen für meine Karriere.

Peter Preses, Autor von *Der Bockerer*, sagte nach dem Krieg, als ich erste Erfolge im Film hatte: »Erni, du musst nach Amerika, so wie du ausschaust, du machst dort Karriere.« Es war die Zeit der Audrey Hepburn, ich wurde immer wieder mit ihr verglichen. Aber ich konnte nicht weg, weil mir die Amis einfach suspekt waren. Erst 1981, als ich das erste Mal in New York war und auf den Hudson River schaute, damals mit Peter Patzak für *Die Weltmaschine*, dachte ich mir: Das wäre die Stadt gewesen, die mir sehr gefallen hätte. Aber wahrscheinlich hätte ich vieles nicht überlebt und wäre heute schon längst tot.

Aber jetzt war ich erstmal in Salzburg. Dass ich die Stadt erreichen würde, hatte ich schon nicht mehr geglaubt. Der Ernstl hatte keinen Schein, aber er schaffte es ebenfalls. In Enns hievte er sich auf das Dach der Straßenbahn und kam so in den amerikanischen Sektor.

Ich hatte gehört, dass es in Salzburg Wurst und Käse geben soll, was stimmte, aber zu meiner großen Enttäuschung gab es kein Brot. Ich erinnere mich, wie verzagt ich war, weil ich lieber Brot gehabt hätte als Wurst.

Als ich an der Salzach spazieren ging, stieß ich zufällig auf Helmuth Krauss, meinen Lehrer, dem ich noch einen Gefallen schuldete. Er war verzweifelt. »Es tut mir alles so leid, ich war ja gar nicht so ein Nazi!«, jammerte er und hörte gar nicht mehr auf. Er sei ohne Engagement, keiner würde ihn mehr nehmen.

»Erni, kannst du nicht Raoul Aslan ansprechen und ihm sagen, dass ich gerne wieder an die Burg kommen würde? Bitte, Erni, bitte, hilf mir, dass er mich zurückholt!«, flehte er mich an. Im Übrigen habe er mir damals auch geholfen, fügte er rasch hinzu.

Aber Aslan? Die Burgtheaterlegende, den großen Aslan, zu dieser Zeit Direktor der »Burg« im Ronacher. Den sollte ich ansprechen, einfach so?

»Mein Gott, Herr Krauss! Wie stellen Sie sich das vor? Wie soll ich das machen?« Jetzt war *ich* verzweifelt.

Aber Krauss hatte bereits einen Plan: »Der Aslan geht jeden Morgen über die Herrengasse ins Burgtheater. Da fragst du ihn.«

Na gut, ich fasste mir ein Herz und ging, als ich wieder in Wien war, des Morgens in die Herrengasse.

Aslan kam, ich hielt meinen Vortrag: »Der Krauss möchte so gern zurück an die Burg. Es geht ihm so schlecht, und überhaupt, bitte, Herr Direktor, haben Sie ein Einsehen.«

Aslan hörte sich alles an, aber während ich redete und redete, wurde er sichtlich unruhiger, bis er plötzlich mit seiner irrsinnslauten Theaterstimme losdonnerte: »Ja, was kann denn ich dafür, dass er ein Nazi war!«

Seine Worte hallten durch die ganze Herrengasse, und man konnte sofort erkennen, wie alle, die dort gingen, in der Sekunde kleiner wurden. Sie zuckten zusammen, weil sich jeder Einzelne von ihnen angesprochen fühlte. Rundherum nur Nazis, die nie welche gewesen sein wollten.

Aslan holte Krauss schließlich zurück an die Burg. So wäscht eine Hand die andere, das bekam ich schon als Jugendliche spitz.

Aslan mochte mich sehr. Über Susi Nicoletti kam ich für ein Stück zu ihm. Wir spielten in einer Produktion des Burgtheaters bei den Bregenzer Festspielen 1954 Shaws *Der Kaiser von Amerika*. Es war furchtbar, denn bei den Proben quälte mich der Regisseur Ernst Lothar schrecklich. Ich musste als Orinthia mit dem Rücken auf einem Holzring liegen und schaukeln, aber es war ihm nie gut genug. Ich rieb mir den Rücken blutig, bis Aslan, der den König Magnus spielte, rief: »So lass sie doch in Ruhe!« Und schon war es gut. Seiner Autorität wagte sich niemand zu widersetzen. Später erzählte er jedem, der es hören wollte, dass er bei der Premiere des Stücks – wieder einmal – einen Hänger gehabt und ich ihm eingesagt hätte.

Ich durfte ihn in seiner Wohnung in der Strudlhofstiege besuchen. Sie war unglaublich angeräumt. Aslan begrüßte mich in einer Mönchskutte. Der Kittel war bestimmt praktisch zu Hause, und Aslan war damit eine imposante Erscheinung. Er war ein schöner Mann, soll sehr eitel gewesen sein, fast wie Gustaf Gründgens. Es gibt eine schöne Geschichte von den beiden. Sie hatten Streit, und Aslan warf Gründgens hin: »Ja, wissen Sie, der

**Der Kaiser von Amerika**
*von George Bernard Shaw*

**Premiere:** 12. August 1954

**Weitere Aufführungen:** 13. und 15. August 1954

**Wiener Burgtheater**

Besetzung

| | |
|---|---|
| Inszenierung | Ernst Lothar |
| Technische Einrichtung | Sepp Nordegg |
| Kostüme | Erni Kniepert |
| König Magnus | Raoul Aslan |
| Jemima | Rosa Albach-Retty |
| Orinthia | Erna Mangold |
| Prinzessin Alice | Dolores Hubert |
| Proteus | Alfred Neugebauer |
| Nicobar | Fred Hennings |
| Boanerges | Josef Meinrad |
| Pliny | Wilhelm Schmidt |
| Crassus | Hans Thimig |
| Balbus | Otto Schmöle |
| Amanda | Maria Eis |
| Lysistrata | Helene Thimig |
| Sempronius | Karl Friedl |
| Pamphilius | Tonio Riedl |
| Mr. Vanhattan | Hermann Thimig |

*Eine große Rolle in einem großen Ensemble des Burgtheaters bei den Bregenzer Festspielen 1954*

Unterschied zwischen uns beiden ist: Ich bin aus Byzanz – und Sie aus DÜSSELDORF!«

Salzburg konnte ich ziemlich schnell nicht mehr ausstehen. Ich hatte das Gefühl, dass es dort nur ums Geld ging. Bis zum Staatsvertrag 1955 war es so, dass es zwischen den vier Sektoren große Unterschiede gab. Der Westen – das waren die amerikanische (Oberösterreich, Salzburg, Salzkammergut), die britische (Kärnten, Osttirol, Steiermark) und die französische (Nordtirol und Vorarlberg) Zone – war privilegiert. Kam man hingegen nach Wien, glaubte man sich lange Zeit im tiefsten Russland. Es wurde nichts gebaut, alles blieb zerstört, wie es nach dem Krieg war. Das ist übrigens ein Grund, warum der zweite Bezirk bis heute einer der schönsten geblieben ist. Weil dort die Russen waren und ihnen der Wiederaufbau egal war. Bis 1955 passierte im zweiten Bezirk so gut wie überhaupt nichts, vieles blieb erhalten, was in anderen Stadtteilen weggeräumt wurde.

Ein weiterer Grund ist vielleicht, dass der Osten versperrt war. Irgendwo war hier das Ende. Die Leopoldstadt blieb vergammelt, wie eh und je. Eine kleine Gemeinde der überlebenden Juden zog viel später wieder ein, daneben entwickelte sich eine höchst überschaubare Rotlichtszene. Der Karmelitermarkt war bis vor Kurzem ein kleiner, entzückender Markt, einer der billigsten von Wien. Mittlerweile hat sich das Viertel sehr verändert.

Zwischen 1947 und 1951 besetzten wir den ersten Bezirk. Er gehörte uns. Es zählte allein die Freiheit, man hatte nie das Gefühl, dass einem etwas passieren kann.

Ich war in einer Blase aus Gleichgesinnten, aus der heraus wir die tollsten Sachen trieben. Wir waren wilde Teufel, Ernstl Haas, Helmut Qualtinger, Pauli Popp, Michael Kehlmann, Otto Kobalek und ein paar andere, an deren Namen ich mich nicht erinnere. Wir machten die Nacht zum Tag. Gemeinsam hatschten wir über die Ruinen, gingen in die paar Beisln, die es gab und in denen wir mordsmäßig tranken und noch mehr diskutierten. Pauli war ein guter Journalist und vertrug Unmengen an Alkohol. Wir waren aufgeregt, weil jetzt wieder jeder offen sagen konnte, was er dachte. Wir fragten uns, wie das alles weitergehen könnte, was für ein Leben jetzt kommen würde? Träume entstanden: Die Tabus sind vorbei, Barockengerln gibt es nicht mehr, die antiquierten Vorstellungen – alles weg! Wir brechen in eine neue Zeit auf, wunderbar! Wir diskutierten wie verrückt, redeten über die neue Linke, soziale Ideen und was uns am Kommunismus störte. Letztlich waren wir zu schwach, um wirklich etwas zu bewegen. Wir waren verspielt wie junge Hunde, alles war trallala, das Politische irgendwie auch.

Wir stiegen in die Villa eines Nazis ein und nannten das »Besetzung«. Helmut wusste, dass dort reiche Nazis gewohnt hatten. Einzubrechen war leicht, denn es gab ja keine Polizei. Wir verbrachten da eine Nacht, tranken und hatten eine spaßige Zeit. Wir gingen in den Keller, fanden schöne Stoffe, die ich mitnahm. Das durfte man, sagte ich mir, denn die Stoffe gehörten »Nazi-Schweinen«, und aufgrund dessen fand ich es völlig richtig, das zu tun. Meine Mutter nähte mir Kleider, und ich freute mich, denn so hatte ich etwas Hübsches anzuziehen.

Zu den Trümmerfrauen hatte ich keinen Bezug. Dieser gemeinsame Wille, zu schauen, dass das Werkel wieder rennt, interessierte mich – ich muss es ehrlich sagen – überhaupt nicht. Obwohl ich nicht auf Männeraffären aus war, war ich immer mit Männern zusammen. Sie waren abenteuerlustig, blieben abends länger auf, hatten mehr Standfestigkeit, gingen nicht nach Hause, und so war ich auch.

Man musste reisen. Ich wollte unbedingt wissen, wie es nach dem Krieg in meinem Heimatort Großweikersdorf aussah. Ernstl und ich fuhren hin, schliefen im Weingarten. In der Nacht gab es eine furchtbare Detonation, wir erschraken. Keine Ahnung, ob die Russen etwas in die Luft jagten oder die

Österreicher es selbst waren, jedenfalls flog ein Waggon in die Luft, der mit Konservendosen beladen war. Diese Konserven flogen sehr hoch und landeten bei uns im Weingarten. Als wir in der Früh aufwachten, lagen rund um uns Konservendosen. Wir hatten einen Riesenhunger und freuten uns auf das Essen, das vom Himmel gefallen war. Aber der Tisch blieb leer: Wir brachten die Dosen nicht ums Verrecken auf, sosehr wir sie auch gegen Bäume und auf Steine schleuderten.

Eine Tournee der Josefstadt durch die Schweiz 1948 ist mir als Fressreise in Erinnerung. Ich war wie berauscht – von Kaffee. Ich kannte echten Kaffee nicht und war völlig hinüber.

Wir fuhren mit dem Zug, und ich sah wunderschöne Wiesen, Wälder, Häuser, die ganz waren. Ich war perplex: Ist das sauber! Bis dahin kannte ich nur Dreck und Schutt, aber eigenartigerweise fand ich das viel interessanter. Mich faszinierte diese Sauberkeit, aber ich dachte, eigentlich möchte ich hier nicht leben.

Als ich am Bahnhof in Zürich ankam, sagte man mir, ich könne das Gepäck stehen lassen, es würde keiner nehmen. Es war wirklich so, ich war sehr erstaunt, dass hier nicht gestohlen wird.

Ich bekam die erste Banane in die Hand, wusste nicht, wie man sie isst. Ich lernte junge Leute kennen und war völlig fertig, weil die Schweizer Jugend so ganz anders war, ganz anders dachte als ich. Sie hatten keinen Krieg erlebt. Sie waren ihrerseits mindestens ebenso fertig, weil sie mich als total ausgeflippt und daneben erlebten.

Ich überredete sie zum Nacktbaden im See, wir schwammen in der Nacht. Einer von ihnen war betrunken, dem rettete ich das Leben, weil er nicht mehr ans Ufer gekommen wäre. Am nächsten Tag kannten sie mich alle nicht mehr, weil dieses Nacktbaden offenbar so ungeheuerlich für sie war.

Ich aß 14 Tage Süßigkeiten, obwohl ich gar nicht so viel Geld hatte. Aber es gab ein probates Mittel: Ich wusste, dass jeder Schweizer ein schlechtes Gewissen hatte, weil sich das Land während des Krieges schändlich zu den Flüchtlingen verhalten hatte. Ich stand also vor der Konditorei und schaute ganz traurig auf die leckeren Süßspeisen in der Auslage. Da kamen ein Mann und eine Frau, sie sahen mich und sagten: »Liebes Kind, möchtest du gerne etwas davon?« Sie führten mich in den Laden, und ich durfte mir etwas aussuchen. Es funktionierte immer. Ich stand vor der Auslage, trauriger Blick, und mampfte Törtchen. Nie setzte sich einer zu mir, sie zahlten und gingen.

Auch eine lustige Geschichte: 15 Stunden fuhren wir von Wien nach Budapest auf dem Trittbrett. An der Grenze wurde ich beinahe von 40 Russen vergewaltigt.

Wir waren zirka zu zehnt unterwegs. Bei der Grenzkontrolle hielt die Bahn, man konnte aussteigen, und wir, müde vom Trittbrettfahren, vertraten uns die Beine.

Plötzlich kam ein Mann auf uns zu. »Kommt, hier kriegt ihr was zu essen!«, rief er uns zu, ein Jugoslawe.

Einer meiner Freunde und ich folgten ihm – und landeten schließlich in einem Waggon mit 40 Russen. Dankeschön! Die Russen kamen zu uns, genauer gesagt stellten sich rund um mich auf. Und dann begann ein merkwürdiges Spiel, fast wie in Zeitlupe: Sie schauten mich an, griffen in mein Haar, schauten mich wieder an, als sei ich die personifizierte Sexgöttin. Wohl um mich willig zu machen, gaben sie mir ein Achtel Wodka. Zu der Zeit vertrug ich Alkohol schon recht gut, ich trank das Achtel prompt und wurde entgegen ihren Erwartungen weder williger noch ohnmächtig. Danach stellten sie sich wieder um mich, griffen erneut in mein Haar, das Spiel fing von vorne an.

Irgendwann sagte der Jugoslawe, die Russen seien jetzt soweit: Alle 40, die hier rund um mich stünden, würden mich auf der Stelle vergewaltigen wollen. Würde ich allerdings ihn an mich lassen, brächte er uns hier raus. Ich versprach es ihm sofort, das war klar.

Als wir aus dem Waggon ausstiegen, führte ich ihn zu meinen Leuten, von denen er nichts wusste. Er fuhr mit uns weiter Richtung Budapest. Als der Ernstl von dem Arrangement erfuhr, wollte er den Jugoslawen vom Trittbrett werfen. Nur weil wir ihn zurückhielten, kam der Jugoslawe mit dem Leben davon – ich denke heute noch daran, wie schnell es damals zum Töten kommen konnte. Natürlich setzte bei uns etwas ein, und wir riefen: »Um Gottes willen, Ernstl, das kannst du doch nicht tun!« Er ließ ab, aber der Jugoslawe war für den Rest der Fahrt recht still und verließ uns bald.

In Budapest gab es einen wunderbaren Lammfellmantel, den ich mir kaufen konnte, weil ich von meinen Eltern etwas Geld bekommen hatte. Ich liebte den Mantel über alles und hatte ihn jahrelang. Er war für mich etwas sehr Wertvolles, der einzige Luxus, den ich in meinem Leben damals hatte, und völlig anders als die Sachen, die ich sonst trug. Ich kleidete mich für gewöhnlich ganz schrecklich – intuitiv, um mich vor den permanenten Zudringlichkeiten zu schützen.

## Das »Sexerl« von der Josefstadt

Meine Anfangszeit am Theater war nicht zu begreifen. Im ersten halben Jahr am Renaissancetheater dachte ich, wenn das überall so ist, wenn ich überall so unglaublich schamlos belästigt, verfolgt, bedrängt, bedroht werde, dann will ich lieber schnell wieder weg. Ich war ein junges Mädchen, neugierig, wissbegierig, wollte Menschen kennenlernen, etwas erleben, entdecken. Von mir wollten sie nur das eine: meine Unschuld.

Es war grauenhaft. Die meisten Männer wollten mich so weit bringen, dass ich mit ihnen ins Bett gehe. Sie lauerten mir auf, sie überfielen mich, sie betatschten mich. Sie rissen die Garderobentür auf, um mich nackt zu sehen. Mein erster Ohrenkuss: Ich wusste nicht einmal, dass es das gab, und war entsetzt, als mir einer plötzlich die Zunge ins Ohr steckte. Einer wollte mich aus dem 14. Stock eines Hochhauses werfen, weil ich ihm nicht meine Jungfernschaft geben wollte.

Ich stand gewissermaßen völlig daneben, und wusste überhaupt nicht, was vor sich ging. Zu meiner grenzenlosen Verwirrung kam, dass ich mich dann noch in einen dieser Schauspieler verliebte und mit ihm ein bisschen herumschmuste. Mehr wollte ich nicht, und es war schnell vorbei.

Im Theater sollte sich die Lage ein paar Jahre später normalisieren. Im Film hingegen nicht. Dort blieb es lange Zeit genau so. Aber dann war es schon zu spät.

Zu welchem Zeitpunkt ich wusste, dass ich Schauspielerin sein will? Gar nie. Es ergab sich. Ins Theater in der Josefstadt kam ich durch Gandolf »Gandi« Buschbeck, den späteren Direktor des Salzburger Landestheaters und Sohn von Erhard Buschbeck, dem berühmten Dramaturgen an der Burg. Es war 1946, wieder in der Herrengasse, dieses Mal war ich mit Ernstl unterwegs.

»Du, Erni«, sagte der Gandi. »In der Josefstadt suchen sie eine 14-Jährige. Geh hin, wie du jetzt bist. Die nehmen dich, garantiert.« Ich sah zu der Zeit noch immer wie eine Gammlerin aus, wirkte aber offenbar sehr jung. In die Josefstadt, na das ist doch was, dachte ich, also ging ich hin.

Sie ließen mich lange warten, bis ich zum Vorsprechen kam. Einstudiert hatte ich ausschließlich alte Rollen, also Frauen mit 40, höchstens 30 Jahren. Ob ich auch für eine 14-Jährige taugen würde, hätte man daraus vermutlich nicht erkennen können. Aber so weit kam es erst gar nicht. Ich trug meine Keilschuhe, und als sie mich zum Vorsprechen holten, kam einer der Theaterleute auf die Idee, ich solle die Schuhe ausziehen. So saß ich barfuß und unterhielt mich mit Rudolf Steinboeck, dem Direktor des Theaters. Es folgte eine mehr oder minder belanglose Unterhaltung, das war mein Vorsprechen. Ich hatte die Rolle.

Das fixe Engagement bekam ich 1946 über Alfred Ibach, den geschäftsführenden Direktor der Josefstadt. In der Nacht. Wie so oft damals beschworen mich alle, ich müsse auf mich aufpassen. Ibach sei ein alter Vernascher, der gern junge Mädchen verführt. Das gelang ihm mit Sicherheit oft genug, denn er hatte viel Charme. Ibach war ein hochintelligenter Dramaturg, in seiner Haltung sehr demokratisch, und ich schätzte ihn später sehr. Am Abend sollte ich zur Vorstellung und danach zu ihm, um den Vertrag zu unterschreiben. Ich fürchtete mich überhaupt nicht, denn ich hatte bereits schon viel Routine darin, Männer abzuwehren, ohne dass sie böse mit mir waren, sondern sich sogar freuten.

Es glückte mir auch bei ihm, wir hatten ein sehr langes Gespräch. Mit Heimgehen war es allerdings nichts, also bot er mir an, ich könne am Diwan in seinem Direktionszimmer schlafen. In der Früh schlich ich mich heimlich aus dem Haus und hoffte, dass mich niemand sehen würde, mein Ruf war sowieso schon schlecht genug.

Nach Ibachs Tod reinigte man übrigens sein Büro und den Diwan. Das gute Stück war voll mit Klammern, Haarnadeln, Kämmen, alles, was die Damen auf der »Besetzungscouch« liegen ließen. Bei uns war nix, er mochte mich trotzdem.

Auf Ibach gründet sich meine Namensänderung. Ich war eine »-mann« zu viel. In dem Stück spielte neben mir Gerhard Riedmann, also schlug Ibach Man-gold statt Gold-mann vor. Ich war einverstanden, und es blieb dabei. So hatte ich nach dem Renaissancetheater mein zweites Debüt in der Josefstadt und sofort einen Batzen Erfolg, war von heute auf morgen fast berühmt. Merkwürdigerweise wurde ich mit der Wessely verglichen, was vermutlich daran lag, dass zu dieser Zeit so ziemlich alle Schauspielerinnen mit der Wessely verglichen wurden. Alle sagten, ich sei die große Entdeckung, die Naive.

Helmut Qualtinger war gegen dieses Engagement. »Erni, wie kannst du nur an dieses Theater gehen? Du hast ja keine Ahnung, was dich da erwartet!«, warnte er.

Ich kriegte das ziemlich lange nicht spitz, dass einige Leute mit schlimmer Vergangenheit geblieben waren. In gewisser Weise war mir mein Leben offenbar wichtiger. Es ging darum, Geld zu verdienen.

Der Vergleich mit der Wessely war lachhaft, umso mehr, als ich an der Josefstadt nie die Rollen kriegte, die ich spielen wollte. Mein Repertoire beschränkte sich auf die Sexbombe, die als optischer Aufputz für volle Ränge sorgte. So wurde ich zum »Sexerl« von der Josefstadt. Die Männer kamen ins Theater, um zu sehen, wie ich mit dem Hintern wackelte. Das wusste ich natürlich – und wackelte, und zwar so, dass man lachte. Ich versuchte, jede dieser Rollen mit einem komödiantischen Touch zu belegen.

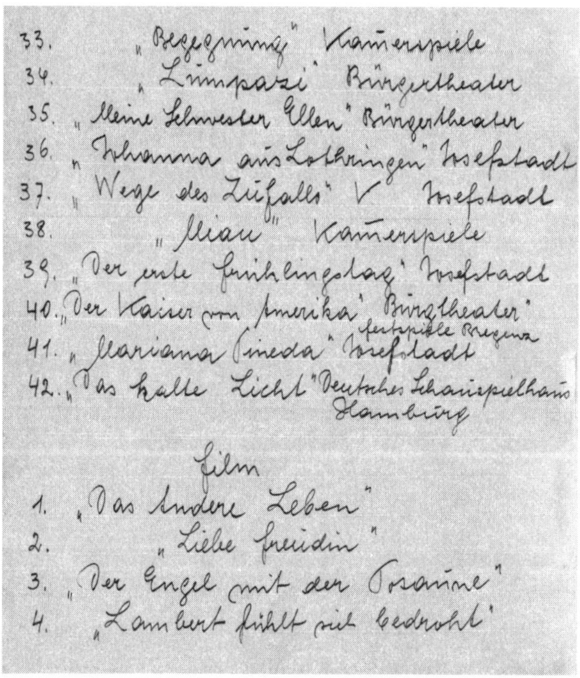
33. „Begegnung" Kammerspiele
34. „Lumpazi" Bürgertheater
35. „Meine Schwester Ellen" Bürgertheater
36. „Johanna aus Lothringen" Josefstadt
37. „Wege des Zufalls" ✓ Josefstadt
38. „Miau" Kammerspiele
39. „Der erste Frühlingstag" Josefstadt
40. „Der Kaiser von Amerika" Burgtheater Festspiele Bregenz
41. „Mariana Pineda" Josefstadt
42. „Das kalte Licht" Deutsches Schauspielhaus Hamburg

Film

1. „Das Andere Leben"
2. „Liebe Freundin"
3. „Der Engel mit der Posaune"
4. „Lambert fühlt sich bedroht"

*Meine Mutter führte penibel Buch über die Auftritte ihrer Tochter.*

Zwischen 21 und 25 schlief ich pro Nacht durchschnittlich vier Stunden. Tagsüber probte ich, abends spielte ich, nachts trieb ich mich in Beisln und Bars herum. Außer Helmut hatten die Freunde, mit denen ich mich privat umgab, nichts mit dem Theater zu tun. Mit Kollegen verbrachte ich nette Abende nach den Aufführungen, aber für mich war das uninteressant, und so suchte ich schnell das Weite. Ich lernte viele Schauspielgrößen kennen, wurde aber nie mit ihnen richtig warm. Es waren ältere Kollegen, und weil ich so ein kleiner Teufel war und mich nicht anpassen wollte, wollten sie auch mit mir nichts zu tun haben. Ich schwärmte in meine Beisln aus, wo niemand von den Josefstadt-Menschen sich blicken ließ. Das Leben war so wichtig.

Die Loos-Bar war meine zweite Heimat, weil ich Max Lersch gut kannte und sehr mochte. Lerschs Mutter besaß die Loos-Bar, sie hatte im ersten Stock eine wunderschöne Wohnung. Max wurde später sehr bekannt, weil er in den 1955ern nach Afrika fuhr, um dort zu filmen. Wir verabschiedeten ihn groß, ich schenkte ihm einen Kompass. Die Filme machten ihn berühmt, aber die Reisen brachten ihm wahrscheinlich einen frühen Tod. Die Anstrengung, der Whisky kosteten ihn sicher zehn Jahre seines Lebens. Er war ein Gentleman, ein lustiges Haus, Helmut und ich, wir mochten ihn gern.

Die Loos-Bar ging gut, aber wir halfen nach. Die Ausländer, die da kamen – es waren Schweden –, konnten irre trinken und schütteten sich mit Calvados zu. Ich selbst wollte natürlich nicht einen halben Liter Calvados in mich hineinschütten, also schwindelten wir und mixten Tee dazu. Die Schweden zahlten. Wir machten wahnsinnige Sachen.

Sex gehörte nicht dazu. Denn das »Sexerl« mit der großen Goschen hatte in Wahrheit ein ausgesprochen verkrampftes Verhältnis zum anderen Geschlecht. Ich war froh, wenn ich einen Freund hatte, dann ließen mich die anderen in Ruhe – dachte ich. Aber selbst wenn ich mich verliebte, ließ ich niemanden an mich heran. Ich blieb meist zwei, zweieinhalb Jahre mit einem zusammen, irgendwann hatte ich genug und lief weg. Ich wollte mich nicht binden, weil ich im Beruf etwas werden wollte. Erst danach, dachte ich, kann ich eine Beziehung eingehen. Darum: keine Bindung.

Als ich mit 18 Ernstl Haas kennenlernte, war das für mich genauso eine verkrampfte Angelegenheit. Er sah mich zum ersten Mal, als mich mein Vater dick vermummt als alte Frau zum Hochhaus in die Herrengasse brachte. Ich bemerkte ihn nicht, aber irgendwie lernten wir uns dort kennen. Die Damen kochten im Hof, eine davon war übrigens Susi Nicoletti, die eine gute Freundin wurde, über die ich später – wider Willen – ans Reinhardt-Seminar kam.

Die Liebe kam ein paar Wochen später, als ich vom Hochhaus weg zu ihm zog in die Blechturmgasse. Dort lebte er mit seiner Mutter. Ernstl war sehr weich, sehr lieb und kam mir sehr gescheit vor. Er sah aus wie David von Michelangelo. Ich stand schon damals nicht so auf schön, aber er sah insgesamt einfach zu gut aus.

Er war ein großartiger Fotograf. Am Südbahnhof kamen die Soldaten heim, er fotografierte sie und wurde mit seiner Heimkehrerstory weltberühmt. Ich konnte völlig frei mit ihm sprechen. Wahrscheinlich waren es die Gespräche, die mich am meisten anmachten.

Er war Halbjude und hatte unter den Nazis einiges mitgemacht. Er war unglaublich offen, konnte auf alle zugehen, und ich lernte von ihm viel, vor allem, dass man keine Obrigkeitshörigkeit haben soll. Er kannte interessante Leute und verkehrte in anderen Schichten, und so kam ich in diese Kreise.

Obwohl ich ihn sehr mochte und durch meine Herkunft mit meinem Vater als Maler einen direkten Zugang zu seinem bildhaften Verständnis hatte, war es schwierig. Mit meiner Zwanghaftigkeit war ich geprägt durch den Katholizismus.

In Wien waren wir als Pärchen stadtbekannt. Der Ernstl hatte ein Fahrrad, ich saß auf der Stange auf einem Polster und las aus einem Buch laut vor. So fuhren wir durch die Gegend. Trotz meiner Extrovertiertheit und Abenteuerlust, die ich zur Schau stellte, war ich verschlossen. Ernstl war wirklich lieb und versuchte, mich aus meiner Verschlossenheit zu befreien. Es gelang ihm in Maßen, aber die Vorstellung, mit ihm ins Bett zu gehen, war ganz schlimm.

Es war sogar so schlimm, dass ein Kollege in der Josefstadt, Kurt Nachmann, sich der Sache annahm und auf mich einredete. »Du musst dich öffnen, Erni, darfst dich nicht verschließen!«, sagte er, und ich kam mir noch mehr vor wie ein kleines Kind. »Bäume fangen auch an zu blühen«, lauter so Zeug sagte er.

Das beeindruckte mich schließlich doch, und ein paar Monate später gelang es Ernstl tatsächlich, mich zu »öffnen«. Er war 24, ich 19. Wir waren ein halbes Jahr zusammen. Ich schaffte es mit Ach und Weh. Die Entjungferung war schrecklich, mir tat alles weh. Das Ganze war ein furchtbarer Schock.

Nach zweieinhalb Jahren bekam er ein Angebot nach Amerika zu »Magnum«, der 1947 von Robert Capa, Henri Cartier-Bresson, David »Chim« Seymour und George Rodger gegründeten Fotoagentur. Ich war bereits an der Josefstadt und wollte um keinen Preis mit. Die Trennung war keine große Sache, dadurch, dass er so locker war, nahm er es nicht weiter schwer, dass ich nicht mitging: »Ah so? Ja, eh, geh deinen Weg!« – Er schrieb mir eine Karte aus New York: »In Amerika musst du dein Herz an der Garderobe abgeben.«

Die Zeit ließ damals nicht mehr zu. Romantik? Neben den Toten, neben dem Dreck war Romantik anders als heute. Sie sah so aus, dass Ernstl und ich an einem Sommertag auf einem mit Kohlen beladenen Zug saßen, ich mir meinen Bikini anziehen wollte und sich der Zug plötzlich in Bewegung setzte. Wir sonnten uns auf den Kohlen, vielleicht war das romantisch. So waren die Beziehungen, und ich war ohnehin nie romantisch in dem Sinn, wie man das heute versteht. Um Romantik ging es mir nie. Wir blieben Freunde und sahen uns immer wieder. 1981 besuchte ich ihn in New York. Er starb ein Jahr später mit 64.

Meine Mutter fürchtete sich sehr, weil ich so abenteuerlustig war und in jedes Auto stieg, selbst wenn ich den Fahrer überhaupt nicht kannte. Aber ich musste doch das Leben kennenlernen und hatte überhaupt keine Angst. Dadurch schlitterte ich natürlich in Situationen, die oft nicht lustig waren. Es gab viele Kämpfe, aber irgendwie kam ich immer davon. Ich wurde nie gegen meinen Willen zu etwas gezwungen. Ich fürchtete mich nicht, weil ich sehr, sehr stark war, und betrunken machen konnte mich keiner so schnell. Hatte ich getrunken, war ich sowieso grauenhaft und schlug schnell zu. Wollte mir ein Mann nahekommen, zog ich den Schuh aus, haute ihn ihm an den Schädel, und schon war es erledigt. Von wegen zärtlich oder Zuneigung: null! Genau das Gegenteil war der Fall. Mir konnte nichts passieren.

Ich trank täglich meine Gespritzten, wenn ich Vorstellung hatte, nach dem Theater, sonst begann ich um fünf Uhr nachmittags. Ich hatte 380 Vorstellungen im Jahr, also trank ich nur nach dem Theater. Es war sicher kein guter Wein. Die Weine waren nicht schwer, aber ich hatte einige Gewalträusche, bei denen ich nicht mehr wusste, wo ich war und schließlich vor der Haustüre aufwachte. Die Hausbewohner ermahnten mich: »Erni, Sie müssen doch mehr aufpassen!« – »Ja ja«, sagte ich und trank weiter.

Die meiste Zeit schlief ich in der Badewanne, denn immer wenn ich heimkam, hatte ich das Bedürfnis zu baden. Dort döste ich ein, und am nächsten Tag ging ich von der Wanne zur Probe.

Meine Eltern kümmerten sich nicht sehr um mich. Sie waren nicht in Wien, weil der Papa wieder in Großweikersdorf unterrichtete. Einmal trank ich ein halbes Jahr nur Schnaps. Ich vertrug zehn, zwölf Stamperl wie nichts. Mein Vater bekam das spitz und war dann doch verzweifelt: »Bitte, lass das, du machst dir dein Gehirn kaputt!« Das sah ich ein und hörte mit dem Schnaps auf.

Ich hatte nie die Sorge, dass ich abdrifte. Ich trank nie, um betrunken zu werden. Es war einfach immer so viel, dass ich irgendwann einen Rausch hatte. Am nächsten Tag ärgerte ich mich halt, weil ich sehr oft kotzte und saumäßiges Kopfweh hatte.

Warum ich so viel trank? Es schmeckte mir. Ich stamme von der mütterlichen Seite von einer Familie aus Wirtsleuten und Weinhauern ab, das spielt eventuell eine Rolle. Über den Alkohol drückte sich aber vor allem unser Freiheitsgefühl aus.

Mein Image als »Sexerl« machte mir das Leben schwer. Die Männer waren hinter mir her, dass es ein Graus war. Ich schlug mit allem Möglichen zu, um sie mir vom Leibe zu halten. Wenn einer das nicht verstand, bekam er es zu spüren. Sie dachten alle, ein Nein ist ein Ja. Wenn es bei mir Nein ist, ist es Nein.

Erik Frey musste ich sieben Jahre in der Josefstadt ertragen. Sieben Jahre! Komischerweise erfuhr ich erst viel später, dass er ein Supernazi war. Ich verabscheute ihn auch so, denn er war der größte Schürzenjäger von allen. Es war ihm völlig egal, dass ich nicht wollte. Er kam wieder und immer wieder. Schrecklich.

Mit Frey hatte ich 1948 mein Spielfilmdebüt: *Das andere Leben*, ein Vorzeigefilm unter der Besatzung, der sich kritisch mit dem Nationalsozialismus und der Judenverfolgung auseinandersetzt. Frey spielte einen Nazi, ich seine Sekretärin. Ich sagte übrigens im Film nicht »Heil Hitler!«, sondern erfand eine Kurzform: Ich grüßte mit »Tla!«, was sehr komisch ankam.

Oder Arthur Maria Rabenalt. Er war hochintelligent, belesen und gebildet. Aber ganz, ganz schrecklich im Umgang mit Frauen. Wenn er es sich einbildete, musste er diese Frau besitzen. Das ging nicht nur mir so. Er konnte nicht anders, es musste einfach sein.

Wir waren bei Dreharbeiten jeder in einem anderen Hotel untergebracht. Eines Tages kam ich nach den Aufnahmen zurück, und man sagte mir, ich sei ausquartiert und würde jetzt Tür an Tür mit Rabenalt wohnen. Es dauerte nicht lange, und er stand da und wurde zudringlich. Aber ich war geübt, sodass auch das gut ging. Es gab sicher viele Frauen, die nicht so widerstandsfähig waren und damit letztlich Karriere machten. Bei mir war es ein Kampf bis aufs Messer, so grauenhaft, dass ich das nie vergessen werde.

Mit Franz Antel kam es damals zu keiner Zusammenarbeit, weil ich nicht mit ihm ins Bett wollte. Als ich 40 war, drehte ich doch mit ihm, *Krambambuli*, später *Der Bockerer*. Mein Gott, was soll ich dazu sagen? Er hatte gute Leute um sich. Wir hatten ein harmloses Erlebnis, das er später vor Freunden gern hochspielte: Ich fuhr im Zug nach München, Antel auch, aber ich hatte keinen Schlafwagen. Antel bot mir an, in seiner Kabine zu schlafen. Das waren die Scherze: Er habe eine schöne Nacht mit mir verbracht, ohne dass etwas gewesen sei. Lustig, eh.

So waren sie, diese Gfraster vom Film, alle die gleiche Tour. Sie übten Druck aus, und die Mädels gingen darauf ein, weil sie Karriere machen wollten. Es gab fast keinen Regisseur, der nicht so verfahren wäre. Dauernd war ich in Abwehr.

Die Besetzungslisten kamen auf diese Art zustande, und wenn du die Rolle hattest, stürzten sie sich erst recht auf dich, schließlich gab es schon die nächste zu vergeben, und nach der nächsten kam die übernächste, und so ging das weiter.

Zwischen Österreich und Deutschland gab es diesbezüglich keinen Unterschied. Es war überall das Gleiche. Die Herren waren intelligent, sie waren keine grausigen Typen, aber sie wollten alle, alle ihre Macht ausüben. Ich selbst hätte damals bestimmt die größere Karriere gemacht beim Film, wenn ich »gutmütiger« gewesen wäre. Welch ein Triumph, welch eine Genugtuung!

Das Nein zu überhören, war keine Krankheit der Filmleute. In den Fifties wäre ich in München beinahe vergewaltigt worden. Ich hatte zwei Drehtage und ging in das Café von Freddy Kraus. Ich hatte einen schweren Koffer, und ein junger Mann bot sich an, mir beim Tragen zu helfen. Ich fand das entzückend und ging mit ihm in meine kleine Wohnung. Als wir zu Hause ankamen, stellte er die Koffer ab, ich bot ihm Kaffee an, aber statt ihn zu nehmen, stürzte er sich mit einem Satz auf mich. Ich schlug, kratzte und biss, bis er blutete, aber ich schaffte es nicht, ihn mir vom Leibe zu halten. Nach eineinhalb Stunden gab ich auf, ich war fertig: »Jetzt ist es mir scheißegal.« Und dann war es plötzlich aus bei dem Herrn: »Du könntest mich jetzt anzeigen bei der Polizei.« – »Schleich dich, auf Wiederschaun«, entgegnete ich.

Geredet wurde damals nicht darüber, ich hoffe sehr, es ist jetzt anders, und die Frauen lassen sich das nicht mehr gefallen. Irgendwo wird sich sicher noch etwas in den diversen Hinterzimmern abspielen, aber die Männer haben heute mehr Angst, verpfiffen zu werden. Die große Allianz des Schweigens gibt es nicht mehr.

Die Männer gingen damals ins Theater und »gaben sich« die Frauen auf der Bühne. Gewissermaßen wählten sie sich eines der kessen Mädels aus. Waren sie mutig und wohlhabend genug, suchten sie den direkten Kontakt. Natürlich gab es welche, die dir Blumen schickten. Ich erinnere mich, einmal einen Zahnarzt beleidigt zu haben. Der hatte einen Sportwagen und fuhr mit einem Karacho weg, dass der ganze achte Bezirk in Deckung ging.

Anton Edthofer sagte einmal: »Erni, du hast einen selbstständigen Hintern. Das bringt dir Glück.« Er hatte recht: Der Hintern ging von Haus aus bei mir hin und her. Ich schimpfte mit mir: Kannst du nicht gerade gehen! Leider nein. Links, rechts, links, rechts. Ich weiß nicht, ob ich heute noch so gehe. Viele sagten: Erni, du bist selber schuld, dass die Männer dich so wollen. Mag sein. Ich wiederum dachte keine Sekunde daran, dass ich einen Arsch habe und ein Mädel bin. Gut, ich flirtete und schmuste gern und war in diesen Dingen wahrscheinlich freizügiger als andere Mädchen. Da ich hübsch war, schauten mir immer alle nach, aber ich wollte es nicht sein, dieses Sexsymbol.

Zu Max Lersch fällt mir ein, dass er mich, als er sich scheiden lassen wollte, fragte, ob er mich als Scheidungsgrund angeben dürfe. Leichtsinnig wie ich war, sagte ich: »Mir egal, wenn du glaubst.« Danach erfuhr ich, dass ich deshalb noch mehr gehasst wurde. Lersch brachte mich einmal ins »Orient«, weil ich unbedingt in ein Stundenhotel wollte. Ich badete in der Wanne, aber es war nicht mehr als ein schönes Abenteuer.

Die Leute waren felsenfest davon überzeugt, ich sei ein aktives »Sexerl«, und es stimmt schon, ich ging oft jeden dritten Tag mit einem anderen Mann aus. Ich tanzte beim Heurigen auf Tischen, es war die pure Lust am Leben, die bei mir stark ausgeprägt war. Die Männer fanden das immer g'spaßig, Frauen weniger. Ich war sehr verschrien und galt als losgelöstes Weib. Was ja nicht stimmte. Für mich war es ein Schock, als ich mitbekam, dass Männer eiskalt logen und erzählten, ich sei mit ihnen ins Bett gegangen.

Ich hatte einen enorm schlechten Ruf. Ich war ein böses Mädchen, denn ich scherte mich um nichts. Ich ging allein ins Maxim, es war wunderschön. In der Nacht sang ich ein Lied ins Mikro. Das erfuhr die Direktion der Josefstadt, und ich wurde gerügt: Ich könne keinen Nachtberuf ausüben, das sei verboten.

Meine sinnliche Ausstrahlung ist mir bis heute geblieben. Das höre ich immer wieder, und ich merke es. Als ich in den Kammerspielen in *Altweiberfrühling* diesen kleinen Striptease spielte, war stets tolle Stimmung.

Ich war meiner Zeit voraus. Nach dem Krieg keinen Büstenhalter zu tragen, war ja wohl das Letzte. Brustwarzen durftest du keine sehen, weil das als ordinär galt. Ich trug nie einen, damals nicht und heute genauso wenig. Dieses Gestänge macht mich wahnsinnig, es beengt mich seit jeher. Ich konnte diese ganzen engen Kleidungsstücke überhaupt nicht aushalten, die Fetzen reichten mir beim Spielen, mehr ging wirklich nicht.

Ein einziges Mal kaufte ich mir einen BH, das nannte sich »französischer Büstenhalter«, da war vorne ein Loch und da sah man die Brustwarzen erst recht wieder. Das führte natürlich zu Komplikationen: »Erni, das geht nicht, dass du auf der Bühne auftrittst und jeder deine Brustwarzen sieht«, murrten die Kolleginnen. Sie ließen ein Mieder für mich machen, keine Träger, aber um die Taille fürchterlich eng.

Oder mein Rossschwanz. Diese Frisur gab es damals noch nicht, Frauen mussten ihr Haar entweder offen tragen oder zu Zöpfen flechten und hochstecken. Man kann sich heute nicht vorstellen, welche Reaktionen auf meinen Rossschwanz kamen. Die Leute waren völlig überfordert, direkt empört.

In den Fünfzigern spielte ich im Wiener Bürgertheater in *Frauen in New York*, einer frechen Gesellschaftskomödie, sehr amerikanisch. George Cukor hatte das Stück von Clare Boothe 1939 unter dem Titel *The Women* mit Norma Shearer und Joan Crawford verfilmt, und Fassbinder inszenierte es 1976 in Hamburg. Das Bürgertheater war ein sehr schönes Haus in der Vorderen Zollamtsstraße im dritten Bezirk. 1945 übernahm es Franz Stoß. Dort wurden Operetten und Volksstücke gespielt, mit Paul Hörbiger, Waltraut Haas, Guido Wieland. Stoß hatte damit einen Riesenerfolg.

*Provokant am Titelblatt*

Auch Annie Rosar spielte da, und wir arbeiteten einmal im Film zusammen, 1956 bei *Lügen haben hübsche Beine.* Dabei erlaubten wir uns einen gefährlichen Streich mit ihr. Sie saß, damals schon eine korpulente ältere Dame, in einem Schlitten, wir gaben ihr einen Schubs, das Gefährt setzte sich in Bewegung, wurde schneller, schneller, schneller – und kippte schließlich vor einem Abhang ganz langsam um. Sie drinnen. Böse, Gott sei Dank passierte ihr nichts.

In *Frauen in New York* spielen nur Frauen, kein Mann tritt darin auf. Ich war, natürlich, die Geliebte vom – physisch abwesenden – Ehemann, das Biest, das die Ehe zerstört, und es gab eine Szene, in der ich baden musste. Das wurde so inszeniert:

Die Badewanne stand auf der Bühne, war voll mit Wasser, ich drinnen, badend. Ins Wasser streute man Milchpulver, das wir von den Amerikanern bekommen hatten – echte Milch durften wir nicht verwenden, aber auch so waren meine Kurven nicht zu sehen.

Man sah wirklich nichts, trotzdem sorgte die Badewanne für eine Riesenaufregung. Männer kamen angeblich alleine ohne ihre Frauen und rissen sich um die Karten am Balkon. Da saßen sie dann, gafften mit dem Operngucker von oben herunter, um meine Brustwarzen zu sehen. Ich war jedoch geübt im Verstecken, schlitterte im Wasser hin und her und gab doch nichts von mir preis. *Frauen in New York* führten wir mehr als hundert Mal auf, die Vorstellungen waren bumsti ausverkauft. Wahrscheinlich wegen mir und der Wanne. Die Karten verkauften wir doppelt so gut wie sonst. Zuerst kamen die Ehemänner mit ihren Frauen, ein weiteres Mal ohne sie.

In dem Stück spielte die Tochter eines Kollegen mit. Ihr Engagement war nicht von Dauer, denn als die Lehrer des Mädchens das Stück sahen, musste sie aufhören. Es war ihr nicht gestattet, dass sie der Badewannenszene beiwohnte.

Das war noch nicht alles: Der Theaterarzt ging nach der Aufführung zur Direktion und wollte wissen, ob ich schwanger sei. Soviel man wisse, nein, antwortete Franz Stoß.

»Ja, dann kann diese Frau aber nicht in der Wanne liegen, denn sie hat ja auch ihre Tage, und da darf sie nicht ins Wasser.«

So wurde beschlossen: Wenn ich meine Tage hatte, durfte ich nicht ins Wasser, und ich musste die Szene anders spielen, eben ohne Badewanne. Daraufhin riefen die Besucher Stoß an und beschwerten sich, dass die Aufführung ein Betrug sei, weil man ja wisse, dass die Mangold ins Wasser gehe, und warum jetzt plötzlich nicht mehr. Stoß war es sehr peinlich, aber er musste es sagen: »Es gibt Tage bei einer Frau, da darf sie nicht ins Wasser.«

Der Witz war der, dass ich zu den wenigen gehörte, die kurz nach dem Krieg schon Tampons verwendeten. Sie waren damals gefürchtet, weil es hieß, man bekäme davon Krebs. Aber durch die Amis gab es sie, und ich verschaffte mir welche. Binden waren furchtbar, damit konnte man eigentlich gar nicht Theater spielen. Als ich einer Kollegin Tampons geben wollte, wurde sie vor Angst fast hysterisch: »Ja, aber ich bin ja noch Jungfrau!«

Die Ahnungslosigkeit war grenzenlos. Als ich das erste Mal meine Tage bekam, war ich 14. Meine Mutter sagte: »Ja, das kriegst du jetzt immer.« Ich wollte mich umbringen. Obwohl mich meine Mutter aufklärte, hatte ich keine Ahnung, was auf mich zukommt. Offenbar hatte ich das alles nicht ganz verstanden. Als ich im Schwimmbad einmal mit einem Jungen im Wasser spielte und er sich beim Tauchen auf mich legte, dachte ich, nun sei ich schwanger. Daraufhin klärte mich meine Mutter ein zweites Mal auf.

Die Josefstadt achtete immer sehr darauf, dass sie hübsche Mäderln auf der Bühne haben, die Blickfang waren und Männer ins Theater brachten. Das Theater machte mit dem Aufputz ein großes Geschäft.

Sittsam war die Zeit – und gleichzeitig so verlogen. Schauspielerinnen waren bei allen sehr gut angeschrieben. Wien war damals wie eine Familie, jeder kannte jeden, man fühlte sich gut aufgehoben.

Wir gaben ein Stück im Studio, dem Kleinen Haus des Theaters in der Josefstadt in der Liliengasse, das bis 1950 existierte. Heute ist darin das Theater der Jugend untergebracht. Siegfried

*Meine erste Rolle als Mitglied des Theaters in der Josefstadt spielte ich 1946 im »Studio« in dem Lustspiel »Pedro, Pablo und die Gerechtigkeit«.*

Breuer spielte die Hauptrolle, Nadja Tiller war dabei. Es handelte sich um Fotomodelle, und wir hatten Kleider an, die so eng waren, dass man darunter unmöglich einen Schlüpfer anziehen konnte. Es ging nicht, zu eng. Natürlich stand ich bei meiner Szene aufrecht und streckte ein bisschen den Bauch raus. Postwendend kam die Mahnung der Direktion: Eine Frau hatte sich im Zuschauerraum beschwert, die Mangold trage keinen Schlüpfer. Diese Person hatte ebenso wie die Männer mit dem Operngucker gesucht und war irritiert von den Schamhaaren, die sich im engen Kleid abzeichneten.

In den Fünfzigern hüpften in *Orpheus in der Unterwelt* Strapsmädchen auf der Bühne. Es wurden Fotos gemacht, man sagte uns, für die Presse, und die könne damit machen, was sie will. Erschienen ist eines der Bilder letztlich auf einem Dreigroschenroman: *Wie das Mädchen Thekla zur Frau wird.* Sie schrieben den Namen nicht dazu, sondern missbrauchten das Gesicht für die Geschichte. Ich konnte nichts dagegen tun. Als Künstlerin hast du überhaupt keine Chance.

Diese Doppelmoral! Ich wurde als Exhibitionistin bezeichnet, weil ich nichts dabei fand, mich im Theater vor Anderen umzuziehen. Ich war nie g'schamig, brauchte nie eine Wand in der Garderobe, die Männer mussten nicht weggehen, wenn ich mich auszog. Aber Gaffer störten mich, weil sie sich Chancen erhofften: Wenn Frauen sich vor allen ausziehen, wollen sie etwas erleben, sagten sie.

Ansonsten fand ich das Ausziehen/Anziehen, so wie es heute Gewohnheit ist, völlig normal. Ich praktiziere es bis heute. So hässlich bin ich schließlich noch immer nicht, dass ich mir das verbieten müsste.

*Ohne Namensnennung am Umschlag eines Dreigroschenromans*

# Ehe mit Heinz Reincke und Emanzipation mit 55

»Warum betrügst du mich, warum betrüg ich dich, warum betrüg ich mich?«

FRANK WEDEKIND, *Lulu*

Ein wunderbares Zitat, vor allem, weil es wirklich stimmt.

*

Ich hatte gehofft, in Hamburg wird es anders als in Wien, und die Verfolgungen durch die Männer haben endlich ein Ende. Es wurde anders, aber nicht viel besser. Die Männer in Hamburg waren genauso hinter mir her, nur gingen sie es viel direkter an, was die Sache für mich wiederum einfacher und angenehmer machte. Die Wiener fühlten sich als große Aufreißer und taten auf Charmeur, wohingegen die Hamburger sich mit derlei Blödsinnigkeiten gar nicht aufhielten. »Also, was ist jetzt?«, verlangten sie. Eine Frage, die nur ja oder nein als Antwort erlaubt. Bei einem »Nein«, war die Sache erledigt, aus und vorbei. Das war der große Unterschied zu Wien, wo es nicht so einfach war, die Männer abzuschütteln.

Fast alle meine Verehrer wollten mich heiraten. Sie wollten mich behalten. Eigenartig. Vielleicht, weil ich ihnen nicht fad war. Ich hatte den Ruf, Männer finanziell zu ruinieren, was nicht stimmte, denn mich interessierte Geld überhaupt nie. Bei zweien kam es tatsächlich so weit, dass sie bankrott gingen. Sie vernachlässigten das Geschäft, weil sie mit mir zusammen sein wollten. Nachdem ich hauptsächlich in der Nacht unterwegs war, waren sie tagsüber groggy und konnten sich nicht um ihre Geschäfte kümmern. Mit Abzocken hatte das nichts zu tun.

Ich ließ für gewöhnlich lange um mich werben, weil ich mich nicht entscheiden konnte. Irgendwann sagte ich ja, und dann dauerten diese Beziehungen durchschnittlich zwei, zweieinhalb Jahre. Ich hatte immer das Gefühl, wenn ich einen Kerl habe, bin ich geschützt, jetzt kann mir nichts mehr passieren, die anderen können nicht mehr an mich heran. Das war natürlich Pustekuchen. Sie ließen mich selbst dann nicht in Ruhe. Ich wollte unbedingt, dass dieses Gefühl, immer gekäscht zu werden, aufhört und packte die Gelegenheit beim Schopf.

Heinz Reincke lernte ich 1955 bei Gustaf Gründgens am Hamburger Schauspielhaus kennen. Gründgens inszenierte die Uraufführung von Carl Zuckmayers Drama *Das kalte Licht*, in dem es um Atomverrat geht. Heinz spielte die Hauptrolle, und ich musste ihm die »Liebesschlange« beibringen, einen speziellen Tanzschritt, den ich Gründgens eingeredet hatte. Es war ein raffinierter Seitenschritt, keine Ahnung mehr, wie er ging. Das Ganze sollte wie eine Art Party auf der Bühne wirken.

Für Heinz war es Liebe auf den ersten Blick. Für mich? Nicht. Ich schätzte ihn für seine Vehemenz auf der Bühne, aber verliebt war ich anfangs überhaupt nicht. In erster Linie dachte ich, es ist vielleicht ganz gut, sich zu binden, um nicht weiter so lose herumlaufen zu müssen.

Mittwoch, 30. November 1955

## Das kalte Licht

Drama in drei Akten von Carl Zuckmayer

Inszenierung: Gustaf Gründgens | Bühnenbild: Karl Gröning

| | |
|---|---|
| Kristof Wolters | Heinz Reincke |
| Buschmann, gen. Kommissar Picrino | Max Eckard |
| Hjördis Lundborg | Kyra Mladeck |
| Friedländer | Joseph Offenbach |
| Roittner | Wilhelm Walter |
| Lacrosse, Schiffsarzt | Ullrich Haupt |
| Sir Elwin Ketterick | Werner Hinz |
| Angus Fillebrown, sein Assistent | Andreas Wolf |
| Nikolas Löwenschild | Eduard Marks |
| Dorothy Fitch, seine Sekretärin | Gusti Wolf |
| Jean Marie Merminod } seine Assistenten | Hans Irle |
| Frederick Schiller Lee } seine Assistenten | Werner Dahms |
| Prescious Fillebrown | Erni Mangold |
| Roy, ein Test-Pilot | Karl Vibach |
| Tsebaya, eine Pueblo-Indianerin | Eva Böttcher |
| Heather Hodger, eine Reinmachefrau | Gustl Busch |
| Thomas Northon, Beamter im britischen Geheimdienst | Richard Münch |
| Eine Kellnerin | Henny Zschoppe |
| Ein Mann in Polizeiuniform | Willy Baetcke |

12 Bilder, Pause nach dem 7. Bild

Das Stück spielt in England, Nordamerika und auf dem Atlantik in den Jahren 1939–1950

Inspektion: Carl Brock | Technische Leitung: Friedrich Dedlow | Beleuchtung: Christian Schott

*Mein Debüt am Deutschen Schauspielhaus in Hamburg war am 3. September 1955 in der Uraufführung von Carl Zuckmayers neuestem Stück »Das kalte Licht« – hier der Besetzungszettel der Vorstellung vom 30. November 1955. Bei den Proben lernte ich meinen späteren Mann Heinz Reincke kennen.*

Zwei Wochen nach unserer ersten Begegnung saßen wir in der Kantine zusammen. Die Herren an diesem Theater waren ungeheuer trinkfest. Bier, Schnaps, sie schütteten in sich hinein, was sie konnten. Ich wollte das gar nicht, denn ich hasste Bier, und der Schnaps schmeckte grauenhaft. Aber manchmal machte ich mit, und sie waren jedes Mal erstaunt, dass ich so viel Alkohol vertrug und nicht betrunken wurde. Jedenfalls waren sie schon ziemlich im Öl, plötzlich beugt sich Heinz zu mir und flüstert mir ins Ohr: »Ich liebe dich.« Mich traf der Schlag, denn das kannte ich aus Wien nun gar nicht.

Wenn man in Wien jemanden mochte, war man zusammen, Zuneigung sprach man nie aus. Das höchste der Gefühle war: »I steh auf di« oder »I mag di«. Aber »Ich liebe dich«, das hätte kein Wiener gesagt. Ich war völlig ohnmächtig.

Für mich war Heinz ein Exot, wie ich für ihn. Das war es

eigentlich. Mit der Zeit und mit dem ewigen Zusammensein verliebte schließlich ich mich in ihn. Dass er verheiratet war, wusste ich zu diesem Zeitpunkt nicht. Er erzählte, mit seiner Frau sei es vorbei, aber dass er einen Sohn von drei Jahren hatte, fand ich nicht lustig.

Unsere Affäre hätte nach ein paar Monaten vorbei sein sollen, ich fuhr zurück nach Wien. Beim Abschied sang Bing Crosby »White Christmas«, wir küssten uns, bis das Lied zu Ende war. Von Wien aus schickte ich Heinz Briefe, die er mir voller Freude und Begehren beantwortete.

Helmut erfuhr von unserer Geschichte, und sie gefiel ihm nicht sonderlich. »Aha, das deutsche Genie hat dich jetzt erwischt«, ätzte er.

»Geh, deutsches Genie!«, äffte ich ihn nach, gestand aber doch ein: »Ja, der ist sehr nett, ein richtiger Kieler halt.«

Kieler sind lockerer als die Hamburger – und in dem Fall auch als die Wiener. Helmut konnte es nicht verheimlichen, er war ein bisschen eifersüchtig.

Schauspieler mochte ich als Männer bis dahin nicht. Heinz war der erste in meinem Leben, mit dem ich etwas hatte, sonst hielt ich mir alle vom Leib.

Gründgens holte mich wieder nach Hamburg, und so passierte es mit der Zeit. Wir wurden immer enger, kamen uns näher. Heinz' Frau wusste von unserem Verhältnis, ließ sich aber nicht scheiden. Wir lebten drei Jahre so zusammen, was mir recht war, weil ich sowieso nie heiraten wollte.

Für Heinz war das unmöglich. Er war ein aufrechter Kieler und legte ein Gelübde ab: »Wenn das mit der Scheidung klappt, müssen wir kirchlich heiraten.«

Die Scheidung klappte, und so blieb mir nichts anderes übrig. »Pfff, wenn du glaubst, dass es so viel ausmacht? Meinetwegen, mir ist es egal.« Mir lag wirklich nichts daran, infolgedessen hielt sich meine Begeisterung in Grenzen.

Aber er hatte wahrscheinlich recht. »Wilde Ehe« war in den Fünfzigern schwierig. Wenn man im Schlafwagen zu zweit fuhr, schaute der Schaffner komisch. Und im Urlaub konntest du dich nicht einfach irgendwo einquartieren. Wer nicht verheiratet war, durfte das Bett nicht teilen, o sittsame Zeit! Mich störte die Art unseres Zusammenseins nicht, aber Heinz war die Legitimation wichtig: »Nein, das geht nicht, das machen wir nicht!« Dagegen hatte ich keine Chance.

Wir heirateten 1958 protestantisch. Heinz war Protestant und ich schon längst aus der katholischen Kirche ausgetreten. Unsere Trauungskirche in der Nähe von Hamburg war wunderschön, der Pastor entzückend. An der evangelischen Kirche störte mich, dass ich zur Konfirmation mit zum Abendmahl gehen musste, wo alle aus demselben Becher tranken. Das war mir unangenehm. Ich trat drei oder vier Monate nach der Hochzeit wieder aus.

Ich mochte an Heinz dasselbe, was er an mir mochte: die »Exotik«, dieses Anderssein, die zwei verschiedenen Sprachen. Wir lachten uns oft halbtot über Wörter oder Redewendungen, die er oder ich nicht verstand. Das war ein großer Reiz in unserer Beziehung.

Hamburg war in den Fünfzigern im Rausch des Wirtschaftswunders. Das war ein Riesenunterschied zu Wien. Wer nach Wien fuhr, hatte das Gefühl, zwar nicht in Sibirien, aber doch ziemlich tief im Osten anzukommen. Hamburg war völlig anders, großartig, was es alles gab. Diese Üppigkeit überwältigte mich. Lebensmittel, Kleider, Möbel – ich kam aus dem Schauen, Staunen und wieder Schauen nicht heraus. Es gab die tollsten Sachen. Ich erinnere mich an eine Halle in Hamburg-Harburg, wo Schiffe abgewrackt wurden. Von der Einrichtung blieben massenweise Palisander- und Mahagonimöbel mit kunstvollsten Messingbeschlägen übrig. Das konnte man alles billig kaufen. Wir horteten diese Sachen. Ich verdiente damals zwar nicht gut, aber doch besser als in Wien, und so konnte ich mir das eine oder andere leisten.

Ich fand alles an Hamburg faszinierend. Nicht nur die Art der Menschen, sondern auch, wie diese Stadt neu aufgebaut wurde. Sie machten dabei überhaupt keine Fehler. Das begann bei den Radwegen. Das Netz war gigantisch, die Wege waren breit, und man konnte überall fahren. Ich ärgere mich heute, weil ich blöde Kuh in Hamburg nicht mit dem Fahrrad fuhr, sondern mit dem Auto durch die Gegend kutschierte, denn ich fand es toll, rund um die Alster herumzugondeln. Und nicht nur herum: Als einmal im Winter die Alster zugefroren war, konntest du mit dem Auto darauf fahren. Es war herrlich! Wir schlitterten auf dem Eis und ließen uns vom Wind zum anderen Ufer treiben. Ein irres Erlebnis.

Ich lernte in Hamburg »schöner wohnen«. Das war mir völlig neu, ein Bewusstsein für Wohngefühl gab es in meinem Wien überhaupt nicht. Da ging man zum Heurigen, aß Schmalzbrot, betrank sich, wackelte heim zum Schlafen, am nächsten Tag dasselbe von vorn. Alles das war so viel wichtiger, als sich's zu Hause gemütlich und hübsch zu machen. Die Hamburger legten viel Wert aufs Eigenheim, und so lernte ich die Vorzüge der Häuslichkeit kennen.

Ich war die brave Ehefrau neben dem Mann, der seine Karriere verfolgte, und fand es völlig richtig, dass ich mich einordnen und lernen sollte, eine Gemeinschaft zu führen, Zweisamkeit aufzubauen. Das hatte ich mir vorgenommen, das zog ich durch.

Ich war frei aufgewachsen, danach stürzte ich in das Lebensgefühl des Krieges ab. Man lebte von heute auf morgen, jeder Tag konnte der letzte sein. Das wurde noch stärker, als der Krieg zu Ende war und die Umstände aus mir eine Kämpferin machten. Ich war gegen die Männergesellschaft extrem widerständlerisch, aufmüpfig und patzig. Aber ich artikulierte meinen Widerstand nicht, sondern schnauzte einfach so herum.

In Hamburg dachte ich, ich müsse schauen, dass ich diese neue Situation irgendwie in den Griff bekomme. Ich stellte völlig bewusst meinen Job hintan, blieb zu Hause und spielte auf Häuslichkeit. Heinz wollte, dass ich meinen Beruf ganz aufgebe. Dazu war ich nicht bereit, aber ich spielte viel weniger. Auch, weil ich mir sagte, man müsse ja schließlich etwas für die Ehe tun, und es schadet mir ja nicht, wenn ich zu Hause bleibe und nicht andauernd herumfliege. Nur gebügelt habe ich nie. Ich erinnere mich an eine Szene, die mir Heinz machte, weil bei seinem Hemd ein Knopf fehlte. Ich nähte den Knopf an, dachte aber zum ersten Mal: So geht das nicht weiter.

Gründgens war zwar der Meinung, richtige Karrieren habe es nur bis in die Zwanzigerjahre gegeben, heute könne man höchstens von »Aufstieg« sprechen. Dennoch nahm er mich einmal zur Seite und meinte, ich müsse mich um Heinz kümmern. Vielleicht hatte er das Gefühl, mein Mann sei alleine nicht imstande, seine Karriere zu meistern.

Ich befolgte Gründgens' Anweisung und war sehr bemüht, Heinz zu unterstützen. Ich fand, er müsse aufsteigen, schließlich sei er das Genie, er verdiene es. Der Mann arbeitet, die Frau hat die Schlüsselgewalt, die vier Wände sind ihr Reich – so war es doch immer, nicht?

Im Grunde genommen hatte ich das Gefühl, ich müsse auf meinen Mann Acht geben. Darin sah ich meine Verantwortung. Heinz war der große Künstler und sah sich selbst gern in dieser Rolle. Er bewunderte mich, weil ich keine Angst vor Texthängern hatte, aber letztlich war sein Leben in unserer Beziehung wichtiger. Lange Zeit störte mich das nicht.

Die 1968er waren für mich persönlich kein großes Ereignis. Beängstigend natürlich, weil ich sah, dass junge Leute Autos verbrannten. Bei diesem Aufschrei bedauerte ich, nicht mehr jung zu sein. Wenn ich Single gewesen wäre, hätte ich vielleicht neugierig werden können.

Ob ich mitgekämpft hätte? Ich weiß es nicht. 1968 erlebte ich nicht so, wie junge Menschen es erlebten. Unter den Beatniks war ich eine erwachsene Frau, obwohl das für mich in Hamburg eine tolle Geschichte war. Ich verstand diese Revolution, den Wunsch, sich von Konventionen, Tabus und von allem zu befreien, was einem eingetrichtert wurde. Aber es ging nicht, so wie sie gedacht hatten. Wieder war es eine Freiheit, die keine war. Viele erkannten das schnell. Die jüngeren Geschwister von Dutschke merkten, dass es so nicht hinhauen kann.

Liebe, oder besser die Vorstellung davon, war in meiner Jugend vom Film geprägt. »True Love«, wir suchten sie und kamen gar nicht auf die Idee, dass sie ein nicht existierendes Trugbild ist. Dem Irrtum erliegen die jungen Leute heute noch.

Sie können nicht glauben, dass es eine andere Qualität der Liebe gibt als diese Kitschliebe, sondern dass man sich finden und zusammenraufen muss. Sie feiern Hochzeiten und machen daraus ein Megafest. Man könnte meinen, sie heiraten des Festes wegen. Zum Raufen haben sie keine Lust, deshalb gibt es so viele Scheidungen. Meinetwegen, soll sein, aber das alles ist nur lustig, wenn keine Kinder im Spiel sind. Vielleicht ändert sich das wieder, und es gibt irgendwann eine andere Form der Ernsthaftigkeit in Beziehungsfragen.

Als »Sexerl« müsse ich gewiss Hunderte von Männern vernascht haben – mit dieser Annahme werde ich des Öfteren konfrontiert. Das stimmt natürlich überhaupt nicht, denn ich war lange Zeit nur auf der Flucht. Umgekehrt gab ich mir keine Zeit zum Alleinsein. Um mich vor den Verfolgungen zu schützen, stolperte ich von einer Affäre in die nächste. Die Möglichkeit des Alleinseins kam mir nie in den Sinn, ich war immer froh, in der nächsten Love Story zu sein, weil ich mir sagte, jetzt ist es okay. Erst mit 60 merkte ich, wie gut es ist, allein zu sein und wie wichtig, mit sich ins Reine zu kommen. Sehr, sehr spät. Heute bin ich glücklich, dass ich Single bin.

Ich mochte Frauen sehr gern und war oft unglücklich, dass es mir lange Zeit nicht gelang, Kontakte zu halten. Aber die meisten Frauen konnten mich nicht leiden. Sie schnitten mich aus Angst, dass ich ihnen die Männer wegnehmen könnte. Darunter litt ich, und ich freute mich, als es anders wurde.

Kinderlosigkeit war nie ein Problem für mich. Ich kann gut mit Kindern umgehen. »Die Kinder und Hunde gehen ihr zu, so schlecht kann sie also doch nicht sein«, hörte ich früher nicht nur einmal über mich sagen. Grausig. Kinder mögen mich, weil ich für sie ein Kasperl bin.

Ich konnte keine Kinder kriegen, weil ich ein Kind des Krieges bin und wenig zu essen hatte. Der Hunger machte mir persönlich nichts aus, aber er schlug sich auf meine Gebärmutter nieder. Ein Arzt sagte von ihr, sie sei klein wie ein Zwetschkerl.

Ich hatte vier Fehlgeburten. Es ging immer sehr schnell. Ich stand auf der Bühne, und in dem Moment, als man mich hochhob, verlor ich das Kind. Oder ich saß im Bus, stand zu schnell auf, schon war es weg. Oder ich war auf Tournee, plötzlich kamen Wehen, und wieder war es vorbei. Einmal war es schlimmer: Ich blutete 14 Tage. Als ich 48 war, sagte mein Gynäkologe: »Wenn Sie wollen, kann ich Ihnen zu einem Kind verhelfen.« Um Gottes willen, mit 48 – niemals!

Heinz war froh, dass ich keine Kinder bekam, er wollte keine. Kunststück, er selbst war das größte Kind.

Sex in meiner Ehe war wichtig. Ich bin eine sinnliche Natur und fand die sexuelle Vereinigung fein. Mir war nicht so wichtig, ob da Orgasmen im Spiel waren, selbst als es Mode wurde, welche zu haben, fixierte ich mich nicht darauf. Er mochte mich gerne, es gefiel ihm sehr. Für mich war's okay – mein Gott, was soll's?

Was heute Vergewaltigung heißt, fand in meiner Ehe allerdings schon auch statt. Es galt nicht, wenn ich nicht wollte. Ich flüchtete mich nicht in Migräne und sagte ohnehin meistens ja. Ich nahm es mit Humor und spielte gern Spielchen: »Ja, aber das kostet jetzt einen Tausender!« War es ein Tausender oder weniger? Ich kann nicht mehr sagen, ob ich billig oder teuer war. Jedenfalls lachte er – und wir haben es gemacht. Ungestüm, denn er holte nach, was er glaubte, versäumt zu haben. Er war im Krieg in Gefangenschaft, und mit seiner ersten Frau war er nicht allzu lange verheiratet.

Den provokativen Feminismus fand ich toll – Alice Schwarzer, Nina Hagen, wie sie sich produzierten! Das entsprach dem, was ich begonnen hatte in den Nachkriegsjahren mit meinem tätigen Widerstand gegen die männlichen Hurenböcke.

Aber ich konnte es nicht umsetzen. Die Zeit war noch nicht reif, ich ihr vielleicht voraus. Garantiert hätten sie mich eingesperrt oder für verrückt erklärt. In meinem Verhalten der Öffentlichkeit gegenüber war ich spröde, in meinem Erleben, was mich persönlich betraf, nicht. Ich war nach außen hin extrovertiert und unheimlich laut, aber in meinem Innenleben war ich sehr traditionell gestrickt.

Ich merkte in der Menopause, dass etwas in mir raus wollte. Ich probierte nach meiner Scheidung One-Night-Stands, denn ich fürchtete mich ja nicht, fand sie hübsch, aber letztlich wusste ich, dass das nicht »meins« war. Ich liebäugelte mit Frauen, obwohl mir Männer grundsätzlich immer näher waren. Ich fand es nie wesentlich, dass Frauen auf mich standen, aber ich hatte das Gefühl, sie waren im Nachstellen und bei den Eifersuchtsanfällen schrecklicher als Männer.

Heinz und ich waren also ein gutes Team. Er konnte sich weiterhin einbilden, er sei der große Künstler. Mir persönlich waren diese Auswüchse von Größenwahn egal, ich ließ ihm die Freude. Erst später schwärmte er über mich als »ganz große Schauspielerin«. Solange wir zusammenlebten, war das eher nicht so. Er fand mich gut, aber sagen konnte er das nicht.

Hätte ich ohne ihn die ganz große Karriere gemacht? Ganz große Karriere – was immer das ist. Man kann träumen, aber letztlich ist es unsinnig und bringt nichts.

Wenn ich spielte, hatte ich gute Kritiken. »Erni Mangold ist nicht die Knochenbeilage von Heinz Reincke«, schrieben die Journalisten. Das hieß, ich sei eine selbstständige, gute Schauspielerin.

Wir drehten mehrmals zusammen. Seine Filme interessierten mich meistens nicht, es war viel Schund dabei. Er fand es toll, Geld zu verdienen. Einmal nahmen wir eine gemeinsame Platte mit erotischen Volksliedern auf, die Gustaf Gründgens' Adoptivsohn Peter Gorski produzierte. Der kommerzielle Erfolg blieb ihm allerdings versagt, denn so schnell konnten wir gar nicht schauen, wie die Hüter von Recht und Moral der Deutschen Grammophon kamen und die Platten mitnahmen. Ihre Begründung war ordinärer als die ganzen Lieder: »Aufforderung zum Geschlechtsverkehr« warfen sie uns unter anderem vor. Wir änderten die Texte, und aus *Erotische Volkslieder* wurde *Badelieder*. Es wurde nicht »gevögelt«, sondern »gebögelt«, und Heinz pfiff an heiklen Stellen, die so nicht mehr zu hören waren. Es nutzte nichts, die Platte blieb verboten, sie wurde schließlich unter der Hand verkauft.

Der Witz war der, dass ich die besseren Kritiken hatte als Heinz, obwohl er bestimmt viel richtiger gesungen hatte als ich. Aber mir bescheinigte man, ich sei vielfältiger.

Die ersten Eheschwierigkeiten kamen bald. Das hatte mit seinem Wahn zu tun, den Text zu vergessen, und mit dem Alkohol, mit dem er diesen Wahn behandelte. Heinz hatte Angst vor dem Text. Er war besessen von der Vorstellung, mitten auf der Bühne hängen zu bleiben und nicht mehr weiter zu wissen. Der Alkohol half ihm, diese Ängste zu vergessen. Für mich war das durchaus faszinierend, denn er konnte trotz Alkohol, trotz leichten Betrunkenseins, spielen, was mir nie im Leben möglich gewesen wäre.

Ich weiß nicht, warum er sich diese Angst vor dem Hängenbleiben so einredete. Ich riet ihm, er müsse sich davon befreien. Er konnte es nicht. Wenn sich der Rollentext reimte, war er besonders ängstlich. Ich habe keine Ahnung, was wichtiger war, Alkohol oder Text, Text oder Alkohol, die Angst oder die eingeredete Angst. Es war einfach so. Ich erinnere mich übrigens nicht, dass er jemals hängen geblieben wäre.

Nach Gründgens' Tod im Oktober 1963 gab es für Heinz keinen Grund mehr, in Hamburg zu bleiben. Mit dessen Nachfolger Oscar Fritz Schuh vertrug er sich nicht, er wollte weg, am liebsten nach Wien. Das Problem: Er wollte nach Wien, aber die Wiener wollten ihn nicht, weil er Deutscher war. Den Fuß in die Tür bekam er schließlich mit dem neugegründeten Euro-Studio und Burgtheaterdirektor Ernst Haeusserman über Salzburg, wo Reinhard Mohn im Rahmen seiner Bertelsmann-Stiftung in den Sechzigerjahren quasi eigene Festspiele im Landestheater veranstaltete. Wir spielten gemeinsam in einem verrückten Musical, *Die Ballade von Peckham Rye* nach einem Roman von Muriel Spark: Der Teufel, getarnt im dunklen Anzug, elegant und charmant, nistet sich in einer Firma ein. Er versucht fortan, alles kaputt zu machen und die Leute für sich zu gewinnen. Das Stück war ein großer Erfolg, sogar Karajan kam und schaute. Damit war der Grundstein gelegt, die Öffentlichkeit war auf Heinz aufmerksam geworden.

Es war schließlich Heini Schweiger, der den Wiener Bann brach. Otto Schenk suchte Ende der Sechzigerjahre für *Dantons Tod* am Burgtheater einen Robespierre. Ursprünglich war Peter Weck für die Rolle vorgesehen, aber Weck war angeblich nicht interessiert, und so schlug Schweiger Heinz vor. Schenk willigte ein, ich gab Tipps, wie das Beste aus Heinz herauszuholen sei. Sein Robespierre schlug bummsmutz ein, und sie engagierten ihn vom Fleck weg.

Unglücklicherweise war aber nun während seines Engagements Paul Hoffmann Burgtheaterdirektor, ausgerechnet jener Hoffmann, unter dem Heinz in Stuttgart gespielt hatte und der ihn dort schon hasste wie die Pest. In Wien vertrugen sie sich irgendwie, und so konnte er bleiben.

Als Heinz sein Wiener Engagement bekam, wohnten wir zwei Jahre bei meiner Mutter im zweiten Bezirk. 1969 kauften wir eine Wohnung in der Bindergasse und übersiedelten in den neunten Bezirk.

Heinz hatte ausschließlich das Theater im Kopf und stellte sich gerne in den Mittelpunkt. Die Leute lachten sehr über ihn, wenn er den Kasperl spielte. Er erzählte immer dieselben Geschichten, wie Männer das eben so machen. Immer dieselbe Platte. Die Leute fuhren darauf ab, Männer schätzten ihn, weil er diese tiefe Stimme hatte. Frauen mochten ihn wegen seines Humors. Zu mir sagte irgendjemand einmal: »Du musst ja zu Hause bestimmt immer ganz viel über den Heinz lachen.« Es war aber eher umgekehrt, denn zu Hause lachte er nicht so viel, und wenn, dann über mich, weil ich als perfekte Ehefrau auch die perfekte Unterhalterin spielte.

Heinz arbeitete viel und war froh, wenn er zu Hause sein konnte. Mich störte das lange Zeit nicht. Ich dachte, ich gehe ganz in der Rolle der Dienerin auf. Als wir nach Wien kamen, hatte ich kaum Angebote. 1972 fing ich an zu unterrichten, ab da änderte sich alles.

Ich kann es schwer beurteilen, aber letztlich war der Alkohol wohl sein Verderben, irgendwann ging das Ganze nicht mehr. Ich hatte mich über die Jahre verändert, nur er dachte, ich sei noch so wie mit 30. Dass ich anders geworden war, konnte oder wollte er nicht begreifen.

1972 betrog ich ihn das erste und einzige Mal. Ich stellte fest, dass Ehebruch nicht zu mir passte. Ich bin grundsätzlich ein treuer Mensch, und mir wurde klar, dass ich nicht der Typ für so etwas bin. Ich wusste, ich hätte mich schon längst entscheiden sollen, wegzugehen, die Trennung zu vollziehen. War er mir treu? Er erzählte mir manchmal Geschichten. Als wir uns trennten, hatte er eine Freundin, mit der er zusammenzog und die er später heiratete.

Die Trennung war 1975. Dass er schon während unserer Ehe diese Freundin hatte, war für mich nicht wichtig. Ich wollte von ihm weg, alles andere war egal. An Scheidung hatte ich dabei gar nicht gedacht, eine einfache Trennung hätte mir gereicht.

Aber Heinz war für endgültige Entscheidungen: Er hatte Angst, ich könne auf dumme Gedanken kommen und irgendwann wieder zu ihm zurück wollen: »Man kann es ja nicht wissen, ob du nicht eines Tages vor der Tür stehst und sagst, du willst mich wieder.«

Das Ganze war absurd genug, also stimmte ich zu.

Die Künstlerkollegen waren nicht so ganz einverstanden mit meiner Entscheidung, weil sie fanden, dass ich sehr wichtig sei für Heinz und ich einen so großen Künstler nicht verlassen dürfe. Sie empörten sich und mieden mich. Merkwürdig, aber so war es. Siebzigerjahre in Wien!

Als wir uns trennten, musste ich wieder bei Null anfangen. Zuerst fiel ich in ein tiefes Loch. Schwere Sinnkrise. Ich hatte früher immer wieder meine »slawischen Anfälle« gehabt. Wenn ich spürte, dass einiges nicht stimmt, zog ich mich in meine Kammer zurück. Nach zwei Tagen wachte ich von meinem Jammer auf, und alles war wieder okay.

Diesmal war es anders. Ich bekam irre Ängste, Existenzängste, und hatte schwere Depressionen. Es stimmte alles von hinten bis vorne nicht. Meine Selbstständigkeit war nicht echt. Ich merkte, dass es die starke Persönlichkeit, die ich zu sein glaubte, gar nicht gab.

Ich war stehen geblieben, ohne es gemerkt zu haben. Ich hatte geglaubt, dass ich alles kann und immer auch für mich entschieden hatte. Was für ein Irrtum! Ich steckte fest und hatte völlig übersehen, dass es mich schon länger nicht mehr gegeben hatte. Irgendwann spürte ich, dass es Zeit ist zum Aufholen. Ich half mir selbst, weil mir klar geworden war, dass ich die eingeübten Mechanismen entkoppeln musste.

Auf mir lastete dieses Bewusstsein, dass ich im Grunde genommen nichts aus mir gemacht hatte und dass ich wieder ganz vorn anfangen musste, um die verlorene Zeit aufzuholen. Ich lebte zwischen 33 und 50 nicht für mich. Ich überging mich, nahm mich selbst nicht ernst. Ich hatte mich völlig weggeschoben. Es dauerte fünf Jahre, bis ich mich wieder fangen konnte. Bis ich merkte, dass ich dort anfangen musste, wo ich aufgehört hatte, bis ich den ganzen Müll aufgearbeitet hatte. Bis ich wieder selbstständig stehen und sagen konnte: Okay, jetzt stimmt's. Jetzt kannst du nach vorne schauen und dein Leben leben, wie du und nur du es dir vorstellst. Daraus entwickelte sich meine Persönlichkeit, mein Charakter, und ich konnte so werden, wie ich heute bin.

In dieser Zeit half mir das Reinhardt-Seminar. Junge Leute zu unterrichten, mich in diesem Männerverein zu behaupten, spornte mich an. Ich musste mich stellen und lernte aktiven Widerstand zu leisten. Das war eine gute Schule, zu sagen: Moment, lass dich nicht wieder überfahren, lass dich nicht wieder zudecken, steh dazu, was und wie du's machst.

Meine Emanzipation begann mit 55.

*

Zwei Monate vor seinem Tod besuchte ich Heinz in Purkersdorf im Sanatorium, wo er seit seinem Schlaganfall in Pflege war. Ich stand an seinem Bett, sah ihn an, er sah mich an – und erkannte mich nicht. Ich beugte mich ganz nah zu ihm hinunter und gab ihm ein Küsschen. Er kicherte leise: »Entschuldige, dass ich nicht sofort wusste, wer du bist, aber du schaust so verhutzelt aus.«

Das war typisch für ihn, typisch für alle Männer: Wenn Frauen jung und schön sind, behalten sie dich im Kopf, und wenn du alt bist, erkennen sie dich nicht mehr. Ich wusste, es war unsere letzte Begegnung.

Er ist erlöst, und ich wünsche ihm, dass er Heini Schweiger trifft und dass sich die beiden als wilde Wespen herumtreiben. Ich denke, das würde ihm gefallen.

Er: Student.
Sie: Schauspielerin.

Der Trieb meiner Begierde? Die ganz große Liebe, der erste Kuss.
Die Falle schnappt zu.
Schmetterlinge im Bauch blieben länger, als man dachte. Er sah gut aus, war witzig, intelligent und jung. Ich dagegen alt, sehr gut aussehend, nicht so eine »intellele« Nudel, tüchtig im Beruf. Er suchte noch seine Bestimmung, und so kämpften wir uns durch unsere Beziehung.

Andere Frauen kamen, er ging und kam auch wieder und ging und kam wieder, brachte Frauen mit. Wir lebten zu dritt. Menschlich mittlere Katastrophe, aber man lernt nicht aus. Wir lebten wie Blumenkinder in einer glücklichen Gemeinschaft.

Zwei Kinder kamen – aber nicht bei mir, war zu alt; und plötzlich Atomexplosion.
Unser Netz wurde gesprengt, ein neuer Engel trat in seine Augen: jung, er: viel älter – jetzt kam die Hochschaubahn: sie bekam ein Kind, wir verschwanden in der Versenkung, und husch kam noch ein Kind. Die Statistik stimmt.

Viele Schmerzen, viel Traurigkeit, auch Hass. Wir haben uns befreit.

FAZIT: Männer sind besser im Nehmen, man verliert sie aber auch aus den Augen.

*Protokoll einer Trennung*

# Lehrjahre – Herrenjahre

Zum Unterrichten kam ich über Fritz Muliar, der Anfang der 1970er Jahre eine Schauspielschule ins Leben rief. »Kannst du mir zwei, drei Monate aushelfen?«, bat er. »Ich baue diese Schule auf und brauche ein paar Schauspieler.«

Alle fanden mich gut und hinreißend, die Studierenden waren begeistert. Ich dachte: Na gut, sind sie halt begeistert – und war nach ein paar Monaten wieder weg.

Kurze Zeit später klopfte das Salzburger Mozarteum an: »Wir brauchen Sie dringend für eine Blockveranstaltung.« Wieder sagte ich zu, und wieder hatte ich gute Begegnungen.

Dort kam mir übrigens Michael Schottenberg unter, heute Direktor des Wiener Volkstheaters. Ich unterrichtete ihn und sagte ihm voraus, dass er Karriere machen wird. Er war schlank und hatte eine wirklich sehr große Nase. »Das macht nichts«, sagte ich zu ihm, »die will nach vorne.«

Schließlich kam Susi Nicoletti. Sie war eine der wenigen Frauen, die sich nicht von mir bedroht fühlten. Susi schätzte mich und fand, dass ich ans Wiener Reinhardt-Seminar gehöre: »Du kannst es«, redete sie mir ins Gewissen. – »Da gehöre ich nicht hin, da passe ich nicht rein«, lehnte ich beharrlich ab.

Sie suchten Ersatz für Otto Tausig. Ich übernahm erst zwei seiner Schüler und bekam danach einen Jahrgang, weil ich die Klasse von Otto Schenk übernahm. Weil ich eine Arbeiterin bin und nicht Nein sagen kann, kam ich ins erste Jahr.

Der Anfang ist das Schwierigste und Wichtigste in der Ausbildung. Diese erste Klasse hatte ich neun Jahre. So schlitterte ich in das Seminar, obwohl ich anfangs nicht sonderlich überzeugt war.

Der Witz war der, dass ich mit dem Lehren nichts am Hut hatte und mit dem Reinhardt-Seminar schon überhaupt nicht. Ich war überzeugt, dass die ganze Umgebung, das Getue, die abgehobene Sprache nicht meine Welt waren. Alles das gab es – und es ging mir fürchterlich auf die Nerven. Aber die Lehrtätigkeit verhalf mir zu einem Emanzipationsschub.

Die alteingesessene Kollegenschaft belächelte mich und bereitete mir ziemliche Schwierigkeiten. Sie machten mir Vorschriften, besserten mich ständig aus: »Du musst das so und nicht so machen – so geht das nicht – wie kannst du nur!!«

Sie wussten immer alles besser und belehrten mich unentwegt. Aber ich war gut, und gerade deshalb bekam ich Schwierigkeiten. Ich musste mich jahrelang durch diese Belehrungen, Verletzungen, Beleidigungen kämpfen. Sie hielten sich für geniale Ausbildner und waren der Meinung, sie allein würden große Schauspieler heranziehen.

Ich hatte meine Visionen, die ich gegen alle Widerstände umsetzte. Mit der Zeit wurde ich vorsichtiger im Umgang mit den dort vorhandenen Eitelkeiten und achtete darauf, nicht lauthals loszuschreien: »Meine Studenten sind die besten!« Obwohl sie es waren! Aber das vertrugen die hohen Herren ganz schlecht und wären noch unangenehmer geworden.

Trotz alledem fühlte ich mich wohl, aber nicht, weil mir das Betriebsklima so gut gefiel, sondern weil ich mit den Studierenden gut auskam. Anfänger kamen von überall her, weil sich herumsprach, dass man bei der Mangold etwas lernt. Nach neun Jahren wurde ich Professorin. Durch mich selbst.

Ich bekam wenig bezahlt, spielte zu der Zeit kaum Theater, sodass ich in finanzielle Engpässe kam. Die Professur war mir lange Zeit egal, bis ich merkte, die Kritik der Kollegen hört selbst nach Jahren nicht auf, sie mäkelten weiter an mir und meinen Unterrichtsmethoden herum. Ich war 57, als ich ans Seminar kam, war ich 48, mit 68 beginnt die Pension, viel Zeit blieb mir nicht mehr. Ein reiner Formalakt, der im Interesse der Studienleitung sein müsste – so dachte ich.

Der damalige Seminarleiter Helmut Schwarz teilte mir knapp mit, es gebe keine Professur für mich, und wenn ich sie dennoch wolle, müsse ich sie mir selbst verschaffen.

Das war schwierig, denn ich hatte bis dahin mit Protektion keine Erfahrungen. Aber mit dieser unverschämten Ablehnung wollte ich mich nicht zufriedengeben. Durch Zufall erzählte mir meine Mutter, dass die damalige Wissenschaftsministerin Hertha Firnberg meine Nenntante ist und als ich ein kleines Mäderl war, auf mich aufpasste. Ich ging zu ihr, und sie erinnerte sich. »Du warst ein sehr schlimmes, freches Kind«, tadelte sie mich. »Es war nicht leicht, auf dich aufzupassen.«

Ich hörte mir ihre Standpauke geduldig bis zum Ende an, dann trug ich ihr mein Anliegen vor. Sie versprach zu helfen. Es geschah – vorerst gar nichts.

Ich wartete und wartete, doch leider hatte die gute Hertha schlicht und ergreifend auf mich vergessen. Kurz vor dem Ende ihrer aktiven politischen Karriere traf ich sie ein weiteres Mal im

Palais Liechtenstein und erinnerte sie an ihr Versprechen. Sie saß zu dieser Zeit bereits im Rollstuhl. »Ja, wenn es jetzt nicht ist, dann wird's nicht mehr«, sagte sie. Also bekam ich die Professur.

Ich wurde natürlich schlecht eingestuft, aber ich ließ mich nicht einschüchtern. Vom ersten Jahrgang kam ich in den dritten und vierten, schließlich in die Meisterklasse. Bis ich in Pension ging.

Der voruniversitäre Seminarstatus hatte eine gewisse Lebendigkeit, man traf sich zu Versammlungen, dort wurde mitunter hitzig diskutiert. Ich profitierte davon für meinen eigenen Beruf. Als Schauspielerin war es für mich anfangs schwer, manches für mich zu formulieren, ich begann zu stottern und sagte dummes Zeug. Als Lehrende konnte ich nicht irgendetwas Blödes sagen, das nur gut klingt, mit dem aber niemand etwas anzufangen weiß, weil es zu theoretisch und nicht umsetzbar ist.

Die Studierenden müssen lernen, dass die Ideen, die in ihrer Fantasie herumgeistern, umgesetzt werden müssen. Ein wunderbares Märchen, das du mir da erzählst – und jetzt spiel es. Dann kam oft allgemeines Blödschauen, weil es nicht ging.

Und weil wir nicht wie in der Musik Noten haben, wo man weiß, jetzt ist es richtig oder falsch, gilt es, eine Anleitung zu erstellen, von der aus ich aufschlüssle, wie man eine Szene entsprechend nachvollziehbar machen kann.

Als Professorin führte ich Regie, das drückten mir die Studierenden rein, weil sie meinten, ich könne das. *Kindsmord* von Turrini kam sehr gut an, ich beglückte Peter selbst sehr damit. Dario Fo gelang mir ebenso. Ich führte Regie bei *Nur Kinder, Küche, Kirche.*

*Endlich Ruhe* von Peter Reinhard Gruber wurde ein Flop. Feministinnen hassten mich dafür, weil es ein Drama gegen Frauen ist. Das fand ich anfangs gar nicht so sehr. Aber irgendwo gab ich ihnen recht und wollte etwas anderes daraus machen. Das war ein Fehler. Ich tat mir zu viel an, indem ich das Stück mit einem neuen kombinieren wollte. Das Ganze misslang, und danach ließ ich das Inszenieren sein, denn ich sah, das kostet mich so viel Arbeit und so viele Nerven. Ich hätte mich gründlicher damit befassen müssen, und das wollte ich mir nicht auch noch aufhalsen.

Die erste Generation meiner Studenten war noch politisch, die kleinen Brüder und Schwestern von Rudi Dutschke, so eine Art Lost Generation der Sechzigerjahre. Da landeten besonders von Deutschland kleine Wellen, die sehr links waren – ich fand das sehr lustig und anregend.

Danach kamen die Glotzer. Switch on, switch off, sie sahen mich an, als sei ich ein Fernsehapparat: Wenn ich lache, geht's mir gut, wenn ich traurig dreinschau, geht's mir schlecht, und wenn ich finster bin, bin ich bös. Das stimmte natürlich alles nicht, und es wurde schwieriger. Diese Generation war völlig unpolitisch und nur noch auf Gemeinsamkeit eingestellt. Sie fühlten sich nur in der Masse wohl.

Es war Ende der Siebzigerjahre, die Zeit der Palmers-Entführung, und es gab einen Professor, der sehr rechts stand und den Studenten die Geschehnisse aus seiner Sicht schilderte, die sie unkritisch schluckten. Sie beschwerten sich bei mir über die Ansichten des Professors. Ich fand es merkwürdig, dass sie zwar offensichtlich eine eigene Meinung hatten, aber so gar nicht dazu stehen wollten. »Ja, warum habt ihr nichts gesagt?«, fragte

*19 Mit O. W. Fischer in »Hanussen«, 1955*

*20 Eine Frau will nach oben.*

*21 Mit Susi Nicoletti in dem Film »Uns gefällt die Welt«, 1956*

*22 Böses Mädchen*

*23 Skandal im Wiener Bürgertheater: »Frauen in New York«, 1951. Badewannenszene mit Waltraut Haas*

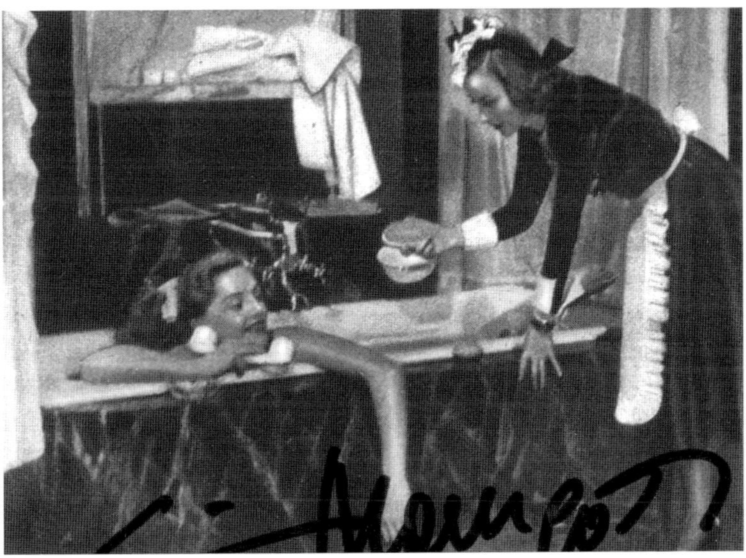

*24/25 Freche Gesten und beste Gästebetreuung. Die Erinnerung? Bisweilen getrübt. Ist's Richard Münch oder Curd Jürgens?*

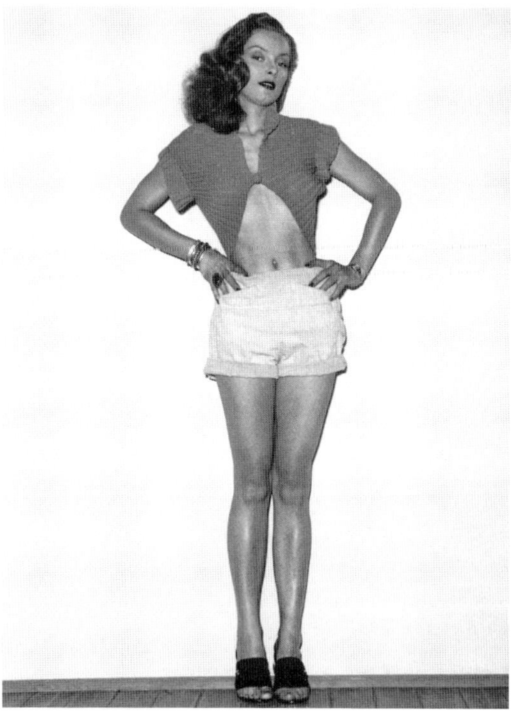

*26 Makellos*

27 Mit Johanna Matz in dem Film »Arlette erobert Paris«, 1953

28 Mein Talent als Taucherin fiel dem Tiefseeforscher und Tauchpionier Hans Hass auf. Er wollte mich vom Fleck weg engagieren.

*30 »Volpone« von Stefan Zweig nach Ben Jonson am Deutschen Schauspielhaus in Hamburg, 1957 – ich bin die Kurtisane Canina und Heinz Reincke der Schmarotzer Mosca.*

◀ *29 Ein Foto, das ich für meine Eltern 1950 zu Weihnachten machen ließ.*

*31 »Der schlafende Prinz« von Terence Rattigan am Hamburger Thalia Theater, 1958 – Szene mit Erwin Linder. In dem Film nach diesem Theaterstück, »Der Prinz und die Tänzerin«, spielten Laurence Olivier und Marilyn Monroe unsere Rollen.*

*32 Mit Heinz Reincke in dem Film »Ein Herz kehrt heim« von Eugen York, 1956*

*33/34 Hochzeit mit Heinz Reincke, 1958. – »Nicht ohne meine Erni!«*

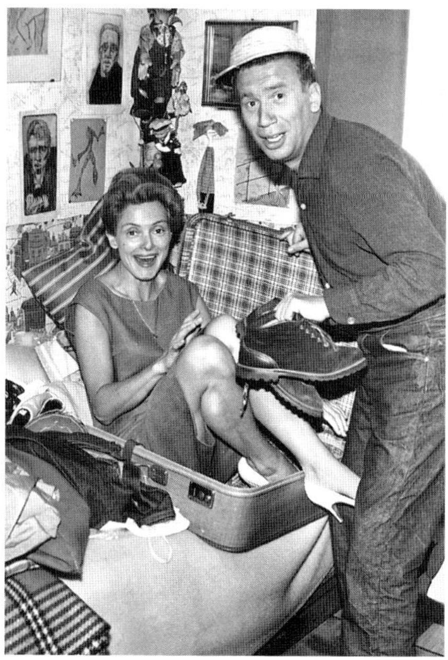

ich. Keine Antwort. »Tut mir leid, dann ist mir jetzt auch egal, was der euch aufgebunden hat.«

Die Mädchen hielten bis zum zweiten Jahr sowieso den Mund, weil die Professoren und Lehrenden dafür sorgten, dass sie ihn nicht aufmachten. Es war wie überall: Sie wurden sexuell unter Druck gesetzt. Manche wurden jahrelang regelrecht verfolgt. Es passierten regelmäßig üble Sachen.

Als ich in die Gleichbehandlungskommission kam, passte das manchen gar nicht. Sie hatten Angst, dass ich die Übergriffe öffentlich mache. Sie hätten sich nicht fürchten müssen. Ich konnte nichts ausrichten. Schnell war ich kaltgestellt. Denn in Österreich gab es viele Graubereiche, in die sie sich flüchten konnten. Jeder konnte so viel lügen, wie er wollte.

Die Gleichbehandlungsstelle führte ein Schattendasein. Ich erfuhr von mehreren sexuellen Übergriffen, wusste, dass Studentinnen bedrängt und missbraucht wurden. Sie sagten nichts, weil sie Angst hatten, rauszufliegen. Eine Studentin kam zu mir und erzählte von schlimmen Vorgängen – vor zwei Jahren. Sie hatte keine Chance. Nur ein einziges Mal ging es so weit, dass ich einen der Lehrenden zum Appell rufen konnte. Aber, was soll ich sagen? Die Herren putzten sich ab und schimpften mich »Emanze«.

In der Musikklasse war es ähnlich. Das Seltsame war, dass die Mädchen dort frecher waren. Die suchten sich einen Professor aus, den packten sie und sagten: »Der ist es, mit dem gehe ich ins Bett, der bringt mich weiter.« Das gehört sich ja wohl auch nicht.

Umgekehrt kamen mir Protokolle von Vorstellungsgesprächen unter, bei denen ich nicht glauben konnte, was ich las. Eine Pianistin, die sich als Lehrende beworben hatte, wurde beurteilt: »Sie schnatterte wie eine Gans.« Elender Machoverein.

Wieder: Ich hoffe und glaube nicht, dass es heute noch so zugeht. Aber damals war es genau so.

Die Lehrtätigkeit nahm ich sehr ernst. Ich konnte oft Wochen nicht schlafen, die Verantwortung lastete schwer auf mir: »War das gut, was ich mit ihnen gemacht habe? Konnte ich ihnen helfen? Hoffentlich ist es okay!«

Als ich zurück in meinen Beruf ging, war ich ruhiger als je zuvor. Als Schauspielerin trage ich die Verantwortung nur für mich und nicht für die anderen. Ich erlebte eine gewisse Form des Loslassens, die ich als sehr angenehm empfand. Ohne die Erfahrungen im Seminar wäre ich vielleicht heute nicht so ruhig in meinem Job. Viele Schauspieler sagen, die Angst wird stärker, je älter sie werden. Bei mir ist das nicht der Fall. Ich bin für mich verantwortlich. Das lernte ich. Und vieles mehr.

Vor allem: Ich bekam die Verachtung der Kollegen sehr zu spüren. Aber dieser Hochmut ließ mich reifen, meine Eitelkeit ablegen, und dafür bin ich ihnen dankbar.

# II.

# Die Anderen

# Wie streunende Hunde – Freundschaft mit Helmut Qualtinger

Meine erste Begegnung mit Helmut Qualtinger? Merkwürdigerweise weiß ich das nicht mehr genau. Es war noch während des Krieges, und ich glaube, es war auf der Augartenbrücke, wir rannten ineinander – und das war's. Vermutlich.

Wir mochten uns auf Anhieb, weil wir Gleichgesinnte waren. Wir lebten den Existentialismus im Kohlenkeller, tranken Rum ohne Ende. Ich war hungrig nach Freiheit, das hieß ausgehen, trinken, rauchen, lachen, diskutieren. Philosophie faszinierte mich. Helmut empfahl mir Bücher, die ich verschlang. Ich lief dem Wissen nach.

Nach dem Krieg fühlten wir uns wie in einem gemeinsamen Bett. Dieses Empfinden habe ich heute noch ganz stark in mir. Wir verstanden uns politisch, kulturell, menschlich. Es gab wenig, wo wir nicht einer Meinung waren, und wenn doch, stritten wir es aus. Das konnte durchaus heftig werden, aber kein Streit hätte unsere Freundschaft gefährden können.

Ich konnte es gar nicht glauben, dass man einem Menschen so nahe sein konnte. Es waren die größten Streicheleinheiten, die ich je in meinem Leben erfahren habe.

Nicht nur mit Helmut war es so. Alle, die da um uns waren, Max Lersch, Pauli Popp, Michael Kehlmann, Otto Kobalek und die anderen. Ich genoss ihre Freundschaft, vor allem, weil sie die Einzigen waren, die nicht hinter mir her waren. Natürlich mochten sie mich als Frau, aber sie waren nie aufdringlich, und ich wäre sowieso nie auf die Idee gekommen, mich mit ihnen einzulassen, weil ich Freundschaft so hoch hielt.

Es war eine spezielle Art der Freundschaft. Pauli Popp redete nie darüber, dass er in Mauthausen im KZ war. Ich erfuhr es Jahre später. Wir hätten nie gefragt: »Heast, von wo kommst du her, wer bistn du?« Das war völlig egal.

Mit Helmut war es genauso. Es war ein Gefühl, das wir zueinander hatten, von dem wir nie sprachen. Wir wussten, dass wir uns mochten, schmusten hin und wieder, aber das war alles. Mehr kam für mich nicht infrage. Heute tut mir das fast ein wenig leid, aber es ging eben nicht.

Max Lersch wollte mich zwei- oder dreimal heiraten. »Komm, wollen wir nicht?«, fragte er in seiner charmanten Art. – »Lass den Blödsinn!«, lachte ich.

Ich war stur in meinem Glauben an Freundschaft in reinster Form. Das war für mich so wesentlich, dass sie durch nichts beschädigt werden sollte, schon gar nicht durch ein Verhältnis. Deshalb war ich so strikt, ich wollte Freundschaft, und dabei musste es bleiben.

Wir fühlten uns ungeheuer geborgen. Was ich davor nie war, denn ich hatte immer das Gefühl, allein auf weiter Flur zu sein. Ich wuchs mit dem ständigen Gefühl auf, nicht sagen zu dürfen, was ich wollte. Diese Enge war mit einem Schlag zu Ende, den anderen ging es wie mir. Ich fühlte mich wohl und lernte viel.

Die ersten Jahre nach dem Krieg brachten die Freiheit, die ich meine. Man konnte so vieles machen, was später undenkbar war. Wir hingen an der Bim, vorne, hinten, seitlich, sprangen rauf und runter, wann immer es uns passte. Niemand scherte sich darum. In der Fahrschule lernten wir, dass man die Straßenbahn rechts und links überholen darf. Alles war erlaubt.

Zusammen lasen wir Sartre und Camus. Helmut beeinflusste mich in meinem politischen Denken. Er prägte mich als Mensch und als Künstlerin.

Er hatte wahnsinnige Ideen. Im Kohlenkeller von Kobaleks Vater las er *Mein Kampf*. Laut schrie er, dass es nur so donnerte. »Juden waren und sind es, die den Neger an den Rhein bringen …« Das Ganze gibt es heute auf CD, aber man kann sich vorstellen, dass sich das damals im Kohlenkeller um einiges gruseliger anhörte. Helmuts Stimme ging durch Mark und Bein, das vergesse ich nicht.

Durch ihn lernte ich Karl Kraus' satirische Kampfschrift »Die Fackel« kennen. Nach dem Krieg wurde man mit dieser im Dritten Reich verbotenen Literatur nicht überschüttet. Helmut wusste mehr, weil er viel las und den Zugang zu den Büchern hatte.

Ich hatte nie das Gefühl, dass nur eine unserer Aktionen verlorene Zeit war. Obwohl viel Unsinn dabei war, möchte ich nichts missen. Nachts badeten wir nackt im ersten Bezirk in irgendwelchen Brunnen, weil uns danach war. Es war völlig klar, kein Mensch hatte uns etwas zu verbieten.

»Erni, ich sag dir was: Ich glaub, die Russen fürchten sich vor uns«, sagte Helmut. Das stimmte, vor allem, weil wir fürchterlich aussahen. Wir wuschen uns nie, waren immer dreckig, die Haare hingen uns ins Gesicht, und es war uns völlig gleichgültig.

Recht bald fanden wir unsere Heimat im »Gutruf«. Ich entdeckte die »Delikatessenhandlung«, war die Erste, die da hineinging. Damals kannte es noch niemand. In den Sechzigern

WEIHNACHTEN I945

Wo standen damals unsre Herzen?
Wo war die Zuversicht?
Wo die Erinnerung an Leben!
Verloren hatte eine Nation.
Entzwei gebrochen ward ein Volk.
Nach Hause kamen,die für Vaterland
und Ehre kämpften,nur Männer mit zerstörtem Sinn.
In ihren Augen brannten stumpfe Lichter-
In ihren Händen lag zu oft der Tod!
Es ist gewesen-vergessen?
Oh Stille Nacht,Heilige Nacht!
Wenn du uns dochden Frieden bringen könntest!
Und Glauben an die Einigkeit der Menschen!

WEIHNACHTEN I954

Du Papa stehst nun auf deinem schöpferischen
Höhepunkt.
Und du Mama bist wieder ganz im Leben.
Und ich,ich tue was ich kann und mag.
Und du,derdu 6Jahre hast verloren,du hast
sie aufgeholt,u. auch dein Sein von neuem aufgebaut.
Oh Stille Nacht,Heilige Nacht!
Wir wollen lieben,achten
unsern Nächsten
Und unsre Freude wenn wir geben-
sei Kindern gleich!-

*Gedichte für den Frieden*

wurde es *das* Wiener Intellektuellenbeisl, es kamen die Berühmtheiten dazu: Erich Sokol, mit dem ich sehr eng befreundet war, Helmut Zilk, Teddy Podgorski, Udo Proksch und so weiter. Wilde Mischung.

Nicht allen bekam das Stammbeisl in der Milchgasse gleich gut. Kobalek, der Sozialdichter, der nie eine Zeile schrieb, wurde lästig, weil er viel trank und von jedem zwanzig Schilling verlangte. Wehe, wenn man ihm das Geld nicht gab. Er wurde furchtbar wütend und ausfällig. Ich war schon in Hamburg, als sie ihn ins Spital einlieferten. Er war buchstäblich verhungert, und wir hatten nichts davon bemerkt. Später kam er nach Gugging in die Psychiatrie.

Die Zeit war schwierig und leicht zugleich. Mein erster fahrbarer Untersatz war eine Lambretta. Ich war bekannt in Wien, der Rossschwanz flatterte im Wind, sie fuhr 70, wir frisierten sie ein bisschen auf. Man kannte sich, die Polizisten winkten mir an den Kreuzungen zu, wenn ich vorbeiflitzte. Ampeln gab es nicht. Wenn ich Handzeichen vergaß, deuteten sie mit dem Finger: »Dududu!«, lachten und wünschten mir einen guten Morgen.

Mein erstes Auto war ein Simca, ich war 29. Durch die neu gewonnene Mobilität ging es richtig los. Zum Ärger von Joschi Holaubek, dem berühmten Polizeipräsidenten. Noch bevor er den entflohenen Häftling Walter Schubirsch mit den, wie heute jeder weiß, frei erfundenen Worten »I bin's, dei Präsident« wieder zurück in den Häfn brachte, bekam er es mit uns zu tun. Holaubek war wie wir Stammgast im Gutruf.

Er liebte und verfluchte uns gleichzeitig, weil er wusste, dass wir tranken, und weil er wusste, dass wir betrunken Auto fuhren. Einmal geriet ich in eine Verkehrskontrolle und war natürlich völlig blau. Ich weiß noch: Mein damaliger Freund war an dem Abend nicht dabei, das Auto, ein Borgward, hatte er mir geborgt.

Am Beginn der Annagasse im ersten Bezirk gab es ein Lokal, wo man um fünf Uhr früh Gulaschsuppe essen konnte. Ich hatte gerade fünf, sechs Freunde nach Hause gebracht und war noch einmal hungrig geworden. Zack! Ich donnerte gegen einen anderen Wagen, brach mir die Elle und schlug mir einen Zahn aus, am nächsten Tag hatte ich Vorstellung in der Josefstadt.

Während ich spielte, dachte ich, das Leben müsse jetzt ordentlicher werden. Ich bewunderte reumütig die Mütter mit ihren Kindern im Publikum. Die Vorsätze hielten nicht lange, in Hamburg versuchte ich, zumindest beim Fahren nicht mehr zu trinken.

»Kinder, ihr macht's mich krank«, stöhnte Holaubek, aber er half mir. 1000 Schilling musste ich zahlen, aber den Führerschein durfte ich behalten. Er war halt so.

Holaubek ging wie ich auf viele Bälle. Dort traf ich ihn oft, meistens fand ich ihn völlig erschöpft vor, weil viele Frauen mit ihm tanzen wollten. Ich liebte Bälle, weil ich so furchtbar gern Walzer tanzte. Dafür war mir kein Weg zu schwer.

Ich spielte 1949 im Kleinen Haus in der Liliengasse *Entweder – oder* von Hans Weigel mit Nadja Tiller. Wir trugen grauenhafte Kostüme, graue Röcke, graue Oberteile mit grünen Aufschlägen.

Natürlich war es meine Idee, auf den Philharmonikerball zu gehen. Die Tiller fand das unmöglich: »Das geht doch nicht, wir haben nichts anzuziehen!« – »Wir gehen so, wie wir sind«, schlug ich vor. – »Bist du verrückt? So kommen wir doch nie rein!«, sagte sie. – »Wir kommen hinein.«

Mit größter Selbstverständlichkeit gingen wir in den Ballsaal, die Gäste jubelten uns zu: Endlich kamen zwei junge, hübsche Mädchen. Wir müssen furchtbar ausgesehen haben, aber ihnen gefiel's.

Am Opernball war ich ein einziges Mal, 1972, weil mein Mann Heinz Reincke unbedingt gehen wollte. Meine Tante war Schneiderin und nähte mein Abendkleid. Durch Zufall war Ernstl Haas in Wien, mit seinem Bruder hatte er sich eine Loge gemietet. Es war entzückend, denn ich riss Blumenbuketts ab und warf sie in die Menge. Wir aßen Würstel in der Kantine, serviert hätten sie 80 Schilling gekostet. Um fünf Uhr früh tanzte ich mit einem Billeteur. Der wehrte sich anfangs: »Gnä' Frau, Sie können doch nicht!« – »Natürlich«, lachte ich. »Sie kommen mit, jetzt wird getanzt!«

Ich passte sehr gut zum Opernball.

Ich werde oft gefragt: Wie war er, der Qualtinger? Helmut mochte es, wenn er merkte, dass man ihn mag. Er genoss die Aufmerksamkeit und liebte es, wenn sich die Leute um ihn scharten. Das brauchte er, denke ich. Wir alle brauchten das, aber er besonders. Wobei er umgekehrt selbst zu Freunden sehr verschlossen sein konnte und mit seiner Unberechenbarkeit viele vor den Kopf stieß. Wenn ihm etwas nicht passte, zog er sich zurück, und nichts und niemand wären zu ihm durchgedrungen. Zu mir war er immer gleich, wir verstanden uns blind. Bis auf ein Mal, wo er entsetzt über mich war, völlig entsetzt.

Das war in München, 1955, als wir den O. W.-Fischer-Film *Hanussen* drehten. Helmut spielte SA-Stabschef Ernst Röhm, ich Hanussens unglückliche Geliebte. Wir streunten in München herum und landeten in einer Bar, deren Untergeschoss voll war mit Vitrinen, und in diesen Vitrinen waren wunderschöne Gläser.

Die Vitrinen waren verschlossen, der Besitzer sperrte sie auf, und wir durften die wertvollen Gläser ansehen, sie angreifen. Er tat furchtbar geschwollen und ging mir sofort auf die Nerven. Dieses Getue und die Tatsache, dass man etwas Materielles für so wichtig nimmt, waren für mich völlig unglaublich. Diese Heiligkeit war in mir nicht drin, etwas zu bewahren: Weg ist weg, hin ist hin, was ist schon wichtig? Ich konnte mit Besitz nichts anfangen, und die Angeberei reizte mich.

Ich wollte dem Schnösel etwas antun. Mich ritt als Jugendliche der Teufel wirklich sehr, so sehr, dass ich eines dieser Gläser nahm und in meine schwarze Tasche steckte.

Die Tasche hatte drei Reihen, keiner hätte irgendetwas gemerkt. Ich wollte diesen Mann schockieren. Ob ich so weit gegangen wäre, das Glas wirklich mitzunehmen? Das kann ich heute nicht mehr sagen.

Der Verlust flog jedenfalls auf, der Besitzer suchte und suchte, checkte alle durch und nahm sich auch meine Tasche vor. Ich öffnete sie: »Bitteschön, schauen Sie.«

Er fand es nicht. Alle waren ratlos, am meisten Helmut: »Das kann nicht sein, dass einer von uns dieses Glas nimmt.«

Als wir nach oben gingen, sagte ich: »Ich hab's, und ich geb's zurück.«

Ich wollte dem Besitzer eins auswischen, aber Helmut war schockiert: »Dass einer von uns so etwas gemacht hat? Nein so was! Noch dazu die Erni, meine beste Freundin, wie entsetzlich!«

Er vergaß das lange nicht.

Helmut war ein begnadeter Geschichtenerzähler und konnte unwahrscheinlich gut zuhören. Was er hörte, machte er zu seiner Geschichte. Er hatte ein geradezu kriminologisches Gedächtnis und merkte sich Sachen, bei denen wir nur so staunten. Davon lebte das *Brettl vorm Kopf.*

Carl Merz schätzte Helmut sehr, und Helmut schätzte Merz. Er war ein ganz Lieber, ich kannte ihn persönlich sehr gut und fand ihn großartig.

Wer sich nicht wohlgefühlt hat in dieser Gesellschaft, war Georg Kreisler. Ich weiß nicht genau, was sich da abgespielt hat. Helmut sprach nie darüber.

Wir waren voll von Träumen, Gedanken und Ideen. Als Helmut mir eröffnete, dass er ein Kabarett aufmachen will und ich mitmachen sollte, sagte ich ab, weil ich Gustaf Gründgens für Hamburg im Wort stand. Ich denke, es war eine richtige Entscheidung. Ich weiß nicht, ob ich glücklich gewesen wäre, mit ihnen zusammen. Vielleicht wäre ich schlimm versumpft mit dem Alkohol. Es war gut, Österreich zu verlassen.

Als wir alle auseinandergestoben waren, sahen wir uns höchstens einmal im Jahr. Sie besuchten mich sporadisch in Hamburg. Es war vorbei.

Kurz vor seinem Tod sagte Helmut zu Peter Turrini: »Die Erni und ich, wir waren zwei streunende Hunde.«

So war's. Punkt. Aus.

Ich dachte mir oft, was wäre aus mir geworden, wenn ich Helmut damals zugesagt hätte und geblieben wäre. Ich denke, ich hätte Schwierigkeiten gehabt mit diesen Liedern, mein Gott, das hätte ich nie gekonnt! Aber vielleicht hätte ich mich dann auch getraut zu singen und wäre in eine ganz andere Schiene gekommen.

Vorbei!

# Bei Gustaf Gründgens in Hamburg

So leicht ist es nicht, über mich einfach so zu plaudern«, hätte Gustaf Gründgens gesagt. Dann eben nicht. Keine Plauderei.

»Brillanz und enorme beispiellose Wirkungssicherheit kennzeichnen seine Persönlichkeit als Schauspieler wie als Bühnenleiter. Brillanz, Wirkung, skrupelloser Erfolgsinstinkt, völlige Vorurteils- und Bedenkenlosigkeit, immer mit einem Schuss tollkühnen, fast manischen Abenteurertums, das aber nicht wirklich hochstaplerhaft wird, da zu viel Können, zu viel Qualitätsgefühl, zu viel souveräne Strategie, zu viel Menschenkenntnis und Selbstsicherheit, ja Selbstzucht dahinter steht.«

Was Carl Zuckmayer in seinem *Geheimreport* über Gustaf Gründgens schrieb, ist völlig richtig. Gründgens war brillant, skrupellos, und seine Menschenkenntnis war erstaunlich. Er hatte einen Zugang zu seinen Schauspielern, der so real, so ungekünstelt und für ihn so selbstverständlich war, dass er sie mit traumwandlerischer Sicherheit beurteilte.

Für uns war er wie ein Vater. Mit allen Vor- und Nachteilen. Gründgens entmündigte seine Schauspieler, er wollte sie als Kinder haben. Die Kinder durften sich austoben, umgekehrt waren sie nach seiner Auffassung keine vollwertigen Menschen, nicht einmal vollwertige Schauspieler.

Ich fand das merkwürdig, weil ich kritischer war, aber die anderen, vor allem die Männer, ließen sich diese Entmündigung gerne gefallen. Letztlich konnte ich nichts dagegen tun. Solange wir Erfolg hatten, durften wir machen, was wir wollten.

Und wir hatten Erfolg. An einem Abend 90 Vorhänge, eine Stunde Applaus, das kann sich heute niemand vorstellen. Das Publikum flippte völlig aus.

Danach feierten wir ausgelassene Partys mit einigem Sachschaden. Die Kinder, besonders die Jungs, hatten es gern wild. Heizungen aus der Wand brechen, Vorhänge zerreißen. Sie freuten sich so über ihren Erfolg: Die Kinder mussten feiern, wild feiern.

»Lasst sie doch!«, sagte Gründgens, denn er hatte sie gern verrückt, seine Kleinen. Wenn sie Schlimmes getan hatten, versuchte er zu glätten. Nur eines konnte er für den Tod nicht leiden: Dass sie so viel tranken, seine Kinder. Gründgens hasste es, wenn sie tranken. Meinen Mann, Heinz Reincke, stellte er einmal zur Rede. »Was trinkst du da?«, fragte er mit dem Zorn in der Stimme, die ihm die erwartete Antwort verlieh. »Traubensaft«, antwortete Heinz.

Das konnte sich Gründgens nun gar nicht vorstellen und nahm selbst einen Schluck. Ausnahmsweise stimmte es. Das Trinken konnte er trotzdem nicht eindämmen. So blieb ihm nichts anderes übrig als zuzuschauen.

Für mich war das Gast-Engagement ans Deutsche Schauspielhaus in Hamburg ein Sprung ins kalte Wasser und dennoch die richtige Entscheidung. Mit 25 wollte ich weg aus Wien, weil ich merkte, dass die Josefstadt nicht gut für mich war und ich als »Sexerl« nur ausgenützt werde. Ich war bekannt, hatte Riesenerfolge, nach außen hin war alles geritzt. Hätte ich weiter die Sexbombe gespielt, wäre ich ein Star des österreichischen Boulevards geblieben und mich in dieser Rolle verwirklichen können. Aber es ging nicht, weil ich das Bild vom »Sexerl« hasste, weil ich meine Rollen hasste. Wäre ich in Wien geblieben, hätte ich vielleicht weiter dieses Leben gespielt, was ja für mich nicht mehr gestimmt hätte.

Ich wollte nie die erotische Fruchtfliege sein, der feuchte Traum in notgeilen Männerfantasien, sicher nicht. Ich wusste, dass ich mich künstlerisch auf diese Art nicht weiterentwickeln werde, und was mit mir passiert wäre, wenn ich nach Ansicht der »großen« Herren erst einmal zu alt für das »Sexerl« geworden war, konnte ich mir ausmalen.

Außerdem veränderte sich die Stadt. Es war absehbar, dass die Freiheit ein bisschen anders wurde, als wir meinten. Anfang der Fünfzigerjahre überkam mich auf einmal ein komisches Gefühl. Es ist vorbei, sagte es mir, wir sind nicht mehr dran. Plötzlich waren sie wieder zurück, die Beamten, die Politiker, die Wirtschaftsbonzen, die Klugschwätzer, genau die, die unter Hitler schon da waren. Man musste sich entscheiden: sich anpassen, unterordnen, Goschn halten – oder gehen. Ich entschied mich für Letzteres, zu ändern war sowieso nichts mehr.

Ich war 29, als ich nach Hamburg kam und sollte in *Das kalte Licht* – Überraschung! – das »Sexerl« spielen. Man sagte Gründgens, wenn Sex gefragt ist und du eine suchst, die sehr gut aussieht, dann gibt's nur eine, nämlich die Mangold in Wien. Den Ruf hatte ich, und so wurde ich geholt.

Es war Gründgens' Beginn in Hamburg, der von Düsseldorf kam. Ich hatte sofort das Gefühl, er mochte mich, obwohl das bei ihm nicht ganz leicht zu erkennen war. Als das Stück-Engagement zu Ende war, verabschiedete ich mich von ihm. Er schüttelte mir die Hand und lächelte gewitzt: »Tja, das war's wohl nicht?«, sagte er. – »Nee, das war's nicht«, gab ich zur Antwort.

Was Gründgens damit sagen wollte: Ich war nicht so gut, wie ich hätte sein können. Dadurch fing ich an nachzudenken: Ich hatte in Wien schon so viele Lobeshymnen bekommen, aber ich wusste, in Wahrheit stand ich ganz am Anfang.

Ich ging also 1955 wieder zurück an die Josefstadt, spielte weiter das »Sexerl« und drehte ein paar ganz schreckliche Filme, um Geld zu verdienen.

Ein halbes Jahr später kam eine weitere Anfrage aus Hamburg. *Nichts Neues aus Hollywood* hieß das Stück von Curt Goetz – und ich sagte ab. Alle traf der Schlag, was fällt dir ein, du kannst doch nicht – eine Curt-Goetz-Uraufführung – so eine Gelegenheit, und überhaupt: Gründgens! Aber ich hatte ein Angebot für einen Film in Berlin, bei dem ich sehr viel Geld verdiente. Also blieb es dabei: »Tut mir leid, Herr Gründgens, aber den Film muss ich machen, seien Sie mir bitte nicht böse.« Und er war mir nicht böse.

Ich spielte die Rolle, für die ich vorgesehen war, schließlich doch noch, weil die Erstbesetzung ausfiel. Mein Abschied von der Josefstadt war keine große Affäre. Ab 1956 war ich fix am Schauspielhaus in Hamburg.

Ich liebte die Hamburger, und die Hamburger liebten mich. Ich war mit dem Metzger gut, ich war im Gemüseladen willkommen, wo ich hinkam, freuten sich die Leute, weil sie mich wit-

# 3 x Eva – international

**Sex: die Französin**

● MAGALI NOEL (links) lebt als eine von drei Frauen auf der einsamen „Ziegeninsel". Als in das Paradies der Frauen ein ungestümer junger italienischer Bauer einbricht, wird die Atmosphäre gewitterschwül. Alle drei stellen ihm nach, aber Magali Noël ist die unbeherrschteste und leidenschaftlichste. Der Eindringling (Raf Vallone) nimmt, was sich ihm bietet, ohne zu merken, daß die drei Frauen an ihm zu zerbrechen drohen.

**Charme: die Amerikanerin**

Als die Katastrophe naht, spürt er sie nicht. Premiere des französischen Films „Die Besessenen", dem bereits ein großer Ruf vorausgeht, am 11. Dezember im Studio. ● GRACE KELLY (Mitte) weiht mit ihrem Film „Der Schwan" morgen das neue MGM-Kino am Kurfürstendamm ein. Sie ist eine junge Prinzessin, die sich in ihren Fechtlehrer verliebt. Aber da er nicht standesgemäß ist, muß sie sich von ihm lossagen.

**Apart: die Deutsche**

Ein Margaret-und-Townsend-Thema, von einer echten Fürstin gespielt — da wird das neue Kino einen guten Start haben. ● EINE KESSE FOTOREPORTERIN ist Erni Mangold in dem Film „Uns gefällt die Welt", der morgen in vielen Berliner Kinos anläuft. Erni bringt als charmante kleine Kupplerin nebenbei auch noch die Herzen von Millionären und hübschen jungen Damen durcheinander.

*Ein Zeitungsausschnitt von 1956, der für sich selbst spricht. In dem genannten Film »Uns gefällt die Welt« stand ich in einer Hauptrolle neben Topsy Küppers, Peer Schmidt, Inge Meysel und Susi Nicoletti vor der Kamera.*

zig fanden. Die Kollegen zerkugelten sich, wenn ich ihnen beibringen wollte, wie man Obst und Gemüse richtig benennt: Paradeiser, Fisolen, Zeller und so weiter. Ich fand ihre Lust auf Fröhlichkeit angenehm, und es entsprach mir sehr, wie sie in der Kürze die Würze zu sehen. Das Schnelle mochte ich, ich schätzte die knappen Umgangsformen. Bis heute ist Hamburg für mich die schönste Stadt Deutschlands.

Schauspielerisch war es eine Hoch-Zeit. Abend für Abend waren wir ausverkauft bis auf den letzten Platz, wir spielten kein einziges Mal vor halbleerem Raum. Das 1200-Plätze-Haus war voll, voll, voll. Das war vor Gründgens nicht unbedingt so. Die Hansestadt hatte mehr übrig für Malerei, die Bildenden Künstler waren wesentlich höher geachtet als wir Schauspieler, zu denen sie nur »Kasper« sagten. Mit Gründgens änderte sich das schlagartig.

Plötzlich waren wir Kasper angesehen, wurden von den Reichen eingeladen. Mich interessierte das weniger, ein einziges Mal war ich dabei in einem dieser schrecklichen Golfclubs, wo zu jener Zeit alle hinwollten, um dazuzugehören. Ich fand das Getue zum Kotzen und mied diese Kreise später auch in Wien. Nicht nur, weil ich es mit meinen politischen Ansichten nicht vereinbaren konnte, sondern vor allem, weil ich mich in dieser gestelzten Gesellschaft nicht wohlfühlte.

Der Besitzer des Golfclubs, ein mächtiger Wirtschaftsboss, bot mir ein Wochenende in Venedig und einen Nerzmantel, wenn ich mit ihm ins Bett gehe. Herrliches Angebot, nuttiger geht es schon nicht mehr.

Ich bekam einen Lachkrampf, während mich seine Frau anflehte: »Bitte, Erni! Lass dich von ihm nicht verführen! Meine beste Freundin hat das schon getan, bitte nicht du auch noch!«

Ich lachte und sagte: »Du musst dich nicht fürchten. Da wird genau null passieren.«

Ich drehte in München. Der Bonze erfuhr davon und fuhr mir hinterher. Da er von Berufs wegen viel unterwegs war, konnte er das seiner Frau leicht einreden. Dass er sich im selben Hotel wie ich einquartierte, wusste sie vermutlich nicht. Ich sprach mit ihm eine Stunde, um ihm klarzumachen, dass er keine Chancen hat.

Zum Schluss sagte er: »Ich habe verstanden, dass es keinen Sinn hat. Das kannst du ziemlich gut. Weißt du, Erni, ich kann dir gar nicht böse sein.«

Tja, das hatte ich zehn Jahre geübt.

In Hamburg musste ich recht bald feststellen, dass ich schauspielerisch ein Niemand war. Trotz der Erfolge in der Josefstadt, trotz dreihundert Auftritten pro Jahr verstand ich nichts vom Theaterspielen. Das war ein Rückschlag, denn bis dahin war ja alles holloderoh. Meine schauspielerische Unsicherheit hatte ich in Wien überspielt, ich war es gewohnt, gehätschelt und gestreichelt zu werden.

Ich schaffte es während der ganzen Proben nicht, dieses Gefühl zu überwinden. »Ich bringe es nicht, ich kann es nicht, ich schaffe es nicht«, ein einziger Krampf.

Gründgens war geduldig mit mir. Er mochte mich sehr, das weiß ich. Wir hatten verhältnismäßig intensive Gespräche. Merkwürdigerweise flüchteten immer alle, wenn ich mich zu ihm an den Tisch setzte, vermutlich weil ich ihm unverschämte Fragen stellte: »Was halten Sie von Maximilian Schell?«

Alle nahmen Reißaus, weil sie dachten, eine so direkte Frage lässt er sich niemals gefallen und geht hoch. Aber er ließ es sich gefallen, ganz im Gegenteil, er beantwortete alle meine Fragen. Wir hatten eine offene Beziehung. Er war ein bodenständiger Intendant. Ich ging auf ihn zu und bekam nie eine Abfuhr oder eine Rüge.

Ich lernte von Gründgens Präzision, Genauigkeit. Zwei Sätze sind mir von ihm in besonderer Erinnerung. Er sagte: »Haben Sie keine Angst vor Betonung.« Wunderbar! Gründgens formulierte es an einem Beispiel: »Der *Mond* ist *aufgegangen*«, rief er, nicht einfach »Der Mond ist aufgegangen«, da hört kein Mensch zu. Dass man Wörter aus Sätzen herausholt, mag ich gern.

Der zweite Satz war: »Haben Sie keine Angst vor Perfektion. Sie sind es nicht.« – Und werden es nie werden, wollte er damit sagen.

Eines konnte er gar nicht ausstehen: Wenn er eine Pointe schmiss – und er schmiss viele Pointen –, durftest du nicht noch eine draufsetzen, denn da war er sauer. Wenn er sauer war, war er aasig. Dickes Treibeis, zwischen den Schollen ließ er dich gnadenlos untergehen. Darin war er einmalig.

Viele reden von Gründgens als Genie. Ich mag das Wort nicht. Er war im Grunde genommen ein normaler Hansl, der für Glanz und Gloria lebte. Ich erinnere mich an die Premiere von Tirso de Molinas *Don Gil von den grünen Hosen*. Man lugte damals durch das Guckloch in den Zuschauerraum, ich guckte, Gründgens, Regisseur des Abends, kam und schob mich zur Seite. Als er genug gesehen hatte, drehte er sich zu mir um. Seine Augen glänzten: »Was sagst du, wie früher – sie sind alle da!«

Der Bundespräsident war gekommen, der Kanzler, alle wichtigen Politiker, die ersten Ränge der Gesellschaft – und das genügte ihm. Das mochte er.

Er war theaterbesessen und hätte für diese Besessenheit viel gegeben. Wenn man ihm einredete, es sei in der Theaterbranche irrsinnig »in«, sich das Ohr ans Hirn zu operieren, hätte er das ohne zu zögern gemacht, hieß es. Ich kann das so nicht bestätigen, aber mir war bewusst, dass Theater sein Leben war. Wenn ein Mensch nie Urlaub macht, dann sagt das alles über sein Dasein als Workaholic. Gründgens nahm zu meiner Zeit nie frei, bei seinem ersten Urlaub starb er.

Status bedeutete ihm alles. Gründgens verstand nicht, wie Schauspieler in Zimmern mit 30 Quadratmetern leben können und dann auf der Bühne einen König darstellen sollten: »Ich ging ins Adlon, obwohl ich kein Geld hatte. Von dort stolzierte ich die Treppe hinunter wie ein König und spielte ihn auch so«, erklärte er.

Das war seine Einstellung, danach lebte er. Er hatte bis 1935 eine Frau in seinem Berliner Staatstheater-Ensemble, die ihn sehr förderte, die Schauspielerin Emmy Sonnemann, spätere Frau Göring. Sie tat viel für ihn und zahlreiche von seinen im Dritten Reich gefährdeten Schauspielern.

Nach dem Krieg dankte es ihr Gründgens auf seine Weise. Sonnemann kam und schaute sich *Das kalte Licht* an. In dem Stück kommt der Satz vor: »Der dicke Hermann wirft Bomben auf London.« An diesem Tag, an dem Sonnemann, Frau Göring, im Publikum saß, bat Gründgens den Schauspieler, er möchte statt »der dicke Hermann« sagen »Hitler wirft Bomben auf London«. »Da fällt uns kein Zacken aus der Krone«, fand Gründgens. Er hatte recht, warum sollte er die Frau verletzen?

Goebbels hasste Gründgens, eben weil er einen so guten Draht zu Göring hatte. Sicher wusste Goebbels von seiner Homosexualität und hasste ihn auch deshalb. Möglich ist alles.

Die Homosexualität war ein offenes Geheimnis, mit dem Gründgens spielte. Er hatte einen Rolls-Royce, mit dem fuhren wir einmal gemeinsam zu einem Boxkampf. Ein Weißer und ein Schwarzer standen im Ring, Mittelgewicht, soweit ich mich erinnere. Ich weiß noch, wie ich sagte: »Hm, der Schwarze gefällt mir aber gut.« Gründgens drehte sich zu mir und sagte: »Kunststück.«

Ich kann sagen, dass ich nie mehr so gutes Holz gerochen habe wie in diesem mit Mahagoni ausgekleideten Rolls-Royce. Es roch intensiv, fein.

Gründgens liebte das Auto, noch mehr liebte er den Status, der damit verbunden war. Den Wagen meldete er in Groß-Gerau in Hessen an, damit er das Kennzeichen GG bekam. Als ein Milchwagen den Kotflügel des Rolls-Royce beschädigt hatte, fand er das unglaublich grauenhaft, und zwar nicht etwa wegen des entstandenen Schadens, sondern dass etwas so Primitives wie ein Milchwagen seinem noblen Schlitten zu nahe kam: »Das ist das Letzte überhaupt!« Jedes andere Auto hätte er hingenommen, dann wäre Klasse auf Klasse getroffen. Aber ein Milchwagen! Das machte ihn völlig fertig.

Wenn eine Party oder ein Empfang nach der Aufführung stattfand, war nur eines wichtig: Ist die erste Liga da oder die zweite? Bei der zweiten ging Gründgens nicht hin. Es mussten immer die Großen da sein. Es war ihm wichtig, dass ein Maximilian Schell mit Soraya in die Aufführung kam, dass die Blitzlichter blinkten. Diese Form der PR faszinierte ihn.

Ich lernte Erika Mann kennen, wir begrüßten uns mit Handshake. Es wird behauptet, ihre Ehe mit Gründgens war eine Scheinehe, ebenso wie die mit Marianne Hoppe. So ohne Wenn und Aber würde ich das nicht behaupten. Bei Gründgens wusste man nie. Über Hoppe und ihn gab es einen bösen Reim, der in Berlin die Runde machte: »Hoppe Hoppe Gründgens, die kriegen keine Kindgens. Und kriegt die Hoppe Kindgens, dann sind die nicht von Gründgens.« Das sagten die Berliner während und nach dem Krieg, als Hoppe von einem anderen schwanger war und sich scheiden ließ.

Als wir uns trafen, trug Erika Mann eine schicke Kapitänsuniform, und ich denke, sie hasste – wie ihr Bruder Klaus Mann – Gründgens noch über den Tod hinaus. Natürlich hassten beide ihn, weil er unbedingt, auch unter Hitler, Karriere machen wollte.

Sein Vorteil als Schauspieler lag darin, dass er eine ungeheure Ausstrahlung besaß. Es konnte passieren, dass man Gründgens fünf, sechs Sätze lang überhaupt nicht verstand, entweder weil er wegen seiner Migräne wieder Medikamente genommen hatte oder weil er sich die Zähne richten ließ – er wollte ja immer schön sein. Die Pointe knallte er dann wieder klar und deutlich hin, sodass das Publikum begeistert war.

Der Witz war der, dass die Zuschauer bei seinen Monologen mitunter die Hälfte nicht verstanden, weil er ganze Sätze vernuschelte. Den letzten Satz aber donnerte er so heraus, dass ihn alle verstanden. »Ich kann *lieben*, *wen* und *was* ich will!«, schmiss er in *Das Konzert* mit einem Lächeln hin. Das war nebenbei eine Anspielung auf seine Homosexualität. Das Publikum applaudierte in besinnungsloser Begeisterung.

»Im Licht musst du stehen«, sagte Gründgens – und er stand immer im Licht. Er verstand nicht, dass Schauspieler es nicht merkten, wenn sie auf der Bühne im Dunkel standen und der Scheinwerferkegel auf eine andere Stelle gerichtet war. Es gibt Schauspieler, die sehen es einfach nicht. Sie stehen brettelbreit neben dem Lichtkegel. Es ist wichtig, ins Licht zu kommen. Nur so kommst du rüber. Danach habe ich mich immer gerichtet.

Als Regisseur holte er sich vom Leben viel und verlangte von seinen Schauspielern noch mehr. In der Uraufführung von Brechts *Die heilige Johanna der Schlachthöfe* spielte Brechts Tochter Hanne Hiob 1959 in Hamburg die Titelrolle. Gründgens quälte sie, bis sie nicht mehr konnte, aber er hatte diese wunderbare Idee mit den Heilsarmee-Mädchen.

Diese Heilsarmee war entzückend und drückte seinen kreativen Geist aus, den er mit der ihm eigenen Aufmerksamkeit der Welt gegenüber kombinierte. Bei den Olympischen Spielen hatte er beobachtet, wie sich Sportlerinnen verhalten, wenn sie Medaillen bekommen, dass sie lachen und kudern, sich gegenseitig Witzchen erzählen und völlig albern sind. Das gefiel ihm gut, weil Männer in der Situation ganz anders sind, viel ernster, stolzer und bis zur Erstarrung würdevoller. Also machte er dasselbe mit den Heilsarmee-Mädchen. Die lachten und quietschten in der ganzen Misere, die sich in dem Stück ereignet. Fantastisch.

Ebenso großartig war seine Umsetzung der Walpurgisnacht in *Faust I* mit der Atombombe. Oder *Faust II*. Schade, dass diese Aufführung nicht aufgezeichnet wurde. Seine Interpretation der Grablegung vergesse ich in meinem Leben nicht:

Mephisto steht in der Grätsche nach hinten gebeugt. Das allein war schon ein imposanter Anblick, denn Gründgens war athletisch, hatte Muskeln wie ein Leistungssportler, wenn man ihn umarmte, spürte man, dass er steinhart war: »Du kannst richtig zupacken.« Mephisto also breitbeinig, das Gesicht richtet er zum Zuschauerraum und geht langsam auf das Publikum zu, schleppt sich hin, oben singen die Engel – vom Band übrigens, da war Gründgens sparsam und pragmatisch. Mephisto legt den Kopf nach hinten, der Scheinwerfer strahlt sein Gesicht an, und er schreit vor Schmerzen, weil er den Engelschor nicht erträgt. In der Mitte der Bühne ist ein Loch – Fausts Grab, das zirka achtzig Zentimeter tief war –, und in dieses Loch schmeißt er sich hinunter. Unglaublich. Das vergisst du nicht.

Als Regisseur war Gründgens die meiste Zeit angenehm. Zu Probenbeginn erzählte er dem Ensemble, dass er das Stück nicht gelesen hätte, wir sollten es ihm vorspielen – manche glaubten ihm das sogar. 14 Tage sagte er oft gar nichts, danach kam plötzlich ein Rat: »Ich glaube, es wäre besser, wenn du dich hierher setzt.« Und recht hatte er.

Er machte gutes, konservatives Theater.

»Ein Klassiker ohne Pathos ist für mich kein Klassiker!«, erklärte er und fuchtelte so mit den Händen, dass ihm die Brille von der Nase fiel. Durchaus möglich, dass er absichtlich so gestikulierte, um mehr Dramatik in das Gesagte zu legen. Man wusste bei ihm nie.

Klassiker waren sein Metier, das liebte er, das konnte er. Von den neuen Autoren hielt er nicht viel. Es gab nur einen, den er förderte, das war Hans Henny Jahnn. Der war ein irrsinniger Koloss, er bekam in Hamburg einen Preis. Gründgens spielte von ihm *Thomas Chatterton* als Uraufführung, in der Titelrolle: Heinz Reincke. Die Texte waren sehr fleischig.

Über Ionesco sagte er: »Für den geht mein Lappen nicht hoch.« Bis zum Ende seiner Intendanz im Sommer 1963 blieb das so. Aber bereits in der ersten Spielzeit seines Nachfolgers Oscar Fritz Schuh, im Herbst 1963, ging der Lappen für Ionescos *Der König stirbt* hoch, Regie: Hans Lietzau. Ich schlug dafür eine Litanei vor, die ich noch aus der katholischen Kirche kannte, diese monotone Singsangsprache: »BittefürunsMariaohMariabittefüruns…« und so weiter.

Wenn ich mit dieser Litanei anfing, verließen 200 Leute den Zuschauerraum. Natürlich waren sie alle Protestanten. Die Hamburger waren entsetzt. Sie waren für Ionesco nicht geschult. Karl Heinz Stroux spielte in Düsseldorf jedes Jahr ein Stück von ihm. Er führte den Autor dort ein, das Publikum verstand ihn und war begeistert.

Gründgens lehnte das komplett ab, er wollte sich mit dem neuen Theater nicht auseinandersetzen. Es waren die Sechzigerjahre, die Zeit der Bremer Schule, mit Hübner, Stein, Zadek und Minks. Die spielten um 22 Uhr nach der normalen Vorstellung und revolutionierten mit ihrem neuen Stil das Theater in Deutschland. Mir tat es leid, dass ich nicht dabei sein konnte.

Privat war Gründgens schüchtern und zurückhaltend. Der Schriftsteller Curt Riess, Ehemann von Heidemarie Hatheyer, beschreibt in seinem Buch über Gründgens einen Besuch in dessen Villa in Hamburg, den mein Mann Heinz und ich ihm abstatteten.

Wir gingen spazieren und kamen zufällig in die Gegend, wo Gründgens wohnte. Also schlug ich vor, ihn zu besuchen: »Wir machen jetzt einen Frühlingsbesuch.«

Heinz flippte aus. Wir lebten in einem hierarchischen System, den Direktor zu besuchen, einfach so, war eine unverschämte Idee. »Um Gottes willen, das kann man ja nicht machen! Den Gründgens! Ohne Anmeldung, bist du verrückt?« Heinz war außer sich.

»Natürlich kann man das machen«, entgegnete ich. »Wir klingeln einfach bei ihm. Entweder er schickt uns weg oder er freut sich und bittet uns ins Haus. Ist doch völlig egal, sei nicht so schreckhaft.«

Was soll ich sagen: Gründgens kam angeschlapft, öffnete die Tür und sah uns überrascht an.

»Wir möchten einen Frühlingsbesuch machen«, sagte ich artig.

Er bat uns herein – und verschwand sofort wieder. Wir warteten eine Weile im Vorraum, wohl weil er sich in Schale werfen wollte, und Heinz fing von Neuem mit seiner Panik an: »Was tun wir hier nur? Lass uns schnell verschwinden, du siehst ja, er will nicht, wir stören ihn!«

»Er braucht eben noch einen Moment, muss sich halt anziehen. Ist ja alles nicht so schlimm.«

Gründgens empfing uns umgezogen, bot uns einen Drink an.

Ich nahm einen Schluck und sagte: »Hm, der schmeckt aber gut, der Wermut.«

Es war nur leider kein Wermut, sondern Sherry, woraufhin Heinz in der Sekunde wieder am Ende war, weil ich Sherry nicht von Wermut unterscheiden konnte.

Gründgens störte das nicht, denn er war mit etwas ganz Anderem beschäftigt. In der folgenden, eher gequälten Unterhaltung überlegte er die ganze Zeit, was in drei Teufels Namen wir von ihm wollen könnten. Er konnte mit der Idee des Höflichkeitsbesuchs nichts anfangen, so etwas war ihm völlig fern. Wir mussten doch ein Anliegen haben? Er war es nicht gewohnt. Selbstzweck war er überhaupt nicht gewohnt.

Ich war prominenten Persönlichkeiten immer unvoreingenommen begegnet, weil ich nie obrigkeitshörig war. Unserem Außenminister Leopold Figl zum Beispiel sagte ich Sachen, das hätte so schnell niemand gewagt. Im Zusammenhang mit ihm gab es eine irre Geschichte. Mein Vater wollte unbedingt den Heurigen von Anton Karas, dem Zitherspieler aus dem Film *Der dritte Mann*, besuchen. Das Lokal war schrecklich, riesengroß, eine Halle mit 08/15-Tischen und sonst nichts, ziemlich leer, keine Atmosphäre, ungemütlich.

Mir war es egal, aber meinen Vater störte dieses Umfeld sehr, und er schrieb auf einen Zettel: »Das ist ein scheußlicher Raum.«

Den Zettel schob er mir hin, und irgendwie musste der Kellner den Wisch beim Abservieren gesehen und gelesen haben. Als wir gehen wollten – mein Vater war eigentlich schon draußen –, kam ich bei Karas vorbei. Der war längst sturzbesoffen und stänkerte mich an. »Was is? Passt dir was nicht?«, schnauzte er und gab mir einen Rempler, sodass ich mit dem Kopf an die Drehtür knallte.

Ich hatte am nächsten Tag Vorstellung und regte mich sehr auf über diesen Typen. Aber es passierte natürlich gar nichts. Karas war in Wien unantastbar. Das Spital stellte fest, dass ich einen Schlag auf den Kopf bekommen hätte, und das war es.

Einige Wochen danach hatte ich eine Einladung zum Trabrennen. Es war ja damals alles auf Österreich-Werbung, damit das Ausland sieht, was wir alles schon machen so kurz nach dem Krieg, und bei solchen Veranstaltungen musste man einfach dabei sein. Dort war auch Figl. Ich wusste, dass er und Karas dick befreundet waren und ging zu ihm hin, bäumte mich vor ihm auf und sagte im Brustton der Überzeugung: »Herr Außenminister, feine Freunde haben Sie! Der Herr Karas hat mich gegen eine Tür geschlagen. Und entschuldigt hat er sich auch nicht!«

Figl stand wie eine Eins und war perplex. Er hatte offensichtlich keine Ahnung, wovon ich sprach.

Genauso ging ich auf Gründgens zu. Vielleicht mochte er gerade das. Ich sagte »Sie« zu ihm, er zu mir, wie zu uns allen, »Du«. Gusti Wolf, die auch engagiert war, probierte es einmal hoch offiziell, verhaschpelte sich und stotterte ein »Herr Gejeraldijektoa«, worauf er trocken entgegnete: »Brich dir nicht die Zunge, Intendant reicht auch.«

Nur ganz Bestimmte durften zu ihm »Chef« sagen, ich war nicht darunter. Aber ich nannte ihn nicht »Generalintendant«. Ich sprach ihn immer direkt an. Er war für mich der »Herr

Gründgens«, ich seine »Spinatwachtel«. Mangold – Spinat, klar. Die Kollegen freuten sich diebisch, weil sie dachten: Ah, endlich kriegt sie auch seine Häme ab! Aber es war eine Pointe, und ich fand es entzückend. »Ich bin die berühmteste Schauspielerin der Welt, weil ich als Runkelrübe* im Lexikon stehe.« Er schätzte mich als Schauspielerin: »Schade, dass wir uns so spät kennengelernt haben«, sagte er. Ich bedauerte es auch.

Gründgens verehrte die Preußen ob ihrer Sparsamkeit und sah sich selbst als preußischen Geschäftsführer der von ihm geleiteten Theater. Die Hamburger Stadtverwaltung schätzte seinen Sparwahn, vor allem, weil Gründgens ihnen am Ende des Jahres regelmäßig die halbe Subvention zurückzahlte. Seine Schauspieler bezahlte er schlecht, so schlecht, dass sie irgendwann revoltierten. Eine Palastrevolution, die er überhaupt nicht verstehen konnte. Er habe, sagte er, noch nie gehört, dass Schauspieler einander erzählten, wie viel sie verdienen. »Schrecklich!«, jammerte er. Aber es war passiert, und er musste uns mehr zahlen. Beim Unterschreiben der neuen Verträge mahnte er jeden Einzelnen: »Aber jetzt erzählst du's nicht mehr, ja?«

Ich fragte Gründgens nie nach seiner Vergangenheit, das ersparte ich mir. Seine Nazi-Geschichte war für mich kein Thema. Ich wusste, dass er »Mitläufer« war. Mit der Zeit wurde ich selbst fündig und erfuhr einiges über ihn: Er wollte Karriere machen, ganz simpel, aus und basta. Das gelang ihm. Ich weiß nicht, ob er sie je im Ausland gemacht hätte. Theater war sein Leben. Ich verurteile ihn nicht. Er war faszinierend, hatte eine unfassbare Aura und einen ganz eigenartigen Bezug zu Menschen. Er konnte hässlich sein zu ihnen, konnte sie fallen lassen

---

* beta vulgaris (lat.) = Mangold und Runkelrübe

wie eine heiße Kartoffel. Er versprach vielen alles Mögliche, wickelte Kollegen ein: Lieber Freund, erst kriegst du diese Rolle und dann jene und so weiter. Alles blabla. Wenn die Schauspieler ihn an sein Versprechen erinnerten, gab er zur Antwort: »Ach, hab ich das gesagt? Hast du's schriftlich?«

Ich spielte auch am Hamburger Thalia Theater: 1958 *Der schlafende Prinz* von Terence Rattigan. Mein Partner war Erwin Linder. Jedesmal, wenn wir uns küssten, streckte er mir die Zunge in den Mund. Grauenhaft. Eines Tages kam er mit Kratzern im Gesicht ins Theater. »Wie schaust'n du aus?«, fragte ich ihn. »Die Katze«, sagte er gradheraus. In Wirklichkeit hatte ihm seine Frau das Gesicht zerkratzt, als sie erfahren hatte, dass er mich jedesmal abschmust im Stück. Was für ein unglaubliches Schweinderl.

Im Schauspielhaus stand ich mit Will Quadflieg, Sebastian Fischer, Antje Weisgerber, Elisabeth Flickenschildt, Marianne Hoppe, Joana Maria Gorvin, Sybille Binder, Charles Brauer, Richard Münch, Joseph Offenbach, Uwe Friedrichsen, Ullrich Haupt, Werner Hinz und Hermann Schomberg auf der Bühne. Viele davon kennt heute wahrscheinlich kein Mensch mehr.

Flickenschildt war entzückend. Sie war eine schräge Person, ich mochte sie sehr. Sie kleidete sich in langen Tüchern, alles flatterte um sie herum, und sie sprach stets mit betont heiserer Stimme. Unglaublich, wie sie es verstand, sich selbst zu inszenieren. Charly Brauer traf ich, als er einmal für Dreharbeiten in Wien war. Wir setzten uns zusammen und redeten von der alten Zeit. Er war alt geworden, aber er hatte sich kaum verändert.

Mit den Rollen war ich mäßig zufrieden. Es war nicht schlecht, aber ich fand mich nicht so gefordert, wie die Männer

Mittwoch, 11. September 1957

Zum ersten Male

## VOLPONE

Eine lieblose Komödie in drei Akten nach Ben Jonson

von

Stefan Zweig

Inszenierung und Bühnenbilder: Willi Schmidt    Musik: Werner Rother

| | |
|---|---|
| Volpone, ein reicher Levantiner | Hermann Schomberg |
| Mosca, sein Schmarotzer | Heinz Reincke |
| Voltore, Notar | Eduard Marks |
| Corbaccio, ein alter Wucherer | Ludwig Linkmann |
| Corvino, Kaufmann | Fritz Wagner |
| Leone, Capitano, Sohn des Corbaccio | Ullrich Haupt |
| Colomba, Gattin des Corvino | Inge Adler |
| Canina, eine Kurtisane | Erni Mangold |
| Der Richter | Gerhard Bünte |
| Der Oberste der Sbirren | Eugen Klimm |
| 1. Diener | Friedr. Georg Beckhaus |
| 2. Diener | Christian Rode |

Schauplatz: Venedig zur Zeit der Renaissance

6 Bilder · Pause nach dem 4. Bild

Technische Leitung: Friedrich Dedlow · Beleuchtung: Christian Schott · Inspektion: Karl-Heinz Lick · Verlag: S. Fischer, Frankfurt a. M.

Sonntag, 20. Januar 1963, 15 Uhr

## SCHERZ, SATIRE, IRONIE UND TIEFERE BEDEUTUNG

Lustspiel von Christian Dietrich Grabbe

Inszenierung: Hans Schalla    Bühnenbild: Max Fritzsche

| | |
|---|---|
| Baron von Haldungen | Josef Dahmen |
| Liddy, *seine Nichte* | Sabine Hahn |
| Herr von Wernthal, *mit ihr verlobt* | Uwe Friedrichsen |
| Freiherr von Mordax | Joachim Rake |
| Herr Mollfells | Ullrich Haupt |
| Rattengift, *ein Dichter* | Joseph Offenbach |
| Der Schulmeister | Hermann Schomberg |
| Tobies, *ein Bauer* | Georg Simon Schiller |
| Gottliebchen, *sein Sohn* | Peter Bollag |
| Gretchen, *Dienstmagd der Gerichtshalterin* | Gustl Busch |
| Konrad, *ein Schmied* | Benno Gellenbeck |
| Der Teufel | Heinz Reincke |
| Seine Großmutter | Erni Mangold |
| Kaiser Nero, *ihr Bedienter* | Wilhelm Walter |
| Erster Naturhistoriker | Fritz Wagner |
| Zweiter Naturhistoriker | Fritz Albrecht |
| Dritter Naturhistoriker | Hans Ulrich |
| Vierter Naturhistoriker | Erich Rauschert |
| Diener | Rudolf Dobersch |
| Hauswirt | Adolph Hansen |
| Schneidergeselle | Hans Hermann Kordeck |
| Grabbe, *der Verfasser des Lustspiels* | F. G. Beckhaus |

Die Szene ist in und bei dem Dorfe des Barons

Pause nach dem 8. Bild

*Kurtisane und Schmarotzer, der Teufel und seine (jugendlich-verführerische) Großmutter: Für »Volpone« holte mich Gründgens nach Hamburg zurück – und im Lustspiel von Grabbe (Premiere am 30. Dezember 1962) besetzten er und Regisseur Hans Schalla uns, das Ehepaar Reincke/Mangold, in origineller Kombination.*

gefordert wurden. Ich steckte selbst zurück, weil ich mich plötzlich als Fördererin von Heinz, meinem Mann, sah. Ich nahm Angebote aus Wien an, war auf Tournee, aber ich war mit meinen 35 sehr jung für Gründgens. Einmal gab er mir nach län-

Zum ersten Male

Mittwoch, den 4. März 1964

## DER SCHWIERIGE

Lustspiel in 3 Akten von Hugo von Hofmannsthal

Inszenierung: Rudolf Steinboeck — Bühnenbild: Fritz Butz

| | |
|---|---|
| Hans Karl Bühl | Leopold Rudolf |
| Crescence, seine Schwester | Angela Salloker |
| Stani, ihr Sohn | Peter Weck |
| Helene Altenwyl | Aglaja Schmid |
| Altenwyl | Fritz Wagner |
| Antoinette Hechingen | Erni Mangold |
| Hechingen | Fritz Lehmann |
| Neuhoff | Richard Münch |
| Neugebauer, Sekretär | Otto Bolesch |
| Edine – Antoinettes Freundinnen | Elly Burgmer |
| Nanni – Antoinettes Freundinnen | Koschka Hetzer |
| Huberta – Antoinettes Freundinnen | Sabine Hahn |
| Agathe, Kammerjungfer | Heide Grübl |
| Lukas, erster Diener bei Hans Karl | Wilhelm Walter |
| Vinzenz, ein neuer Diener | Robert Rober |
| Wenzel, Kammerdiener bei Altenwyl | Erich Rauschert |
| Diener bei Altenwyl | Wolfgang Schneider |
| Ein berühmter Mann | Josef Dahmen |

Pause nach dem 2. Akt

S. Fischer Verlag, Frankfurt am Main

*Bei dieser Premiere in der ersten Spielzeit der Direktion Oscar Fritz Schuhs am Hamburger Deutschen Schauspielhaus stand ich in einem weitgehend Wiener Ensemble.*

gerer Pause eine Rolle in Ben Jonsons *Volpone*. Ich spielte eine Hure, er grinste und sagte voller Ironie: »Na, bekomm ich kein Dankesschreiben?«

Ich hatte tolle Erfolge in Hamburg, auch mit kleinen Rollen, und auch nach Gründgens' Tod bei Oscar Fritz Schuh. Da spielte ich 1964 in *Der Schwierige* von Hofmannsthal mit einem weitgehend Wiener Ensemble, darunter Leopold Rudolf, Aglaja Schmid, Angela Salloker und Peter Weck. Ich bekam mehr Applaus als die Wiener. Die Zeitungen schrieben: »Schade, dass sie nicht Wienerisch kann.«

Die Hamburger mochten das Schönbrunner Wienerisch, das Näseln. Das konnte ich tatsächlich nicht und kann es bis heute nicht. Ich war ihnen zu hochdeutsch.

Die Weltreise nach dem Ende seiner Hamburger Intendanz war Gründgens' erster Urlaub. Er kaufte sich ein rotes Sakko, um schön zu sein. Ich hatte von Anfang an schwere Bedenken, denn ich wusste, dass er medikamentenabhängig war. Er hatte Probleme mit seinen Gefäßen und mit seinen Augen und schluckte alles Mögliche. Angeblich nahm er am Tag Schlaftabletten. Er hatte einen kleinen Hamster, und da soll einmal eine Tablette von seinem Pillencocktail vom Tisch auf den Boden gefallen sein, und als sich das Tier auf die Tablette stürzte und sie fraß, war es sofort tot. »So leicht dürften die Tabletten nicht gewesen sein«, munkelten die Leute. Er steckte es weg. Ich war beunruhigt.

»Herr Gründgens, Sie nehmen so viele Tabletten. Da sollten Sie sich besser erkundigen, ob man die überall nehmen kann. Wenn man viele Tausende Kilometer wegfährt, weiß man doch, dass es da andere Nebenwirkungen geben kann.«

Meine Bedenken waren ihm herzlich egal: »Ach was, ich weiß, was ich tue!«

Ich wusste, dass jedes weitere Wort sinnlos wäre.

Unser letztes Gespräch dauerte fast eine halbe Stunde, wir verabschiedeten uns: »Also, Erni, Heil Hitler!« Das hieß bei uns so viel wie »Ende, aus« und gleichzeitig so viel wie »Leck mich am Arsch« und war für die damalige Zeit ein zynischer Gruß, der unsere Art, miteinander umzugehen, ziemlich auf den Punkt bringt.

Gründgens' Tod war wie ein Bombeneinschlag. Obwohl Oscar Fritz Schuh schon Intendant war, blieb immer noch Gründgens »der Chef«.

Es wurde viel gerätselt über seinen Tod. Ich glaube, es war eine Verkettung von unglücklichen Umständen: Er nahm zu viele Schlaftabletten, wachte trotzdem auf, taumelte ins Bad, stürzte unglücklich, und das war's. Er hatte angeblich eine Schädelfraktur, war ohnmächtig, dazu kam offenbar eine Magenblutung, an der er schließlich erstickt sein soll. Das ist die Geschichte seines Todes. Es gibt bis heute Spekulationen, ob diese Geschichte wahr ist oder ob nicht andere Kräfte im Spiel waren.

Ich denke, er war zum Schluss nicht sehr glücklich. Er hatte einen jungen Freund. Den mochte keiner, er war 18, Gründgens war 63. Es gab böse Gerüchte, wie der Junge mit dem Alten umgesprungen sein soll. Mir ist nichts Außergewöhnliches in Erinnerung.

Als wir die Nachricht von Gründgens' Tod bekamen, saßen wir von neun Uhr früh bis drei Uhr nachmittag im Konversationszimmer und erzählten uns Geschichten über ihn, weinten und lachten. Obwohl er nie viele Streicheleinheiten verteilt hatte, fiel uns der Abschied von diesem Menschen nicht leicht. Vielleicht gerade deshalb.

Für sein Grab hatte er sich eine weiße Marmorplatte gewünscht. Auf der Platte liegt heute immer noch eine frische rote Rose. Wer sie dort hinlegt, weiß niemand zu sagen.

# O. W. Fischers »kleine Schwester«

Die Verfolgungen der Männer machten mein Leben über Jahre hinweg schwer. Ein Freund wollte mich trösten und erzählte mir eine witzige Geschichte: Eine hoch betagte Zeitgenossin Goethes wurde befragt, wie er denn so gewesen sei, der Geheimrat, denn sie kannte ihn, seit sie 16 Jahre alt war. Sie sah kurz von ihrem Strickzeug auf und sagte: »Naja, auch so ein Schweinskerl.« Alle gleich.

Ich nannte ihn Otto, er sagte »kleine Schwester« zu mir. Seine Eltern kamen aus Oberrussbach, ganz in der Nähe von meinem Geburtsort. Wir drehten zusammen 1955 *Hanussen*. Er war Regisseur und Hauptdarsteller des Films.

In Bezug auf Frauen war Otto wie alle, die sich berühmt wähnten: Einmal zugreifen kann nicht schaden.

Allgemein beliebt für Schäferstündchen waren Nachtaufnahmen, da wollte er gerne mitnaschen. Die Lust des Fischer war bekannt. »Erni, nachts sei vorsichtig, weil er da immer will«, warnten mich Freunde.

»Ernileinchen, möchtest du nicht zu mir in die Garderobe kommen?«, zirpte er.

Da wusste ich Bescheid, und ich wusste auch, dass er sich gern einen blasen ließ. Weil er sich selbst nicht anstrengen wollte und weil er nicht wollte, dass man ihm zu nahe kam. Ich ging also zu ihm, und er ließ mich ein: »Komm, setz dich doch zu mir.« Er räkelte sich verführerisch auf dem Diwan, angezogen zwar, aber es war nicht zu übersehen, worauf er aus war.

Ich saß ein bissl bei ihm, plapperte belangloses Zeug und sagte nach ein paar Minuten: »So, jetzt muss ich spazieren gehen, ich brauche dringend frische Luft.« Als wüsste ich überhaupt nicht, worum es geht. Er ließ mich gehen und war nicht einmal beleidigt.

Als Mann interessierte er mich überhaupt nicht. Er war nett, und ich bin nicht sicher, ob er das gewesen wäre, wenn irgendwelche Sexdinge zwischen uns gelaufen wären. Ob ich vom Gerücht gehört hätte, dass er schwul sei, fragte er mich einmal kokett. Vielleicht war er das. Ich konnte es mir gut vorstellen, na und? Ich weiß nicht, ob er Frauen schätzte, aber eines war gewiss: Wenn er eine wollte, nahm er sie sich.

»Was bin ich für dich?«, wollte er wissen. Ich sah ihn an und sagte: »Tja, Otto. Wenn du mit mir heute die Nacht verbracht hättest und in der Früh weggegangen wärst, hätte ich mich gefragt: Wer war jetzt eigentlich bei mir?«

»Ja, das ist wahr. Das ist das Aslansche in mir.«

Ich hatte gemeint, dass er für mich als Mann nicht greifbar war. Jeder andere wäre beleidigt, wenn er so eine Antwort auf diese Frage bekäme. Otto war überhaupt nicht beleidigt, ganz im Gegenteil. Aslan, der frühere Burgtheaterdirektor, war ein stattlicher Mann, eine Erscheinung – und schwul.

Otto war Narzisst des alten Schlages.

Ich besuchte ihn in seiner Villa bei München. Hollywood-Kitsch pur, ein Kamin, weißer Teppich, überall Pomp und Trallala. Auf seinem Nachtkastl hatte er ein Bild von sich stehen,

Format DIN A4, so groß, dass ich dachte: Hätte ich so ein Bild auf meinem Nachtkastl, ich würde beim Aufwachen erschrecken. Seine Eitelkeit war eben enorm.

Er sagte: »Weißt du, ich bin ein Zauberer.«

Der Zauberer sorgte aber ganz ohne Hokuspokus dafür, dass ich in *Hanussen* keine Großaufnahme bekam, sowie er merkte, dass die französischen Produzenten sehr begeistert von mir waren.

Aber wie schon bei Gustaf Gründgens beeindruckte mich dieses Gehabe überhaupt nicht. Beim Dreh zu *Hanussen* meinte er in einer Szene, ich müsse da weinen.

Ich fand das völlig unpassend. »Ich weine nicht, ich bin ja nicht die Schell.«

Da packte er mich, hockte mich auf seinen Schoß – und gab mir eine schallende Ohrfeige, in der sicheren Erwartung, jetzt wird die dumme Gans sicher weinen müssen. Ich weinte nicht, sondern haute ihm im Gegenzug eine runter, dass es nur so krachte. Völliges Entsetzen im Studio, aber Otto war nur baff und ließ mich fortan machen.

Otto war anders, hatte merkwürdige Vorstellungen. Er sah sich als Philosoph, hoch intellektuell, schrieb Bücher, die kein Mensch las. Wenn irgendjemand etwas besser wusste, war er sauer. Ein merkwürdiger, aber sicher ein sehr guter Schauspieler, und ich fand es schade, dass er das Burgtheater verließ. Ich redete ihm zu, er solle doch wieder Theater spielen. Er meinte, er traue sich nicht mehr. Ich konnte es verstehen. Wenn einer schon so lange weg ist, geht das wahrscheinlich wirklich nicht mehr. Später stand er dann doch wieder auf der Bühne.

In *Hanussen* spielte Klaus Kinski eine zentrale Rolle. Mit ihm kam ich gut aus. Wir schätzten Klaus, er war sehr lieb und sanft, wir wussten, der kann was. Aber in dieser Zeit machte er eine ganz schlimme Sache: Am Starnberger See fuhr ein Ausflugsschiff voll mit schwangeren Frauen. Kinski war ebenfalls an Bord. Er und seine Freunde lachten über »die dicken Weiber« und brachten das Schiff zum Schaukeln. Und zwar so heftig, dass die Frauen reihenweise ins Wasser fielen. Dafür wäre er beinahe eingesperrt worden. Böse Sache.

Klaus war eng mit Otto befreundet, sie schrieben sich, das heißt, Klaus schrieb an Otto Briefe, in denen er ihn um Geld anbettelte. Otto schrieb lieb zurück, aber Geld gab es keines. Klaus nahm es wohl nicht so gut auf, denn er nagelte Ottos Briefe in ganz München auf öffentlichen Plätzen an Bäume, damit jedermann lesen könne, wie geizig O. W. Fischer ist.

Später hatten wir mehrmals Kontakte beim Film. Otto war immer ausgesprochen nett und zuvorkommend. Aber er litt, weil *Hanussen* ein Flop war. Mir schadete der Film mehr, als er nützte. Ich bekam lange kein Angebot, obwohl ich gut war und endlich etwas ganz Anderes spielte als die sonst üblichen »Sexerl«-Rollen.

Otto war in den letzten Jahren zusammen mit einer Frau, mit der ich heute sehr befreundet bin. Sie erzählte mir, dass er immer wieder über mich sprach. Er hatte ein Kino bei sich zu Hause am Luganer See und sah sich ständig seine Filme an. Sie musste bei ihm sitzen und mit ihm schauen. Sie ging wie er um neun Uhr abends zu Bett und stand um ein Uhr auf, um sich seine Bücher diktieren zu lassen. Meine Freundin sagte, er mochte mich, was erstaunlich war, denn als er sich zurückzog, mochte er angeblich niemanden. Es hieß, er hatte noch Kontakt zu Maria Schell und drehte mit ihr ein paar kleine Filmchen, von denen wir nichts wissen und nie etwas erfuhren. Vielleicht war das aber auch nur Gerede.

# Erni »Bronson« – Schlagabtausch mit Rainer Werner Fassbinder

Erni, du bist der weibliche Bronson«, sagte Fassbinder nicht nur einmal. Nicht, weil ich so wenig gesprochen hätte wie Charles Bronson, sondern weil ich seiner Meinung nach knallhart wie dieser Hollywood-Haudegen war. Er hatte offensichtlich ein spezielles Bild von mir, denn seine zweite Feststellung mir gegenüber war: »Erni, du darfst nur Leder tragen.«

Wir waren gemeinsam in einem Schwulenlokal in München. Es hieß Deutsche Eiche. Ein merkwürdiges Haus, er ging ja gern in solche Reizlokale. Ich weiß nicht mehr, wo es stand, jedenfalls war es ein Haus, von dem man merkte, dass es die Nazis geliebt hatten. So etwas zog ihn magisch an.

Ich weiß nicht, warum er mich mochte, wir vertrugen uns jedenfalls ungeheuer gut. Er respektierte mich – ob als Frau oder als Schauspielerin, kann ich nicht sagen. Es tut mir leid, dass ich ihn so spät kennenlernte und nur in einem seiner Filme spielte.

Der Film *Ich will doch nur, dass ihr mich liebt* (1976) ist hervorragend, einer seiner besten. Es war angenehm, mit ihm zu arbeiten, denn er hatte außer seinem Kameramann seine Crew nicht um sich, die er oft sehr quälte. Er war ein ziemlicher Sadist und ein Workaholic. Der Einzige, den er privat quälte, war sein Freund. Zu ihm konnte er sehr, sehr hässlich sein. Ich versuchte mehrmals zu verhindern, dass sie aneinandergerieten. Meistens war es unmöglich, weil er daneben immer wieder andere Lover hatte und es ihm völlig egal war, ob sein Freund leidet oder nicht. Der junge Mann brachte sich schließlich um. Er hielt es einfach nicht mehr aus.

Fassbinder drehte 25 Tage am Stück, ich war ungefähr 14 Tage dabei und lernte ihn sowohl von seiner charmanten, als auch von seiner grausamen Seite kennen. Bei der Arbeit war er penibel und cholerisch.

In der Früh, wenn er ins Studio kam, war er meistens schlecht gelaunt. Niemand durfte ihn ansprechen: »Lasst ihn um Gottes willen in Ruhe, sonst tobt er gleich.« Ich begrüßte ihn sofort und hatte nie Schwierigkeiten. Ich nahm ihn so wie Gustaf Gründgens und O. W. Fischer, als sei er nichts Besonderes. Ich redete ihn an, und siehe da, es funktionierte.

Er brachte seine Schauspieler oft zum Schwitzen, sodass sie irgendwann nur noch Fehler machten. Wenn man schwach war, kannte er keine Gnade und vernichtete die Leute mit seinem Sarkasmus. Menschen, die ihm nicht lagen, machte er fertig.

Ein Frühstücksszenenbild: Ein Tisch, darauf ein Teller mit drei Kipferln. Mir fiel auf, dass auf dem Teller ein Stück weniger lag als in der Szene eine halbe Stunde davor und sagte ihm das, um eine Panne zu vermeiden, die er womöglich später oder gar zu spät bemerkt hätte. Er bekam einen hysterischen Anfall, wie man sich das nicht vorstellen kann: »Was? Warum sagt mir das keiner?« Er brüllte wie ein Irrer und wütete furchtbar.

Oder: Im Film bekommt die Mutter – das war meine Rolle – ein Geschenk von ihrem Buben, er beschenkt sie immer wieder, obwohl er kein Geld hat und natürlich nichts kaufen kann. Er pflückt Blumen aus dem Garten der Nachbarn. Die erwischen ihn und beklagen sich bei der Mutter über den Diebstahl, und die Mutter schlägt den Buben, weil sie es nicht besser weiß. Die Geschichte geht dann so weiter, dass der Bub schließlich nicht seine Mutter, sondern andere umbringt, obwohl er die Mutter meint. Er geht in das Gasthaus, in dem er aushilft, und tötet Wirt und Wirtin. Für die Tat wird er zu zehn Jahren Gefängnis verurteilt. Aus Gesprächen mit einer Psychologin entsteht ein langes Protokoll, was dazu führt, dass das Urteil aufgehoben wird und der Junge in eine psychiatrische Anstalt muss. Eine wahre Geschichte. So weit so bekannt. Meine Aufgabe: Ich musste den Jungen schlagen.

Der Kleine hatte eine Lederhose an. Fassbinder meinte, ich müsse einen Gegenstand haben, mit dem ich die Prügel spielen sollte.

»Womit könnten wir ihn schlagen?«, fragte ich.

»Was würdest du nehmen, fällt dir etwas ein?«

Ich sah mich im Raum um und entdeckte einen Kleiderbügel.

»Ich hau ihm mit dem eine drauf«, schlug ich vor.

»Gute Idee.«

Ich nahm den Kleiderbügel, und wir probierten. Ich holte aus und schlug zu, so kräftig, wie ich konnte, und augenblicklich schrie der Junge wie am Spieß. Sie hatten seinen Hosenboden noch nicht wattiert, und ich hatte ihm wirklich wehgetan. Für mich war das ein Schock. Fassbinder schien sich über die Panne zu freuen und lachte wie irre. Die anderen von der Crew auch.

Wir drehten die Szene schließlich mit Polster. Beim ersten Mal klappte es nicht, sodass wir noch eine Aufnahme machen mussten. Das zweite Mal zerbrach der Bügel.

Als das Ganze vorbei war, sah mich der Bub an, als wollte er mich anbeten, als hätte es ihm gefallen. Er schien plötzlich wie hörig. Grausig.

# Bruno Kreisky, Friedrich Torberg – Erotik und Politik

Bruno war verzweifelt.

»Mein Gott, man quält mich«, jammerte er. »Warum quält man mich so?«

»Was quält dich, Bruno?«, fragte ich.

»Diese Biografie. Diese Genauigkeiten, nie kann ich einfach nur erzählen. Andauernd werde ich unterbrochen, wann war das, wo war das, und war das wirklich so? Ich habe das so satt, fürchterlich!«

Bruno Kreisky war ein hervorragender Geschichtenerzähler. Für eine gute Story ließ er die Wahrheit sausen. Beim Spazierengehen zeigte er mir einmal, wie groß seine Zelle war, in die ihn 1935 die Austrofaschisten gesperrt hatten: Ein Schritt vor, zwei Schritte zur Seite, mehr Platz war nicht. »Und dann«, sagte er, »habe ich manchmal die Straßenbahn gehört. Das war ...« – »*Fidelio*«, brachte ich sein erfundenes Detail am Rande zu Ende. Er lachte.

Wir hatten eine eigenartige Freundschaft. Ich war in Hamburg, und er hatte Geburtstag. Ich schätzte ihn, obwohl ich ihn noch nicht persönlich kannte, und gratulierte per Telegramm. Weil ich nicht wollte, dass meine Glückwünsche unter vielen anderen verloren gingen, schickte ich sie erst viel später.

Natürlich gingen sie nicht verloren. Man erzählte mir, dass er das Telegramm voll Stolz herumreichte und sagte: »Schaut, was ich gekriegt habe, die Mangold, schau, sie schickt mir Glückwünsche!« Er freute sich, und so lernten wir uns kennen.

Der Einfluss von Helmut und meiner Clique bewirkte, dass ich sehr links dachte. Wir wollten einen neuen Kommunismus, natürlich fanden wir keinen. Es gab sie nicht, die neue Linke, wie wir sie uns vorstellten. Schließlich landeten wir bei den Sozialdemokraten.

Bei Empfängen eingeladen, musste ich neben Bruno sitzen, darauf bestand er. Er war erstaunt, als ich ihm erzählte, dass Wissenschaftsministerin Hertha Firnberg meine Nenntante war. »Ist das wahr?« Er rief sie sofort an und fragte, ob das stimmt. Entzückend!

Bruno liebte und achtete Frauen aus tiefstem Herzen. Er hatte Freundinnen, meistens Schauspielerinnen. Deshalb glaubten viele, ich hätte mit ihm ein Pantscherl. Was aber nicht so war.

Über Frauen ließ er nichts kommen. Du konntest gegen keine etwas sagen. Wir diskutierten oft:

»Und die Pasterk? Kann die was?«, fragte ich ihn.

Er hielt eine flammende Rede für sie: »Und ob! Die ist so gescheit und hat so viel mitgemacht mit ihrem Mann.«

»Ja, schon«, erwiderte ich. »Aber ist das ein Qualitätskriterium?«

Für ihn war es das. »Du darfst gegen sie nichts sagen«, beharrte er.

Senta Wengraf! Sie trug ihm die Sackerl, wie später Marcel Prawy.

»Das verstehe ich überhaupt nicht«, sagte ich über diese Verbindung.

»Was glaubst du, was die Frau gelitten hat«, erwiderte er.

Alle diese Frauen pflegten ihn voll Liebe und Mitgefühl.

»Ich bin so eifersüchtig auf dich!«, rief Marietta Torberg im Scherz.

Ich erschrak. »Warum denn das? Ich hab doch gar nichts mit ihm.«

»Aber er mag dich so.«

Die Marietta konnte unglaublich zickig sein, zu Bruno war sie das nie. Die Zickigkeit kam eher durch ihren Mann. Der gute Friedrich war als Weiberer stadtbekannt. Eine Geschichte dazu: Ich war mit der Burgschauspielerin und Musicalsängerin Blanche Aubry bekannt, eine überaus begabte Person. Mit ihrer Stimme hätte sie Mozart singen können, und sie tanzte wie eine Göttin. Aber sie war entsetzlich schwach und fiel immer wieder auf Männer herein. Sie luden sie nach Amerika ein, und sie war drauf und dran, große Karriere zu machen, aber dann rief irgendein Kerl an, der Sehnsucht nach ihr oder sonst irgendetwas hatte – sie ließ alles liegen und stehen und ging wieder zurück. Völlig idiotisch. Es war schade, dass sie sich selbst mit diversen Hemmungslosigkeiten verhunzte. Dieses eine Mal war es nicht anders.

»Erni, gehst bitte mit?«

»Warum, wohin?«, fragte ich.

»Ja, ich soll zum Torberg, ihn besuchen, und das ist in seinem Zimmer, und du weißt ja, wie das ist. Dann komme ich wieder nicht nach Hause, und dann falle ich wieder hinein. Du musst Acht geben auf mich, darfst mich nicht dort lassen! Bitte, Erni, bitte!«

Na gut, wir gehen dorthin, plauderten mit Torberg, es war nett. Irgendwann sah ich auf die Uhr und sagte: »Du, Blanche, ich glaube, jetzt gehen wir, es ist schon spät.« – »Ja, geh du nur, ich komm gleich nach«, rief sie.

Die Wohnung war im vierten Stock. Als ich die Haustüre hinter mir schloss, kam sie noch immer nicht nach. Ich rief hinauf: »Blanche, jetzt komm endlich, ja?«

Sie kam nicht.

Ich mochte Bruno Kreisky und fand ihn als Mann überaus erotisch. Es kam nie zu mehr, weil ich eine treue Person war und meinen Mann nicht hinterging. Aber es knisterte. Zwischen Bruno und Frauen knisterte es immer. Ich denke, es gab keine, die ihn kannte und nicht mochte. Nein, es gab keine. Mit seinem Charme konnte er so was von sprühen, es war unglaublich.

Ich erinnere mich an eine Situation, als er in Willi Dungls Biotrainingszentrum in Gars am Kamp war. Ich besuchte ihn. Breitbeinig, ein Batzen-Mann stand da vor mir, obwohl er schon alt und sehr, sehr krank war. Erst als ich mich verabschiedete, sah ich, dass er einen Stock in der Hand hielt. Er hielt ihn hinter seinem Körper, sodass ich ihn nicht sehen sollte. Dabei war selbst der Stock ein Wunder. Sie brachten ihn im Rollstuhl herein, und er ging auf eigenen Beinen raus, so gut hatte ihn Dungl behandelt.

Bei Bruno stellt sich mir heute eine große Frage: Was hat sein Leben so beeinflusst, dass er diesen Hass auf Simon Wiesenthal entwickelte? Ich finde keine Antwort.

Ungerechtigkeiten hasste er sehr, und es war eine Zeit der Ungerechtigkeiten, zum Beispiel der Sechstagekrieg. Vielleicht stachelte ihn das auf. Er hatte eine gute Zeit in Schweden, wohin er 1938 emigriert war und eine reiche Frau kennenlernte. Die allerdings nach dem zweiten Kind ein Kindstrauma hatte, das sie nie mehr loswurde. Sie war psychisch krank, und er hatte es schwer mit ihr. Wann immer er unterwegs war, bat er mich: »Bitte kümmere dich um sie, sie mag dich so.«

Mit Fred Sinowatz saß ich bei einem Fest, als er noch Unterrichtsminister war. Wir plauderten, ich mochte ihn. Ich kannte Hannes Androsch, Olof Palme und Willy Brandt. In Sievering bei einem Heurigen führte der damalige Finanzminister Androsch große Reden zur Mehrwertsteuer, die die meisten gar nicht verstanden, weil das Thema Mehrwert damals völlig neu war. Er diskutierte, schwadronierte, rechnete vor und sah dabei ungeheuer gut aus. Palme war dort, ich sprach mit ihm.

Ich kannte Verteidigungsminister Karl Lütgendorf, der in Waffenhandel verstrickt gewesen sein soll. Er wollte mir einreden, dass Frauen nichts von Soldaten verstehen, weil ich ihm sagte, ich sei gegen das Militär und fände das alles furchtbar.

»Das kann ich gut nachvollziehen«, sagte er, »weil Frauen damit generell nichts anfangen können.«

Ganz so ist es nicht, aber es war nicht möglich, ihm das klarzumachen. Während ich mit ihm sprach, ärgerte er mich so, dass ich ihm einen Knopf von seiner Weste abdrehte. Er bekam es gar nicht mit. Und so einer sollte auf das Land aufpassen!

Kontakte mit der ÖVP gab es, aber ich war nicht sehr involviert. Ich schätzte Erhard Busek, er hatte mit dem Reinhardt-Seminar zu tun. Als Vizekanzler war er nicht sehr beliebt, wahrscheinlich weil er Kollegen wie Gegnern zu gescheit war.

Das Verhältnis zwischen Politik und Kunst war damals anders. Da war der Ballhausplatz, da gab es die Politiker, und klarerweise warst du eingebunden, wenn du wolltest. Auf der anderen Seite war es mit der Musik ähnlich. Da hatte ich die Chance, Karajan oder einen Böhm kennenzulernen, nicht nur mit Handschlag, sondern näher. Vielleicht hatten die Musiker in den 1940ern nicht so viel um die Ohren, und das war in den 1970ern mit den Politikern ähnlich. Natürlich kamen sie mit der Zeit dahinter, dass sie mit Künstlern in der Öffentlichkeit punkten.

Ich setzte mich 1987 für Kurt Steyrer ein, weil ich mir vorstellen konnte, dass er als Präsident seine Sache gut gemacht hätte. Hätte er ja auch. Ein sehr interessanter Mann, er gefiel mir. Aber er war zu nett. Die Österreicher wollten Waldheim. Kein Kommentar.

Ob ich politische Entscheidungen beeinflusst habe? Das kann ich nicht sagen. Ich war dabei, weil ich die Leute mochte und weil ich Sozialdemokratin war. Ich fand die Gesellschaft der Politiker sehr anregend. Vranitzky war für mich die letzte Bezugsperson zur Partei. Er ist ein anständiger Mann und klagte mitunter sein Leid: »Ich ärger mich so über den Kreisky!«, schimpfte er. Sie hatten anfangs oft Schwierigkeiten, später nicht mehr.

Nach dem Krieg hätte ich in die polnische Spionage einsteigen können. Ein Mann von der polnischen Gesandtschaft sprach mich an: »Sie schauen gut aus, sind blitzgescheit, wollen Sie nicht? Alles wird ganz wunderbar.«

Sie suchten damals, umsonst hatten sie nicht überall die Finger im Spiel, wie man nachher erfuhr. Ich hörte mir an, was er zu sagen hatte und fand es lustig. Aber ich stieg nicht ein, das war mir eine Nummer zu groß.

Nach dem Krieg konnte man hineintapsen in so merkwürdige Verbindungen. Es war viel Geld damit zu verdienen. Das haben ja manche getan, wie man heute weiß. Natürlich hätten sie nie etwas gegen ihr Land gesagt – niemals, selbstverständlich nicht …

Bruno setzte Visionen um. Natürlich war er ein Sonnenkönig, und als solcher machte er Fehler. Ich würde mich freuen, wenn das die Fehler wären, die diese Partei heute macht. Wobei: Die machen keine Fehler, denn sie machen gar nichts. Sie verzögern, weil in ihren Köpfen nichts vorgeht.

Heute gibt es keine Partei mehr für mich, und es ist mir nicht leid darum. Klima lernte ich noch kennen, danach ließ es nach. Gusenbauer interessierte mich nicht mehr, Faymann schon gar nicht.

Die Grünen waren anfangs keine Option für mich, erst als es niemanden zu wählen gab, entschied ich mich mal für Grün. Ich bin Grün, weil ich so lebe.

Was die Politik heute nicht begriffen hat: Es geht um Mündigkeit. Mündig zu werden ist nicht leicht, überhaupt in Österreich, denn es war für die autoritätsgläubigen Österreicher immer bequem, Befehle und Anweisungen von oben zu bekommen: Das machen wir jetzt so, und das so. Die Österreicherinnen und Österreicher watscheln hinterher, sie schimpfen und maulen, aber letztlich ist ihnen das ganz angenehm in ihrer Verantwortungslosigkeit. In diesem Klima beginnt der Populismus zu blühen, wir nennen keine Namen, wissen ohnehin, wer gemeint ist.

Der Witz ist der, dass heute viele merken, dass es nicht mehr weitergeht und jeder für sich eine Mündigkeit entwickeln muss. Diese Unsicherheiten, was den Job betrifft, wie eine Firma bestehen bleibt, all das ist ein Kennzeichen der Zeit. Da müssen wir durch. Ich denke nicht, dass die Krise überstanden ist, sondern dass es noch weitere Zusammenbrüche gibt. Wir werden wieder lernen müssen, was dieses merkwürdige Wort Bescheidenheit bedeutet: zurück zur Einfachheit. Selbst die Japaner stellten nach der Atomkatastrophe fest, sie müssen von diesem ganzen Energiewahnsinn abgehen, denn der brachte Fortschritt, aber gleichzeitig viele, viele Tote. Die Atomlobby? Das Umdenken braucht Zeit, aber es wird kommen.

Es ist nicht leicht, diesen Prozess des Umdenkens zu beschleunigen. Unsicherheiten sind in der Bevölkerung stark vorhanden. Ich bin eine EU-Befürworterin, auch da werden weiter Fehler gemacht werden, und man wird lernen. Sie werden lernen, das hoffe ich.

Natürlich habe ich es einfach, denn ich kann sagen: Was soll mir in den nächsten fünf Jahren schon passieren?

Ich denke an die Jugend. Wir haben alles genossen und genommen, haben gut gelebt, und es ist uns immer besser gegangen. Das wird euch weggenommen, so ist das.

Die Parteien? Sind in diesen Prozessen irrelevant geworden, uninteressant. Ich mach mir meine eigene Demokratie.

# Leben ohne Drehbuch: Mit Peter Patzak in New York

In der *Kottan*-Folge »Die Einteilung« (1982) spielte ich eine Hausbesitzerin. Ich sitze in einer völlig vergammelten Küche in einem unheimlichen Saustall, völlig verdreckt und heruntergekommen, die Hendln laufen gackernd herum. Kottan kommt und verhört mich. Ich bin völlig fertig, verkatert und mies gelaunt. So mies, dass ich ein vorbeigackerndes Hendl packe und es dem Kottan hinschmeiß. Die Idee kam mir während des Drehs, natürlich blieb die Szene.

Peter Patzaks Faible für Improvisation war einzigartig. Alles bei ihm entstand fast wie nebenbei. Die meisten Szenen wurden nur ein einziges Mal gedreht, man kam gar nicht auf die Idee, das zu hinterfragen. So wie es in die Kamera kam, war es gut und richtig. Aus, basta.

Es heißt, dass Hörbiger und Moser nur improvisierten und dass sie sogar aus dem Telefonbuch noch etwas Witziges gemacht hätten. Das war wahrscheinlich das Geheimnis ihres Erfolges und ihrer gemeinsamen Arbeiten. Auf ähnliche Weise entstanden Peters Filme, und das war der Kick. Sehr spaßig, und im Grunde traf er damit den Punkt.

Ich lernte ihn 1973 beim Film *Ein Preuße in Wien* kennen. Peter drehte ein Porträt meines Mannes Heinz, der in Wien eine beginnende Persönlichkeit war. Peter fand unsere Beziehung interessant: Einen Ausländer mit einer Einheimischen zu kreuzen, faszinierte ihn. Was ich von den Deutschen halte, wollte er wissen. Ich gab Geschichten zum Besten, er ließ die Kamera laufen, ohne Drehbuch. Meine erste Begegnung mit Peter! Er wollte Karriere machen, das merkte man sofort.

Peter und die ganze Gruppe – wir vertrugen uns hervorragend, waren alle auf demselben Level. Wir arbeiteten gern zusammen, manchmal für wenig Geld. Es war aus Freundschaft.

In meinem ersten *Kottan* spielte ich eine ungute Nazigurken, mein Sohn – Michael Schottenberg – den perversen Frauenmörder. Sie war rechtsradikal, klarerweise, er schlief bei ihr im Bett, also war sie in gewisser Weise pervers. Es war die Folge »Der Geburtstag«, 1977.

Wir drehten in der Nähe von Klosterneuburg an der Donau. Das Gasthaus im Film war wirklich ein Gasthaus. Alles war echt. Es ging stets um größtmögliche Authentizität. In der Wirtsstube gab es ein Aquarium mit Fischen, die Fische fraßen. Es war gespenstisch. Die Gäste schauten gebannt zu, wenn sich die Fische gegenseitig umbrachten. Sie lachten und schrien.

Den Kottan spielte in dieser Folge Peter Vogel. Er war sehr still, ich mochte ihn gern. Sein späterer Selbstmord ist eine fatale Geschichte.

Er arbeitete im Herbst 1978 an der Josefstadt an Molnárs *Panoptikum*, unter anderem mit Hans Holt. Peter inszenierte nicht, wie von ihm erwartet wurde. Holt wurde ungehalten und maulte: »So geht das nicht, das muss ein anderer machen.«

Peter war sensibel und zart. Die Vorwürfe trafen ihn während einer schweren Depression, nicht lange danach brachte er sich um. Ich denke, dass er es nicht ausschließlich deshalb tat, aber es war ein Steinchen zu viel für ihn.

Als ich von seinem Tod erfuhr, ging ich in die Josefstadt. Da saßen sie und spielten die Erschütterten. Ich war traurig und wütend.

»Ihr seid mit schuld, jeder von euch. Habt ihr nicht gemerkt, dass es ihm so schlecht ging?«

Ich konnte nicht anders und kränkte mich sehr. Man wollte ihm nicht eine Sekunde helfen.

Später erfuhr ich, dass er sich von allen seinen Freunden und Bekannten verabschiedet hatte. Niemand bemerkte, worum es ging.

*Panoptikum* führten sie einen Monat später, nach Peters Tod, auf. Die Show muss weitergehen. Das sind die Brutalitäten in dem Geschäft. Keiner will hinschauen, wenn es einem Menschen schlecht geht, weil immer alles proper ablaufen muss.

*Kottan ermittelt* wurde ein schwerer Fernsehskandal, weil er die Polizei in keinem allzu charmanten Licht zeigte. Dass nach dem Krieg viele Kriminelle zur Polizei gingen und etliche Nazis darunter waren, hatten bis dahin offenbar schon wieder alle vergessen. Von den Gefängnissen meldeten sich viele bei der Polizei und wurden genommen. Ich hasste sie, die Kieberer.

Mir wurde in dieser Zeit meine Geldbörse gestohlen, ich regte mich wahnsinnig auf und ging zur Polizei am Deutschmeisterplatz. Die Beamten packten mich, als sei ich die Diebin und verhörten mich regelrecht. Sie meinten es vermutlich nicht böse, sie konnten sich einfach nicht anders benehmen.

Mit dem Film *Die Weltmaschine* kam ich 1981 nach New York: Peter kannte die Malerin Kiki Kogelnik und deren Mann, den britischen Onkologen George Schwarz. Schwarz hatte sich in New York ein Lokal gekauft. Er sagte sich: Ich bin zwar Arzt, aber kann genauso gut Gastwirt sein. Das gefiel mir.

In Amerika gibt es eine Sprachwendung, die bezeichnend ist: »I'm bigger.« Angenommen, wir brauchen aus dem Keller noch eine Flasche Wein. Wer holt sie, du oder ich? Sagt er: »You, because I'm bigger.« Bei Kogelnik und Schwarz war ich zum ersten Mal in meinem Leben in einem Loft. In diesem Loft stand ein riesengroßer Herd, der wie in einem Comic-Film wirkte, ich musste sofort an »I'm bigger«, denken. Unglaublich.

*Die Weltmaschine* beruht auf einem Buch von Christine Nöstlinger. Die Maschine gibt es wirklich, sie steht in der Südoststeiermark, ein fantastisches Werkl mit unglaublichen Apparaturen, Lichtmaschinen, Motoren, Röhren, Rädern, Spulen, Kabeln, Drähten und vielem anderen mehr. Der Bauer Franz Gsellmann begann 1958 mit dem Bau, die Idee dazu hatte er, als er ein Bild in der Zeitung vom Atomium in Brüssel sah. Er stieg in den Zug, fuhr nach Brüssel, machte sich Notizen und Skizzen und fuhr am selben Tag wieder zurück. Für den Rest seines Lebens gab es nur noch die Maschine. Er baute sich dieses Modell und gab alles einschließlich seines Hofes dafür auf. Die Dorfbewohner erklärten ihn für verrückt, umso mehr, als Gsellmanns Sohn vom Dach fiel und sich tödlich verletzte. Natürlich war die Maschine schuld, sagten die Leute. Nur seine Frau hielt zu ihm. 1981 erklärte er seine Arbeit für beendet, kurz darauf starb er. Heute kommen die Menschen von überall her, um sich sein Wunderwerk anzuschauen.

Im Film soll die Maschine zerstört werden. Ich spielte eine Untergrundmalerin, die das unbedingt verhindern will. Dazu braucht sie aber Geld, viel Geld. Der Witz war der, dass ich aus der Fuchs-Villa Bilder stehle, um die teuren Bilder in New York zu verkaufen, weil ich diese Maschine retten will. Die teuren Bilder will aber kein Schwein, stattdessen kommt meine Untergrundmalerei so gut an, dass ich berühmt werde und mit viel Geld nach Hause fahren und die Maschine retten kann.

Wir stellten die Wiener Villa von Ernst Fuchs nach, und um den Prunk der Reichen darzustellen, wurde ein Tisch voll mit feinsten Lebensmitteln mit Goldfarbe bestrichen. Obst, Gemüse, Käse, Brot – alles war vergoldet, und die Statisten mussten das Zeug in sich hineinstopfen. Ich hatte einer ehemaligen Studentin den Job verschafft, ihr war Tage später noch schlecht.

Wir drehten also mit der echten Maschine, und der Bauernhof war der original Gsellmann-Hof.

In New York schlug Peter vor, zu Oscar Bronner zu gehen, der damals da lebte. Ich bekam eine Arbeitshose von ihm, malte ein Bild mit großen Gesten, und während ich malte, warf ich die paar Brocken Englisch hin, die ich konnte. Wir lachten viel und hatten die Szene schnell im Kasten. Ossi behielt das Bild, es gefiel ihm tatsächlich. Ob er es noch hat?

Die Woche in New York werde ich nie vergessen. Wir hatten weder Arbeits- noch Dreherlaubnis und mussten es geschickt angehen, wenn wir mit Material heimkommen wollten.

Die Möglichkeiten des Films begeisterten mich. Wir drehten in einem koscheren Lokal in der 20. Straße. Ich hatte eine Szene mit Christoph Waltz, der schon eine Zeit lang in Amerika lebte, sich aber nicht sehr wohl fühlte, weil die Homosexuellen in der New Yorker Filmszene offensichtlich sehr, sehr scharf auf ihn waren und ihn buchstäblich verfolgten. Das machte ihn völlig fertig.

Wir drehten die Szene, dabei verwendeten sie ein Mikro, so klein, wie ich es noch nie zuvor gesehen hatte. In das Lokal kamen Leute, unterhielten sich, im Hintergrund klapperte Geschirr. Es war keine Schwierigkeit, wir drehten die Szene drei- oder viermal, der Soundman nahm alles auf. Wir bezogen die Gäste des Lokals in die Szenen ein, machten aus ihnen Statisten.

Der Boxer Cassius Clay war so ein Statist. Zufällig kreuzte er am Broadway auf, und ich stellte mich an um ein Autogramm. Ich bekam es, Peter ließ die Kamera mitlaufen.

Das machten wir fast ständig, überall, wo wir drehten. Ein einziges Mal hatten wir Schwierigkeiten. Ich sollte fotografiert werden, als ich den Broadway überquerte. Das war nicht möglich, denn sofort kamen die Schwarzen, stellten sich hinter mich und gestikulierten wild in die Kamera. Ich ging dann voraus, und deshalb sieht man mich am Broadway nur von hinten.

New York begeisterte mich, vor allem der New Yorker wegen. Wir testeten das für den Film: Ich sollte den Central Park suchen und einen Mann, der in einem Telefonhüttel stand, nach dem Weg fragen: »Can you tell me where is the Central Park?« »Links und dann geradeaus«, sagte der Mann – und ich ging für die Kamera rechts. In Österreich könnte so etwas nicht passieren, er wäre mir nachgelaufen, hätte gerufen: »Nein, nicht rechts, links müssen Sie gehen!« Dem New Yorker war es egal. Ich mochte das.

Peter und Helmut Zenker planten eine Serie mit mir als Kommissarin. Es kam nie dazu. Ich bin ehrlich gesagt froh, denn eine Serie wollte ich nie machen. Grauenhafter Gedanke. Als würde man immer im selben Kleid bleiben, immer derselbe Fetzen, der dir schon vom Leib fällt, aber trotzdem musst du ihn anbehalten und schön finden.

Viele Schauspieler schätzen Serie, weil sie Geld und geregeltes Einkommen bringt. Man wird hierzulande zwar nicht steinreich damit, aber für die Vorsorge reicht es. Mir war Geld immer egal, die Regelmäßigkeit würde mich zu Tode langweilen.

# Eine Nacht mit Werner Schwab

Es war an einem Abend, ich fuhr vom Theater heim und bog am Naschmarkt ein. Mein Blick fiel auf die gegenüberliegende Seite. Da sah ich einen Mann, völlig betrunken und orientierungslos.

»Das ist doch der Schwab, das gibt's nicht!«

Ich hupte, er bemerkte mich nicht gleich, irgendwann sah er mich endlich und stolperte auf mich zu. Ich lud ihn ins Auto ein und nahm ihn mit nach Hause.

In dieser Nacht erzählte er mir irre Geschichten. Von seinem Killerhund, den er von Freunden geschenkt bekommen hatte, als er noch außerhalb von Graz am Waldesrand wohnte. Er hatte kein Geld, aber den Killerhund. Das Tier ging in den Wald und riss Rehe. Eine blutrünstige Bestie, die nur draußen bleiben konnte und mit der er nie Freundschaft schloss. Die Förster wussten davon und hassten Hund und Schwab wie die Pest, aber gleichzeitig fürchteten sie beide und machten einen großen Bogen.

Aber einmal erwischten sie den Hund. Als Schwab ihn fand, war der Hund zerhackt. Zerhackt aus Wut.

Wir redeten die ganze Nacht, irgendwann legte er sich hin und schlief.

Zu Schwab kam ich über meine Tätigkeit in einem Fördergremium des Bundesministeriums für Unterricht und Kunst, dessen Mitglied ich von 1987 bis 1991 war. Wir förderten die alternative Theaterszene, betreuten mehr als 40 Bühnen. Zu jener Zeit wuchsen sie überall wie Schwammerl aus dem Boden. Ich entschied mit zehn anderen Mitgliedern über die eingereichten Stücke, sagte Förderungen zu oder lehnte sie ab. Nicht nur wir entschieden, sondern auch die Stadt Wien. Die Kommission unterstand Alfred Koll, danach übernahm Rudolf Scholten, und als die Machtspiele häufiger wurden, ging ich.

Es kam zu Entscheidungen, die ich nicht tragen wollte. Wenn wir Nein zu einem Stück sagten und die Herren Politiker anderer Meinung waren, öffnete sich wie von Geisterhand irgendein Töpfchen, und das Geld floss trotzdem. Bei Jack Unterweger war das so.

Unterweger hatte ein Stück über HIV geschrieben, das ich grauenhaft fand und absolut nicht für förderungswürdig hielt. Wir waren im Gremium einer Meinung, und es wurde abgelehnt. Scholten hob unsere Entscheidung auf, er sorgte für die Bewilligung, und damit war für mich der Punkt erreicht: Ja, wenn das so ist, habe ich die Nase voll. Ich wusste, dass ich durch das Gremium mit einem Fuß im Politikum war. Bevor der zweite Fuß da reinkommt, sagte ich mir, gehe ich lieber.

Werner Schwab reichte *Die Präsidentinnen* ein. Ich las das Stück und dachte, das finde ich gar nicht schlecht. Die Mitglieder der Kommission waren ebenfalls dafür, aber unter einer Bedingung: »Wir fördern, aber nur, wenn du das spielst.« Ich war einverstanden, rief sofort alle Theater in Wien an, und alle, alle lehnten ab. Schließlich spielten wir *Die Präsidentinnen* 1990

*»Die Präsidentinnen« von Werner Schwab im Theater im Künstlerhaus, 1990. Uraufführungsplakat*

im Künstlerhaus, ich in der Rolle der Grete, und es wurde ein Batzen-Erfolg.

Wir mochten uns auf Anhieb, aber er war ein unglückseliger Bursche. Schwab sah gut aus, war völlig überdrüber und alkoholkrank bis zur Selbstzerstörung. Er war oft still, dann wieder aufbrausend. Immer kam er irgendwo unter die Räder, verwickelte sich in Schlägereien, und meistens landete er im Spital. Dass alle auf ihn losgehen, schimpfte er, aber er konnte selbst ziemlich aggressiv werden. Die Wiener mochten ihn nicht, den hübschen Steirer, irgendwas hatte er anscheinend an sich, das sie ablehnten.

Wir waren gemeinsam beim alljährlich stattfindenden Stücke-Wettbewerb in Mülheim an der Ruhr, wo er 1992 den Dramatikerpreis erhielt. Schwab war ziemlich betrunken und gab freche Antworten, unkontrolliert, so übernahm ich das Reden. Nur einen klaren Satz brachte er heraus: »Die Frau Mangold weiß, wie man meine Stücke spielt. Sie hat den Schwab-Stil.«

Ich wusste, wie man seine Figuren spricht. Klar, einfach, schnörkellos hinaussagen, keinesfalls mit Dialekt. Denn Schwabs Stücke sind alles andere als Volksstücke. Wenn man Schwab als Volksstück spielt, zieht es dir die Schuhe aus. Ich spielte zwei Stücke von ihm und war bei einer Marathonlesung im Schauspielhaus dabei.

Ich erkundigte mich immer wieder nach ihm. Nach seinem Tod kam sein Sohn zu mir, er fragte mich nach Manuskripten. Ob ich noch etwas von seinem Vater habe, das er nicht kennt. Ich konnte ihm nicht helfen, ich hatte nichts.

# Unvergessen: Freunde, Verehrer, Zeitgenossen

Paula Wessely kannte ich aus der Josefstadt. Wir spielten gemeinsam 1948 in *Der Engel mit der Posaune*, Karl Hartl führte Regie. Der Film war ein Staatsakt, die Besetzung grandios: Attila und Paul Hörbiger, Maria Schell, Hans Holt, Curd Jürgens, Oskar Werner, Karlheinz Böhm, Alma Seidler, Adrienne Gessner und ich – allerdings gegen grobe Widerstände. Es gab einen Agenten, der die Leute zusammensuchte und mich aus irgendeinem Grund nicht mochte. Für ihn stand die Entscheidung von vornherein fest: »Die Mangold spielt in dem Film nicht.«

Ich kämpfte nie für eine Rolle, weil es mir grundsätzlich egal war, wo ich mitspielte. Aber bei einer solchen Ansage war ich nicht zu halten. »Die Mangold spielt in dem Film«, versprach ich mir.

Im Casting war ich so gut, dass sie nicht an mir vorbeikamen. Ich spielte Henriette Steins, also Wesselys, Tochter, und der Agent ärgerte sich grün und blau.

Jetzt, da ich mit der Wessely spiele, so nahm ich mir vor, wird sie mich nicht an die Wand klatschen. Und es gelang ihr nicht, ich behauptete mich gegen ihre große schauspielerische Präsenz.

Als wir unsere letzte gemeinsame Szene drehten, war ich unruhig, denn ich hatte Vorstellung in der Josefstadt, es war spät, und ich musste los. Diese Szene war schwierig, denn ich wusste, sie wird Großaufnahme haben, und sie wird weinen. Eine Träne einfach so herausquetschen, das konnte ich nicht. Sie bekam es spitze hin. Ich spielte den Abschied anders, und es war gut so, ohne Tränen.

Ich verabscheute an ihr, dass sie nie Stellung bezog. Es war ein großes Thema für mich. Ich ließ es trotzdem gut sein, weil ich ausschließlich beruflich mit ihr zu tun hatte. Da etwas zu sagen, war undenkbar. Hätte ich mehr private Kontakte gehabt, wäre das etwas Anderes gewesen.

*

HANS MOSER (*Ein Herz kehrt heim*, 1956) schenkte mir ein kleines Stück Schokolade, als wir gemeinsam drehten. Sofort hieß es: »Der liebt dich.« Diese unerwartete Großzügigkeit konnten sich alle nur so erklären, denn Mosers Geiz war legendär. Seine ganze Einrichtung kaufte er sich aus Second-Hand-Läden zusammen.

Der Film gehört zu den ganz grausigen, ich sah ihn nie. Wir hatten darin eine Szene zusammen, und der Regisseur Eugen York forderte mich auf: »Wenn du mit dem Herrn Moser redest, musst du an ihm vorbei in die Kamera schauen.« So sehe man mich besser. Für mich war das eine absurde und für die Situation völlig unpassende Idee. »Lächerlich, das mache ich nicht! Wenn ich mit dem Herrn Moser rede, muss ich ihn doch anschauen!«, fuhr ich York an.

»Recht hast, Kind, schau mir in die Augen«, nuschelte mir Moser zu.

Selbstverständlich schaute ich ihm in die Augen.

Carl Zuckmayer lernte ich persönlich kennen bei der Arbeit mit Gründgens an *Das kalte Licht*.

Der »Spiegel«-Herausgeber Rudolf Augstein lud zu einem Empfang, da waren wir alle und Zuckmayer auch. Von ihm wurde gesagt, er habe ein zweites Gesicht. Er ging auf der Straße und sah Leute, die blutüberströmt waren. Er erschrak sehr und fürchtete, dass das eine unheilvolle Prophezeiung im Hinblick auf die Uraufführung seines Stückes war.

Seine Frau Alice war ernst und streng. Sie wollte Heinz kennenlernen und ihn prüfen, ob er überhaupt der Richtige war für die Rolle. Heinz war unsicher und völlig überfordert. »Wie leg ich die Figur an, damit es ihr recht ist?«, fragte er Gründgens. Der überlegte nicht lange: »Der Rolle entsprechend«, sagte er. Heinz sollte sich also verhalten wie die Figur des idealistischen Physikers Kristof Wolter, der zur Wahrung des politischen Gleichgewichts Pläne zum Bau der Atombombe an kommunistische Funktionäre verrät. Ein Ratschlag, der ihn noch mehr überforderte und Heinz' Panik nicht verringerte. »Ich kann doch nicht so tun, als ob ich in Wirklichkeit so wie Wolter bin, das macht doch keinen guten Eindruck! Was soll ich denn jetzt wirklich machen?«, fragte er mich. Mir waren solche Strategien grundsätzlich fremd: »Du machst gar nichts. Du bist, wie du bist, und wenn ihr das passt, ist es gut, und wenn nicht, dann hat sie eben Pech gehabt, die Gurkn.« Er bestand.

*

Mit Ernst Waldbrunn war ich eng befreundet. Er mochte mich, weil ich wie er die Nächte und die Bars liebte. Ich konnte zwar nicht ganz so viel trinken wie er, aber wir unterhielten uns gut.

Ernstl hatte einen wunderbaren Humor, und er zog mich

gern auf. »Es ist nicht alles Mangold, was glänzt« war sein Lieblingsspruch.

Ernstl war nicht spinnig, so wie Berufslustige manchmal sind. Er war kein Komiker, sondern Kabarettist und Schauspieler.

Ich erinnere mich an Gründgens, der sagte, aus Österreich würde er keinen Komiker holen. Hatte er recht?

*

Ich lernte ROMY SCHNEIDER beim Film *Die Halbzarte* (1959) kennen. Romy war ein ernstes Mädchen. Während der Dreharbeiten plauderte ich mit ihr über ihr weiteres Leben. Sie sagte: »Ich weiß, ich bin ein altes Kind.« Aber sie war sicher: »Ich werde es noch allen zeigen«, und das glückte ihr letztlich. Tapferes Weib, vor ihr habe ich Hochachtung, denn sie hatte es weiß Gott nicht leicht.

In Erinnerung blieb mir ihre Mutter MAGDA SCHNEIDER. Die Frau war so aufdringlich. Unentwegt spielte sie die hundertprozentige Mutter. Grausig.

Mit Romys späterem Ehemann HARRY MEYEN spielte ich *Sturm im Wasserglas* (1960). Er war ein tadelloser Boulevard-Schauspieler und führte gut Regie. So inszenierte er mit leichter Hand das Lustspiel *Der Verführer* von Diego Fabbri, in dem ich mit Heinz in der Berliner »Komödie« am Kurfürstendamm auftrat.

Harry verfügte über einiges finanzielles Geschick, las Börsenberichte, was zu dieser Zeit sonst niemandem in der Künstlerszene in den Sinn gekommen wäre. Harry war ein lustiges Haus, ein geschickter Bursche, intelligent, aber nach Romys Durchbruch in Frankreich musste etwas mit ihm passiert sein. Romy litt, unter anderem, weil er nicht ein Wort Französisch lernte, warum, weiß kein Mensch.

*35 »Michael Kramer« von Gerhart Hauptmann, Hamburg 1961, mit Heinz Reincke als Arnold Kramer. Die Titelrolle spielte Werner Hinz.*

*36 Cassio, Bianca und das unheilbringende Taschentuch: »Othello« von William Shakespeare, Hamburg 1961, mit Sebastian Fischer*

*37 »Don Gil von den grünen Hosen« von Tirso de Molina, Hamburg 1961, mit Joana Maria Gorvin (re.) und Solveig Thomas*

*39 Eine komplizierte Beziehung: »Der Schwierige« von Hugo von Hofmannsthal, Hamburg 1964, mit Leopold Rudolf*

◀ *38 »Groupie« und angebeteter Meisterpianist: »Das Konzert« von Hermann Bahr, Hamburg 1962, mit Gustaf Gründgens*

*42 Femme fatale*

40/41
*Exotisch: Der chinesische Kaiser und Cleopatra: »Die Chinesische Mauer« von Max Frisch, Hamburg 1965, mit Hermann Schomberg. – Mit Fritz Muliar in »Die Gigerln von Wien«, 1965, TV-Film von Wolfgang Glück nach einer Alt-Wiener Posse. Musik von Alexander Steinbrecher*

*43/44*
*Mit Theaterhund Puschi und Papagei Bazi*

*45 Mit Helmut Qualtinger am Mikrofon*

*46/47 Spielen ist Leben: Theater ist für mich die beste Therapie.*

Die Begegnung mit Wolf Albach-Retty (*Großstadtnacht*, 1950) war merkwürdig, denn als ich ihn kennenlernte, hatten wir ein nettes Gespräch, und erst später erfuhr ich, was er für ein Nazi war. Ich fand es traurig, denn ich hatte das Gefühl, dass Romy ihren Vater sehr mochte und ihn mehr gebraucht hätte.

*

Mit Heinrich Schweiger war ich sehr befreundet. Ich lernte ihn 1961 bei einer Tournee mit Hauptmanns *Michael Kramer* kennen, in der Ewald Balser die Titelrolle spielte. Heini, unser Arnold Kramer, war entzückend zu mir, denn es war die Zeit, in der ich schwanger war und das Kind verlor. Er kümmerte sich rührend um mich und brachte mich mit seinen Späßen zum Lachen.

Wir fuhren mit dem Bus quer durch Deutschland. Eines Tages stieg ich mit meinem Hund ein, liegt da ein Hundstrümmerl. Ich war entsetzt: Das kann nicht wahr sein, dass die Puschi so was macht! Es war mir peinlich, während Heini und die anderen sich krumm lachten, denn es war kein Puschi-, sondern ein Pappmachéwürstel.

Die Tournee war schräg, weil wir in diesem Bus die tollsten Sachen machten. Wir nagten Hendlknochen und fanden das ganz einmalig, darauf herumzuknacken. Hilde Wagener, die große Diva, war empört: »Wie grässlich! Dieses Knacken! Aufhören! Schrecklich!«, schrie sie in einem fort.

Dabei war sie nicht minder sonderbar. Während der Fahrt trug sie uralte Kritiken vor, Hymnen über sich, als sie jung war. Sie hob sämtliche Blumen auf, die wir nach den Aufführungen von Bewunderern bekamen. Im Bus roch es wie bei einem Begräbnis mit Hendlausspeisung. Heini half ihr beim Tragen,

Wagener war ja wie er am Burgtheater. Da musste man zusammenhalten, dachte er sich offenbar und schleppte mit ihr die Blumen in den Bus. Eines Tages fiel ihr alles aus der Hand. Da wurde es selbst Heini zu viel: »Jetzt helfe ich ihr nimmer«, sagte er und blieb sitzen.

Wir spielten gern Schach im Bus. Heini gehörte wie Werner Krauß, Emil Jannings, Rudolf Rhomberg und Otto Schenk zu den bösen Buben, die sich kecke Streiche erlaubten und unerhört frech waren. Jannings und Krauß waren schon als junge Schauspieler sehr befreundet. Damals gab es – wie zu meiner Zeit ja auch noch in Hamburg – Gucklöcher im Vorhang, durch die man vor der Aufführung heimliche Blicke auf das Publikum werfen konnte. Krauß hob Jannings hoch, und der steckte seinen Penis durch das Guckloch, erzählte man mir.

Der Schabernack blieb nicht unbemerkt, Jannings wurde sofort entlassen. Wie sich herausstellte, nicht zu beider Schaden: Jannings kam nach Berlin, Krauß folgte ihm, und beide machten Karriere.

*

PETER ALEXANDER lernte ich am Anfang seiner Karriere kennen. Ich stand mit ihm im Rundfunk, er links vom Mikro, ich rechts. Wir sollten ein Ständchen singen. Ich begann und hoffte, dass es bald vorbei ist, denn Singen mochte ich nicht, weil ich es nicht richtig konnte. Ich setzte also ein, aber von Peter Alexander war nichts zu hören. »Habe ich zu früh begonnen oder was ist?«, fragte ich mich unsicher. Aber Peter sang so leise, dass ich ihn nicht hören konnte. Wahrscheinlich konnte er mit dem Mikro besser umgehen als ich.

Seine Filme schauten wir nicht an. Er war in gewisser Weise brillant. Es war die Zeit, in der diese Heile-Welt-Filme ungeheuer ankamen und die Leute froh waren, dass sie darin nichts von den Problemen sahen, mit denen sie sich im Alltag herumschlugen. Anfang der Fünfzigerjahre waren die Kinos voll, wenn diese Filme liefen, ab 1955 ließ das langsam aber stetig nach. Die dummen Komödien hatten zu jener Zeit ihre Berechtigung, aber dass er sich in dieser Art der Unterhaltung verfing, sich in sie sozusagen hineindrücken ließ, ist schade, denn er hätte sicher mehr gekonnt.

*

Ich lernte GUNTHER PHILIPP in den Fünfzigerjahren kennen. Er liebte Autos, mit ihm fuhr ich im Porsche. Er erklärte alles haarklein. Wenn er sprach, wusstest du, das stimmt, da kennt er sich aus. Wir flitzten zusammen nach München, und dieses tiefe Sitzen fand ich irre. Es war kalt, Schnee und Eis. Wir fuhren und fuhren, und plötzlich schlitterte neben uns ein Auto in den Graben. Gunther sah zu und sagte: »Siehst du, bremsen darf man nicht.«

Übrigens: Ich fahre gern, zackig, schnell, gut. Seit einiger Zeit besitze ich einen Mercedes. Gegen die Marke wehrte ich mich lange, weil mich als Sozialdemokratin der Stern störte, der für Kapitalismus stand. Mercedes, den fuhren die anderen, die Reichen. Aber das ist lange her. Irgendwann redete mir jemand ein, das sei ein gutes Auto. Ich probierte es aus und war happy. Der Wagen scheint sicher zu sein, du kannst ihn verreißen, und er hat kein Problem, dich wieder in die Spur hinein zu hauen. Als

»Elchtestler« sorgte er für die größte Blamage in der Werksgeschichte. Sie bauten ihn um, und jetzt ist er sicher. Durch die hohe Bauweise ist er ein bisschen windempfindlich, aber das hohe Sitzen ist mir angenehm.

Ich fuhr früher gern Opel, einen Manta hatte ich fast zehn Jahre. Blechschäden hatte ich mehrere durch Unachtsamkeiten, aber nie Unfälle, wo mir Gröberes passiert wäre. Mit einem Volvo raste ich einmal einen Abhang hinunter, dieses Auto mochte ich überhaupt nicht. Meine Eltern und mein kleiner Hund fuhren mit. Wir waren langsam unterwegs, stiegen unbeschadet aus, es war mehr eine Schlittenfahrt, und am Ende des Abgrunds legte sich der Wagen auf die Seite.

Nur ein einziges Mal, 1995, trug ich eine Kopfverletzung davon. Die Leute hier im Waldviertel fahren gerne in der Mitte der Straße, weil einige von sich glauben, sie seien Rallyepiloten. Es hätte zu meinen Gunsten ausfallen sollen, denn ich kreuzte die Straße und war schon auf der anderen Seite, als ein paar Buben kamen. Ein 18-Jähriger, Führerschein auf Probe, nahm mich mit. Totalschaden. Ich hatte einen Opel Kadett, ein Cabrio, ein Traum von mir. Ich donnerte mit dem Kopf gegen die Eisenverschalung und hatte ein Cut, das sehr blutete. Das Fahrzeug schoben sie sofort weg. Die Wunde wurde genäht. Heute sieht man nichts mehr.

Der Witz war der, dass ich am nächsten Tag mit den Amerikanern drehen sollte. *Before Sunrise* von RICHARD LINKLATER. Meine Haare waren blutig bis zum Haaransatz, ich trug klarerweise einen Turban und wollte absagen, aber Linklater bat mich händeringend, zu kommen. Sie konnten sich eine Absage nicht leisten, 400 000 Schilling hatte sie der Drehort am Franziskanerplatz gekostet. Wir drehten von 22 Uhr bis fünf Uhr früh.

Mein Gesicht verfärbte sich in der Zeit vom Aufprall. Das Auge wurde blau, der Wangenknochen schwoll an. Im Film sieht man die Blessuren nicht, denn sie setzten mir eine Haube auf. Zum Schluss applaudierten sie. Ich war fix und fertig und fuhr nach Hause.

*

ERIK ODE (*Lügen haben hübsche Beine*, 1956; *Der Kommissar* – »Die kleine Schubelik«, 1970) wollte mich heiraten. Er war reizend, aber leider nicht mein Typ. Ich lernte ihn 1956 kennen, er verliebte sich sofort in mich. Damals war er noch nicht verheiratet und umwarb mich sehr charmant. Weil Erik gleichzeitig sehr neugierig war, erwischte er einen Liebesbrief von mir an meinen späteren Ehemann, Heinz. So merkte er, dass es einen anderen in meinem Leben gab und zog sich erhobenen Hauptes zurück.

*

Vor meinem Haus steht ein Gartenzwerg, ein reizender, kleiner Gnom bewacht meine bescheidene Hütte. Stramm steht er da, der Dreikäsehoch mit dem Ziegenbart, auf seinem Bauch prangt in Großbuchstaben »Boss«.

Erinnert sich noch jemand an ERICH NEUBERG? Den Zwerg habe ich von ihm. Ein großer Regisseur und eine sensible, ja vielleicht allzu sensible Seele. Erich war der erste, der es schaffte, ein Fußballmatch so zu fotografieren, dass die Kamera den Ball nie aus dem Blickfeld verlor. Bis dahin war es gang und gäbe, dass der Ball, wenn er zu schnell geschossen wurde, weg war, und dann sah man nicht, wie er flog, sondern erst, wo er gelandet war. Erich revolutionierte die Sportübertragungen und führte darüber hinaus bei vielen guten Fernsehfilmen Regie.

Ich lernte ihn spät kennen, 1966 bei den Dreharbeiten zu *Die Hinrichtung*. Der Film war eine Auftragsarbeit des ORF an Helmut Qualtinger und Carl Merz, die Hauptrolle spielte der Sowerl, Kurt Sowinetz. Eine verzwickte Geschichte: Zwei freundliche Herren bieten einem armen, braven Familienvater einen Batzen Geld an, wenn er einer – genau genommen nicht irgendeiner, sondern seiner eigenen – öffentlichen Hinrichtung zustimmt. Gedreht wurde in München.

Wir mochten uns auf Anhieb, Erich und ich, und verliebten uns sogar ein bisschen ineinander. Die Liebe war aber eine unerfüllte, denn ich konnte mich nicht dazu entschließen, etwas mit ihm anzufangen, weil ich mich meinem Eheversprechen und Treuegelübde verpflichtet fühlte. Ich hatte lange Zeit einen merkwürdigen Treuewahn.

Wir gingen spazieren, an einem Garten vorbei, vor dem Haus standen geschätzte 700 Zwergerl. So etwas hatte ich überhaupt noch nicht gesehen, überall Zwergerl, Zwergerl, Zwergerl. Ganz vorne stand der mit dem »Boss« am Bauch. Das gefiel mir.

»Also den find ich entzückend, den hätte ich gern.«

»Den kriegst du, Erni.«

Am nächsten Tag ging er wieder hin, läutete an und erzählte den Besitzern, er sei vom Fernsehen. Diesen Zwerg, ja genau den mit der »Boss«-Aufschrift brauche er unbedingt, er zahle 30 Mark Leihgebühr. Sie könnten sich den Zwerg nach den Dreharbeiten wieder abholen in Geiselgasteig. Ein Schmäh natürlich. Die Zwergenbesitzer willigten trotzdem ein, und so kam ich zum Zwergenboss.

Zu dieser Zeit war Erich schon sehr krank. Er litt unter

schweren Depressionen, die Krankheit hatte er von seiner Mutter geerbt. Ich hatte es nicht ganz gemerkt, aber ich wusste, dass irgendetwas nicht stimmte. Wahrscheinlich hängte er sich an mich, weil er in seiner Ehe eine ziemlich herbe Enttäuschung erlebt hatte.

Während der Dreharbeiten wollten wir uns in Salzburg treffen, aber er kam nicht zum vereinbarten Treffpunkt. Ich erfuhr zu spät von seiner Einlieferung und dass er in der Zelle immer meinen Namen gerufen hatte. Keiner wusste, von wem er sprach. Ich hätte ihm gerne geholfen.

Er war so begabt. *Die Hinrichtung* konnte er nicht mehr abschließen.

Zwei-, dreimal versuchte er sich umzubringen, sie lachten ihn aus: »Du schaffst das sowieso nicht mit dem Gas.« Raue Burschen.

Schließlich schaffte er es doch. Erich erhängte sich im Ronacher, zu einem Zeitpunkt, an dem es ihm wieder besser zu gehen schien. Wir dachten: Ja, jetzt ist er wieder da, jetzt hat er sich wieder entschieden, zu arbeiten. Ein Trugschluss.

Am Tag seines Selbstmordes rief ich ihn an und erreichte ihn nicht. Es muss ungefähr der Zeitpunkt seines Todes gewesen sein, zwischen halb sechs und sechs. Zuvor hatte er eine Sitzung im Ronacher gehabt, es war der 10. Jänner 1967. Er verhandelte, machte Zusagen, schmiedete Pläne. Und irgendwann entschuldigte er sich, stand auf, ging auf den Dachboden und brachte sich um. Was keiner wusste: Er hatte schon Monate vorher geübt, wie man Schlingen macht. Diesmal sollten sie nicht lachen. Am Dachboden, die Leiter, die Schlinge. Das war's dann.

Seinem Arzt, Erwin Ringl, machten sie Vorwürfe. Ringl antwortete mit kühler Vernunft: »Was hätte ich tun sollen? Ihn einsperren? Wenn er in die kritische Phase kommt, gelingt's.«

Danach rief mich der Helmut an: »Der Erich hat sich hamdraht.« So formulierte man das damals. War eine seltsame Zeit, die Sechziger.

Ich bekam zu hören, dass ich Erich auf dem Gewissen hatte, weil ich nicht mit ihm geschlafen habe. Eine unglaubliche Frechheit und Niedertracht. Nicht nur, weil es vom Zeitpunkt unserer Geschichte bis zu seinem Selbstmord lange dauerte. Ich hatte mich längst von Erich distanziert, und er sich von mir. Dieser Typ, der das behauptet hatte, stand wiederum auf mich, dieser miese kleine Kerl, ein gewisser Herr Freund.

Männer schrecken vor nichts zurück, schon damals nicht. Na, was glaubst du, wie ich den geschimpft habe.

*

Mit HANS GRATZER war es anfangs etwas schwierig. Er hatte eine überhebliche Art und fuhr über einen drüber, wie mir das davor nicht untergekommen war. Wir hatten gleich am Beginn unserer Zusammenarbeit, 1984, einen schlimmen Krach. Ich ärgerte mich furchtbar, war aufgewühlt und gab ordentlich Kontra. Ab diesem Tag mochten wir uns, und es blieb dabei. Es wurde eine sehr, sehr enge Beziehung, bis zu seinem Tod.

Mir gefielen seine klassischen Inszenierungen, *Was ihr wollt* war wunderbar. Er konnte hervorragend einleuchten. Er war Lichtdesigner, konnte unheimlich gut mit Licht Räume schaffen, eine Straße, eine Wand, Abendstimmungen, Morgenstimmungen, ohne Dekoration, nur mit Licht.

Bei der Besetzung hatte er ein ebenso gutes Händchen. Bei der Gelegenheit lernte ich Erich Schleyer kennen, meinen geduldigen und großherzigen Partner in *Die Memoiren der Sarah Bernhardt*, zuletzt am Volkstheater. Ich spielte ein, zwei Jahre bei Hans am Schauspielhaus, bekam aber Schwierigkeiten mit dem Reinhardt-Seminar, wo ich damals noch unterrichtete, es war zu viel. Ich kam regelmäßig auf 14 Stunden am Tag, sieben Mal die Woche mit Theater und Unterrichten. Ich nahm mich fortan auf der Bühne zurück und spielte nur noch einzelne Stücke.

Wie man in der Öffentlichkeit in den letzten Wochen seines Lebens mit Hans umging, fand ich abscheulich. Bei der Nestroypreis-Verleihung gaben sie ihm schnell noch einen Preis, obwohl sie ihn zeit seines Lebens nicht sehr liebevoll behandelt hatten. Ich erinnere mich, als er dastand, schaute, lächelte, obwohl er gar nichts sah. Jeder spürte, es ist der Tanz um einen Toten.

Wie kann man einen Todgeweihten feiern? Indem man ihm einen Preis für sein Lebenswerk gibt? Alle wussten, dass es sehr schlecht um ihn bestellt ist. Ich bin sicher, die ihn feierten, wussten das auch, aber es war ihnen egal: Mein Gott, er wird es schon schaffen!

Die Symbolik war verheerend. Im Grunde genommen will keiner etwas vom anderen wissen. Danach sagen sie: Jössas, jetzt ist er gestorben – und machen weiter, als wäre nichts geschehen. Individualität, Mitgefühl – gibt's das noch? Es wird weggeschaut, getan, als ob das eh eine schöne Sache ist, ihn zu feiern. Ich denke, besonders in der Kultur, wo sie sich aufgemotzt geben, müssten sie mehr Pietät haben.

Hans war bei der Überreichung so gut wie tot, aber er bekam alles mit. Die Besonderheit, endlich geachtet zu werden, berührte ihn, weil er das vorher nicht empfunden hatte. Das bekam er oft und tief zu spüren. Der Preis gab ihm vielleicht etwas, aber ich fand es schändlich und vergesse es nicht.

In der heutigen Zeit geht man mit einer Härte darüber hinweg, die mich entsetzt. Da steht ein Mensch, der schon völlig in einer anderen Welt ist. Er war anderswo, abgehoben. Er freute sich. Sein Adoptivsohn Stöffi Speich hat den Preis im Haus in Rainfeld prominent platziert.

In der Woche, bevor er starb, war ich in seinem Haus. Es ging ganz gut, er konnte ein bisschen essen, man wusste, es ist bald aus, er packt den Krebs nicht. Sein Körper war voller Metastasen. Sie brachten ihn zu Bett, und ich streifte ihm über den Rücken, nicht fest, aber er schrie vor Schmerzen. Eine Hormonbehandlung, die sein Leben womöglich etwas verlängert hätte, lehnte er ab. »Ich will nicht, dass mir ein Busen wachst«, sagte er.

Ich glaube nicht, dass ihm das Sterben schwerfiel. Wenn du so krank bist, hast du deine Seele weggeschickt. Er schlief sanft ein. »Hans, du mit deinem Kaschmirschal«, sagte ich zu ihm. Der hatte natürlich eine höhere Bedeutung. Josefstadt – das war der Kaschmirschal. Er liebte die Josefstadt so sehr – oder vielleicht zu sehr? Manchmal hatte ich das Gefühl, er kam aus einer anderen Zeit. Weil er die Josefstadt und das, was man mit ihr verbindet, so liebte.

*

Die Zeit mit PETER TURRINI mochte ich sehr gern, wir spielten in den 1980er-Jahren in den Gemeindehöfen. In den Außenbezirken geht es etwas rustikaler zu, die Toiletten sind nicht immer zu benutzen, also geht man mitunter einfach ins Grüne. Peter

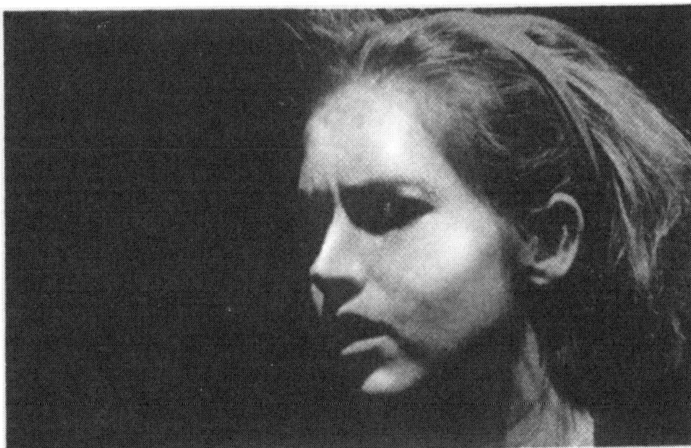

Anne Tismer in „Kindsmord" (Bild: Programmheft)

## Die Entdeckung eines großen Talents

Von Johann Wohlgemuth

**Recklinghausen.** Das Depot in Recklinghausen ist zu einer Arenabühne umgebaut worden. Zu drei Seiten sitzen die Zuschauer, an der vierten befindet sich nun der von Gertrud Auer gebaute Spielraum: Eine weiße Wand auf die flüchtig eine Zeichnung geworfen ist, in einigem Abstand davon eine aufgehängte durchsichtige Wand. Gleichsam ein Gefängnis, in das jeder hineinschauen kann. Hier bewegt sich „Sie", wie Peter Turrine seine Hauptfigur in dem Einakter „Kindsmord" benannt hat.

„Sie" hat zehn Tage nach der Geburt in Kind getötet. Ihrer wartet der Prozeß. Sehr selten hört man aus den Zuschauerreihen hervor die Stimme des Richters, auch der Vater und der Freund melden sich hin und wieder zu Wort. Dies ändert jedoch kaum etwas daran, daß die Zuschauer mit einem fast reinen Monologstück konfrontiert werde. Turrini hat es 1972 geschrieben, was ihm damals den Vorwurf einbrachte, er würde sich „mit dieser literarischen Sympathieerklärung in die frauenbewegung sozusagen einschleichen und davon ablenken, daß ich selbst ein Mann bin und damit ein Mitbeschuldigter", so der Autor heute.

Sympathieerklärung? Dies ist es ohne Zweifel. Turrini fächert auf, wie diese kaum dem Mädchenalter entwachsene Frau durch ihre Eltern und hauptsächlich den Vater („wenn du nicht tust, was wir wollen, haben wir dich nicht mehr lieb") ihrer Identität beraubt wird. Denn „Sie" möchte immer geliebt werden, möchte sein wie die anderen, nie sie selbst, immer angepaßt. Auch die Flucht zu einem Freund, von dem sie das Kind bekommt, ist weiterer Indentitätsraub. Er („versteht viel von Psychologie") zerredet auftretende Probleme, weiß immer eine rationale Antwort, aber nie eine, die befriedigen kann.

Der Mord an dem Kind und die Selbstmordversuche sind weniger Ausdruck von Gewalt, sondern mehr Zeichen der Hilflosigkeit, Versuche einer Befreiung durch die Tat, vielleicht auch der Versuch, daß Kind vor einem Schicksal zu bewahren, das „Ihr" beschert worden ist.

Die Entdeckung des Abends anläßlich der österreichischen Kulturtage in Recklinghausen war jedoch die Darstellerin Anne Tismer, die sich die Rolle für eine Produktion des „Theaters Drachengasse 2" ausgesucht hat. Es ist ihre erste Rolle – und fast will man es nicht glauben. Selten habe ich eine solche Begabung gesehen. Da stimmt heute schon alles: Die Sprechkultur, die den meisten Anfängern abgeht, die Sparsamkeit der Mittel, mit denen sie eine Figur aufbaut und die Wahrhaftigkeit, mit der sie Gefühle ausdrücken kann. Sicherlich hat die große Schauspielerin Ernie Mangold als Regisseurin durch ihre Zurückhaltung maßgeblich daran mitgewirkt, aber ohne dieses Talent wäre ein solch stimmiger Theaterabend nicht möglich gewesen.

*Anne Tismer, meine erfolgreiche Schülerin*

machte mir die Wischerlmauer, er deckte alles von mir ab, weil er ja schon immer ziemlich voluminös war.

Peter ist ein hervorragender Schauspieler, kaum ein Schriftsteller kann seine eigenen Stücke so hervorragend lesen wie er.

Du bist von Anfang bis zum Ende völlig gespannt, so etwas ist sehr selten.

Ich inszenierte ein Stück von ihm, *Kindsmord*, im »Theater Drachengasse 2«, mit Anne Tismer, einer meiner Schülerinnen, die später in Deutschland, u. a. an der Berliner Schaubühne am Lehniner Platz und an den Münchner Kammerspielen sehr erfolgreich wurde. Das Bühnenbild stammte von Gertraud Auer, die später zum Kreisky-Forum ging. Es bestand aus einem imposanten Glasfenster, Peter war ganz glücklich. Die Kritiker schrieben, dass Turrinis Sprache durch Tismers Interpretation und Auers Bühnenbild eine Aufmerksamkeit bekam, die sie in der Intensität davor noch nicht hatte. Wir freuten uns und waren stolz.

Peter wohnt wie ich im Waldviertel, in Retz, nicht weit von mir, aber wie das im Leben so ist, läuft jeder einen anderen Weg. Wir hatten eine enge Beziehung, er schätzte mich, ich ihn.

Peter schrieb ein Stück für mich, *Tod und Teufel*, das ich allerdings nie spielen konnte. Es wurde am Burgtheater uraufgeführt und verursachte eine ziemliche Aufregung. Es ging um Onanie und ganz wilde Sachen. Die Hauptfigur – also ich – war eine Schwerstalkoholikerin. Die Leute vom Burgtheater bildeten sich allerdings ein, diese Person müsse dick sein und nicht dünn wie ich. »Alkoholikerinnen sind dick«, sagten sie, und damit war die Sache erledigt.

Susi Nicoletti tröstete mich nach der Premiere: »Sei froh, dass du das nicht spielen musstest. Stell dir vor, du hättest auf der Bühne einem einen blasen müssen!«

Peter hatte es mir gewidmet, sicher hätte ich es gespielt.

# III.

# Rundum

# »Ernerl, mach das Fassl auf!« – Lob des Landlebens

Ich liebe Bäume. Als Mädchen ging ich durch den Wald, träumte vor mich hin, streichelte die Bäume, flirtete mit ihnen, küsste sie, spielte mit ihnen Liebesszenen. Das hatte ich von meinem Vater, er liebte Bäume wie ich. Noch heute macht es mich traurig, wenn ein Baum gefällt wird. Nach meinem Tod wäre ich gern eine Hainbuche. Ich mag hängende Weiden, aber so traurig bin ich nicht. Ich mag Birken, aber eine Birke, weiß, zart, fein, bin ich nicht. Vermutlich werde ich eher eine Fliege, was mir weniger gut gefällt. Eine Spinne wäre ich lieber. Ich mag Spinnen. Fast so gern wie Bäume.

Als Kind wollte ich Bäuerin werden. Mein Onkel hatte ein Wirtshaus mit einer Landwirtschaft in Altlengbach in Niederösterreich. Mit 14 verbrachte ich die Ferien bei ihm, weil ich einen Lungenspitzenkatarrh hatte und an die frische Luft sollte. Den Onkel kümmerte meine Krankheit nicht sonderlich, er packte mich und ließ mich arbeiten. Ich fand das okay und half tüchtig mit, weil ich Kraft und Energie im Überschuss hatte.

Der Penzinger Schmied war in Wien in der Penzinger Hauptstraße, ein Ururonkel, und weil ich so stark war, sagte der Papa: »Erni, du bist der Penzinger Schmied.«

Meine Kräfte beeindruckten ihn. Als ich zehn war, trug ich ihn Huckepack: »Papa, komm, ich zeig dir, was ich kann, los, komm schon!« Er hatte bestimmt 80 Kilo, ich lud ihn auf meinen Buckel wie nichts.

In dieser Zeit aß ich wahrscheinlich mehr als der Penzinger Schmied, drei Gulasch am Abend. Mein Vater war stolz auf meine Kräfte und meinen Appetit: »Meine Tochter ist einmalig!«, strahlte er.

Als Penzinger Schmied spielte ich mit Männern Hakelziehen, ruinierte dadurch meine Sehnen, was ein gewisser Nachteil war, aber ich gewann für gewöhnlich. Beim Onkel fuhr ich hinaus aufs Feld, erntete Erdäpfel, schaufelte Mist. Im Wirtshaus servierte ich Riesentabletts mit schweren Porzellantassen.

Mein Onkel war begeistert, obwohl einiges schiefging. Einmal servierte ich Grießkoch, wupps fiel es hinunter und mir auf die Füße. Ich schrie vor Schmerz und lief hinaus, zum Brunnen, um meine Haxen zu kühlen. Ein anderes Mal stapelte ich Gläser ineinander, um sie leichter tragen zu können. Nicht sehr gescheit, denn die Gläser keilten sich ineinander fest und waren nicht mehr auseinanderzubringen. Ich trug sie heimlich in den Keller, stieg drauf und vergrub die Scherben im Erdboden. Onkel wunderte sich, aber auf die Schliche kam er mir nicht, dass ich die Gläser übereinanderstülpte.

Es hätte ihm nicht gefallen, denn er war überaus genau: »Amerikanisch darfst nicht servieren, Ernerl«, sagte er. Warum er amerikanisch sagte, verstehe ich bis heute nicht. Die Amerikaner waren ja zu diesem Zeitpunkt noch ganz weit weg. Aber so nannte er es, wenn zu viel im Glas war. »Du musst immer schauen, dass es am Strich ist, nicht drüber, und wenn du drüber bist, musst du runtertrinken.«

Ich tat, wie mir aufgetragen wurde und machte brav kleine Schlücklein. Ich kam gar nicht auf die Idee, dass es Alkohol ist. Naja, muss man halt trinken, ist nichts dabei, dachte ich. Ich nehme an, es war dünner Wein, denn ich spürte nie etwas. Trotzdem vertrug ich früh eine ganze Menge Alkohol.

Ich liebte die Arbeit. Schon daheim in Großweikersdorf erlebte ich voller Aufregung, wie Kälblein geboren wurden. Ich hatte keine Angst vor bissigen Gänsen, das Heu machte mich an, die Milch von den Kühen – ich lag oft unter der Kuh und pumpte die Milch direkt in meinen Mund. Ich mochte das alles, sogar die dummen Scherze, die mein Onkel mit mir machte. Wir führten Mist aus, am Wagen sagte mein Onkel: »Ernerl, mach einmal das Fassl auf!« Wumm! Der ganze Dreck klatschte mir ins Gesicht, und mein Onkel lachte sich schief.

»Komm, hol den Stier raus«, sagte Onkel im Frühjahr. Natürlich wusste er, was passiert. Der Stier kam ins Freie, ich hielt ihn am Seil, und das Viech ging mit mir durch, die ganze Wiese hinunter, so lange, bis ich nicht mehr konnte und ihn ausließ. Alle lachten: »Ja, die sind wild, wenn sie das erste Mal im Jahr ins Freie dürfen.«

»Und warum sagt mir das keiner?«

»Ja, das wirst du schon lernen.«

In meiner Schürze bekam eine Katze ihre Jungen. Ich trug die Katze vom Dach und legte die Schürze unter, sie machte es sich gemütlich und bekam ihre Kleinen darauf. Und weil das eine so enge Verbindung war, brachte sie mir die Kleinen dann ein paar Tage später ins Bett. Da war ich ein bisschen verzweifelt, aber sie wollte mir eben nahe sein.

Dass in meinen Adern das Blut von Landwirten fließt, ist kein Zufall. Meine Familie väterlicherseits bestand aus Individualisten, aus Denkern und Künstlern. Alle waren sie ein bisschen intellektuell, allerdings auch ziemlich jähzornig. Mein Vater konnte schrecklich wüten. Sein Vater, der Bildhauer, war gefürchtet für seine Wutausbrüche. Wenn ihm beim Einkaufen etwas nicht passte, schmiss er gleich am Markt die Standl um. Ich kann ebenfalls ziemlich böse werden, aber ich bin nicht jähzornig. Es steigt mir auf, und kurz danach ist es vorbei. Vermutlich ein Ergebnis der gezielten Heiratspolitik meines Vaters.

Er bildete sich ein, er müsse eine Frau vom Land heiraten, die gesund ist und eine bodenständige Qualität in das Geschlecht der Goldmanns einbringt. Andernfalls, so fürchtete er, bekäme er eine Tochter, die wie seine Vorfahren völlig überdrüber ist und sich im Alltag nicht zurechtfindet. Mein Vater wollte immer eine Tochter, und er rechnete sich aus, dass in der Konstellation mit meiner Weinviertler Mutter ein gesundes Kind heranwachsen könnte. Er schaffte es tatsächlich, denn ich erbte sowohl das Künstlerische als auch das Bodenständige. Wobei ich erdverbundener bin, als es meine Mutter je war, denn sie liebte das Stadtleben über alles. Ich genoss die Stadt als Jugendliche lange Jahre. Heute habe ich von ihr genug. Die Stadt fehlt mir null.

*

Ich wohne am Prof. Erni Mangold Weg. Das kam so: Das Land Wien überreichte mir 2006 das Goldene Ehrenzeichen, ein großer goldener Stern, sehr schön. Davon erfuhr offenbar der Bürgermeister von St. Leonhard und dachte sich: Wenn die Frau

Mangold von Wien einen Orden kriegt, möchten wir ihr auch etwas geben. In der Zwischenzeit kam das Goldene Ehrenzeichen aus Niederösterreich dazu, was den Bürgermeister umso mehr anspornte, und so hatte er die Idee mit dem Straßennamen.

Zu meinem 80. Geburtstag bestellten mich die Leonharder zur Kreuzung an der Straße, die bis dahin keinen Namen hatte, und zeigten mir das Schild. Eine wunderbare Überraschung. Ich bin stolz auf meine Auszeichnungen, aber das war für mich das schönste Geschenk. Einen eigenen Straßennamen kriegt man ja für gewöhnlich nur posthum.

Das Haus fand ich über eine Annonce. »Super-Bauernhaus«, stand da wenig verlockend.

Meine Studenten machten mich darauf aufmerksam: »Erni, du musst dir das anschauen!«

Ich war nicht sonderlich begeistert: »Waldviertel? Das kenn ich, da bin ich aufgewachsen. Interessiert mich überhaupt nicht.«

Sie ließen nicht locker: »Schau es dir an, es ist so schön. Fahr doch hin!«

Also gut, ich rief den Makler an und vereinbarte einen Besichtigungstermin. Er nahm drei weitere Interessenten mit, wir fuhren in einer Kolonne hinauf nach Gars, sechs Kilometer weiter, wir waren da. Die Leute stürmten hinein, um sich alles anzusehen, in welchem Zustand die Räume sind, was von den Einrichtungsgegenständen zurückbleibt. Das alles interessierte mich überhaupt nicht. Ich stand vor dem Haus und wusste: Das ist meins, und nach fünf Minuten sagte ich: »Ich nehm's.« Der Makler führte die Leute zum Schein noch eine Stunde herum, beantwortete Fragen, aber ich hatte das Haus. Ich wusste anfangs nicht, wie ich es bezahlen sollte, aber ich kratzte alles zusammen, und so schaffte ich es.

Ich fühlte mich sofort zu Hause. Die Leute verstand ich besser als die maulfaulen Oberösterreicher am Irrsee. Der Garser Dialekt ist derb, aber er bereitete mir keine Schwierigkeiten. In der Nähe gibt es ein Gasthaus, die »Schwarze Res'«, wo ich hingehen, ein Glas trinken und plaudern kann. Das Gasthaus wurde 1903 erbaut, die Res' übernahm es 1952 von ihrer Mama. Nach ihrem Tod 2010 übernahm es ihre Tochter Gerti und führt es weiter.

Als die St. Leonharder merkten, dass ich keine Gasthausfremde bin, war ich schnell aufgenommen. Ich ging regelmäßig alleine in mein Stammwirtshaus. Anfang der Achtzigerjahre war das noch unüblich, es schickte sich für eine Frau nicht, ohne Mann in öffentlichen Lokalen aufzutauchen. Ich saß nie am Tisch, weil ich lieber an der Budel stand, irgendwann half ich, die Tische abzuräumen, und wenn die Männer am Stammtisch frech waren, wusste ich die richtige Antwort. So blieb es bis heute: Wenn ich meinen Mund aufmach, sind alle still.

Mit der Zeit wuchs ich den Leonhardern ans Herz und sie mir auch. Es gibt einen Fanclub mit 20 Leuten, die seit 15 Jahren zu allen meinen Stücken fahren. Sie waren dabei, als ich Kammerschauspielerin wurde, und ich war dabei, als sie die höchste Leiter bauten und ins *Buch der Rekorde* kamen. Im Saal bei der Res' probten Toni Böhm und ich knapp nach meiner Hüftoperation für das Stück *Sechs Tanzstunden in sechs Wochen*. Ich konnte nicht nach Wien fahren, also verlegten wir die Probebühne kurzerhand ins Wirtshaus.

Die Gerti und mich, uns verbindet eine Herzlichkeit, die nicht übertrieben ist. Alles andere wäre undenkbar, denn ich mag falsche Freundlichkeit nicht. Wenn es zu viel wird, zu übertrieben ist, zu viel Honig im Spiel, nehme ich Reißaus.

Mein Verhältnis zu Besitz: Ich hatte keines, bis ich in mein geliebtes Haus zog. Ich schätzte Eigentum nie so hoch und heilig, am ehesten bedeuteten mir Bücher und Schallplatten etwas. Heute bin ich stolz, dass ich mir dieses kleine Häuschen geschaffen habe. Weil das mein Heim ist, wo ich meine Zuhause gefunden habe. Es ist nicht so wie bei Thomas Bernhard, der immer auf Straßen zu Hause war und sich, wenn er daheim ankam, sofort wieder auf die Straße zurückwünschte, und wenn er auf der Straße war, nichts anderes wollte als heimzukommen. Ich fahre weg und freue mich darauf, wieder zurückzukommen. Daheim bin ich zufrieden. Vielleicht wäre meine Sehnsucht nicht so groß, wenn ich nicht ständig unterwegs wäre.

Besitz zu haben, erschien mir schrecklich. Ein Haus, um Gottes willen, wer braucht das schon? Leisten hätte ich es mir ohnehin nicht können. Was ist schon Besitz? Wir waren geprägt vom Krieg. Die Devise war: Nur nichts haben, nur nichts besitzen. Jedes Haben ist Belastung. Dann ist es weg, und uns geht es wie unseren Eltern, die völlig verzweifelt waren, weil sie alles verloren hatten. Wir sahen, wie sie an ihren Sachen hingen, und dachten: Nur nichts besitzen, denn das bringt Verzweiflung.

Wir alle waren so. Helmut kaufte sich einmal einen Grund bei einem Gasthaus im Burgenland: Ein Grund, eine Wiese, er hätte nie ein Haus darauf gebaut. Einen Swimmingpool ließ er sich machen, aber kein Haus. Das war das höchste der Gefühle an Besitz. Er war strikt dagegen. Nicht zufällig lebte er im

Gemeindebau. Später bezog er eine schöne Wohnung – in Miete.

Als wir während meiner Ehe das Wochenendhaus am Irrsee hatten, hatte ich nie das Gefühl, es gehört mir. Dieses »Das ist meins« fand ich erst mit 60.

Würde mir jemand dieses Haus wegnehmen, wäre ich sehr traurig. Ich würde die Gegend nicht verlassen, sondern schauen, ob ich nicht doch hier irgendwo anders unterkommen könnte. Besitz trägt das Risiko in sich, dass man ihn verliert. Ich begann erst spät damit, als ich sicher war, es mir leisten zu können.

Am Ende deines Lebens ist es ein gutes Gefühl, dich zurückziehen zu können, an einen Ort, den du dir selbst geschaffen hast. Mein Haus ist kein Palais, nicht überdrüber, in einem Rahmen, der mir behagt und entspricht. Ich würde in einer größeren oder prunkvolleren Hütte nicht leben wollen. Mit Bescheidenheit hat das allerdings nichts zu tun.

Ich habe keine liebsten Gegenstände in meinem Haus. Es ändert sich ständig, ich bekomme Geschenke, die ich rundherum aufstelle. Dann betrachte ich meinen Vater, der mir auf Bildern entgegenblickt. Über dem Türstock meines Wohnzimmers hängen Geweihe. Ich habe sie gern, weil sie von meiner Nachbarin sind, Krüpperln, verkrüppelte Geweihe von Rehböcken, die hier geschossen wurden.

Im Wohnzimmer hängt ein Biedermeierluster von meiner Mutter, klar habe ich den nicht weggeschmissen. Ich finde ihn lieb, kaufen würde ich mir so etwas nie.

Meine neueste Erwerbung ist eine Holzkugel. Ich liebe diesen Klotz, den ich vom letzten Dreh in München mitbrachte.

Ein Filmmensch zeigte mir die Kugel, ein Objekt mit zirka 30 Zentimeter Durchmesser, ein Requisit beim Film. Ich zahlte 200 Euro dafür, sie liegt in meinem Wohnzimmer.

Für Schmuck würde ich nie so viel ausgeben. Ich kaufe keinen Schmuck. Nie, nicht ein einziges Stück.

Der einzige Klunker, den ich habe, hängt um meinen Hals, mein ehemaliger Ehering, den ich bei einem Goldschmied selbst presste. Es war ein ziemlich dicker Ring, und so wurde ein hübsches Medaillon daraus. Goldketterl trug ich immer, aber das ist alles.

Ich fühle mich sauwohl, wenn ich alleine bin. Das Waldviertel ist mein Refugium. Mein Kraftreservoir, hier tanke ich auf. Diese ehemalige Meerlandschaft, diese Hügel nehmen mich völlig gefangen, der Himmel über dem Hornerwald ist einer der schönsten auf der ganzen Welt. Ich finde alles hier entspannend. Die Leute sind offen, natürlich, zugänglich und haben einen harten Schädel – so wie ich.

Das Beste am Waldviertel ist, dass die Leute sich nicht besuchen. Diese Besucherei, wie sie in Oberösterreich gepflegt wird, gibt es hier nicht. Macht man nicht, sehr angenehm. Es ist für mich die größte Entspannung und Freiheit, die ich mir immer gewünscht habe. Ich habe hier mein großes Glück gefunden, für meinen Körper und für meinen Kopf.

# Die Wassertrinkerin

Zu Wasser habe ich seit jeher eine besondere Beziehung. Es ist mein Element, in ihm bin ich zu Hause. Ich achte darauf, dass ich es ständig in irgendeiner Form um mich habe.

Diese feste Bindung zum Wasser stammt aus frühester Kindheit. Mein Vater warf mich als Baby ins Planschbecken. Ich war ein Jahr alt, konnte nicht schwimmen, und weil ich mehrheitlich unter Wasser war, setzten meine Eltern mir eine rote Badehaube auf. Wer immer mit mir ins Wasser ging, musste nur nach der roten Badehaube schauen und wusste, wie weit oberhalb oder unterhalb ich planschte. Meine Mutter nahm es gelassen hin: »Oh, da sitzt sie!«, rief sie, wenn ich wieder irgendwo grundelte. Mein Vater holte mich nach oben, und das Spiel begann von Neuem. Nur einmal ließen sie mich aus den Augen, und das ging fast böse aus.

Ich war ungefähr vier. Wir waren im Schwimmbad in Großweikersdorf. Mein Vater verschwand mit meiner Mutter in der Badekabine, um sich ein Schäferstündchen zu gönnen. Papa war schwerer Romantiker und machte fürs Leben gern Liebe, sagte die Mama.

Der Witz war der, dass er vor mir immer sein Klagelied angestimmt hatte: »Ja, warum ist das so mit der Liebe? Sie ist nicht da! Und warum verliert man sie? Die große Liebe?« Nun ja, vielleicht hatte er nicht so unrecht, dass es mit der Liebe halt nicht so ist im Leben, aber das ist ein anderes Thema.

Zurück zur Badekabine: Der Vater ging also ans Werk, und Mutter sagte: »Du, das Kind steht draußen, wir müssen Acht geben.« – »Ja, ja, schon recht.«

Natürlich gaben sie nicht Acht. Ich stand draußen, wartete, wartete, sie kamen nicht raus. Mir wurde langweilig, ich ging zum Beckenrand, beugte ich mich vor, ein wenig mehr, noch ein wenig mehr und – platsch! – lag ich im Wasser. Ich wäre fast ertrunken. Meine Mutter machte meinem Vater schwere Vorwürfe.

Mit 14 wäre ich ein weiteres Mal fast ertrunken, diesmal in der Donau. Ich besuchte in den Sommerferien meine Tante. Sie hatte einen Sohn, wir gingen zum Fluss und schwammen. Aufregend und schön. Eines Tages meinte der Bursch: »Du, ich weiß was. Hängen wir uns an ein Schiff an und fahren ein Stück mit.«

Großartige Idee, ich war natürlich sofort dabei.

Das Schiff kam, der Bursch war flink, hielt sich fest und rief mir zu: »Komm, schnell!«

Ich erwischte den Kahn rechtzeitig, hielt mich an, konnte mich aber nicht festhalten und rutschte mit meinen Armen den ganzen Bootsrand entlang. Ich ging unter, schluckte ungeheuer viel und bekam keine Luft. Ich erinnere mich, dass ich durch das Wasser sah und dachte: Naja, eigentlich ein schöner Tod. Da kam er, rettete mich und brachte mich an Land.

Wir saßen lange am Ufer, denn er musste 20 bis 30 Späne aus meinen Armen herausholen. Es änderte nichts, Schwimmen und Tauchen blieben für mich zeit meines Lebens die Nummer eins. Ich war happy, wenn ich fünfzig Meter durchtauchen konnte. Heute schaffe ich ohne Übung 20 Meter wie nichts.

Ich mochte den Irrsee, er bestand nur aus Regenwasser und war zum Schwimmen ganz fein, obwohl ich drei Mal, jeden Sommer, schwerste Darminfektionen mit Fieber bekam. Nichts Ungewöhnliches offenbar, wie Heini Schweiger wusste: »Du brauchst dir keine Sorgen zu machen, beim dritten Mal ist es vorbei.«

So war es auch. Ich überquerte den Wörthersee in der Breite, das war ganz schön weit, eine Stunde dauerte das. Ich ruhte mich ein bisschen aus, dann schwamm ich zurück. Es gab für mich keine Schwierigkeiten mit Entfernungen. Ich sah mir das Ufer an und konnte einschätzen, ob das zu packen war, und wenn ich dachte, es ging, schwamm ich einfach los.

1953 machte ich mit einem Freund auf seiner Lambretta eine Italienrundreise. Wir flitzten in kurzen Hosen durch die Abruzzen, dass den Italienern die Augen aus dem Kopf fielen. In Rom wohnten wir in einem Puff, weil wir uns nicht mehr leisten konnten. Es war alles wie ein Traum. Der Tourismus steckte noch in den Kinderschuhen, und wo wir auch hinkamen, waren die Bewohner völlig aus dem Häuschen und feierten mit uns Fremden regelmäßig bis spät in die Nacht. Ein eigenartiges Abenteuer.

Als ich das Meer das erste Mal sah, war ich hingerissen. Sizilien liebte ich über alles und fuhr mehrmals hin. Die Sizilianer sind mir lieber als die Festlanditaliener. Sie sind anders, stolzer. Du wirst von den Männern nicht begafft, Paparazzi gibt's da nicht. In den Fünfzigerjahren bot mir Hans Hass an, mit ihm ans Schwarze Meer zu fahren. Das war eine schwere Entscheidung. Ich war noch an der Josefstadt und hätte alles aufgeben müssen.

Wenn ich tauche, dann ohne Schnorchel. Keine Brille, nichts. Ich schwimme im Meer mit offenen Augen, habe überhaupt keine Schwierigkeiten mit Salz in den Augen, das macht mir gar nichts. Ich liebe Wasser und denke, dass die Ursprünge meiner Gesundheit darin liegen. Wieder war es mein Vater, der mir dieses Bewusstsein beibrachte.

»Ernerl, du musst auf deinen Körper achten«, sagte er. »Du hast ihn nur geborgt, er gehört nicht dir.«

Dieses »Geborgte« trichterte er mir ein, und das blieb hängen.

Ich trinke aus einer blauen Halbliterflasche aus einwandfreiem Plastik, das keine Giftstoffe ins Wasser freigibt.

Wer viel Wasser trinkt, wird nicht müde. Meine Gewohnheit hat sich herumgesprochen. Viele meiner Kolleginnen und Kollegen haben sie übernommen, weil sie merkten, dass ich selbst nach acht Stunden Arbeit hellwach bin. Wasser ist meine Energiequelle. Seit 20 Jahren trinke ich zweieinhalb bis drei Liter Wasser täglich, kein Mineral, kein Sprudel. Ich liebe das Wiener Wasser und bin immer unglücklich, wenn ich anderswo auf die schrecklichen Plastikflaschen angewiesen bin.

Der Grund, warum ich das Waldviertel so liebe, hat mit Wasser zu tun, denn vor Millionen von Jahren war hier Meer. Das zog mich an. Hier ist das Wasser nicht trinkbar, weil nach dem Krieg stark gedüngt wurde und sie sich den eigenen Boden versauten. Wir haben einen felsigen Boden und keinen Kieseluntergrund. Kiesel säubert Wasser, Fels nicht.

Daher lasse ich mir welches liefern, alle vier Wochen stellt mir der Lieferant Fässer ein. Überall, wo ich hinkomme, nehme ich meine blaue Trinkflasche mit. Diejenigen, die das nicht kennen, schauen mich meistens viereckig an. Das geht so weit, dass mich einmal ein Kollege gefragt hat, ob ich in diese Flasche Pipi mache. Ich empfand das als Frechheit – und musste trotzdem lachen.

# Fitness für Fortgeschrittene, Ski, Fußball und andere Suchtgefahren

Eine Rezeptur fürs Altwerden? Gibt es nicht. »Man muss sich damit abfinden, ob man will oder nicht«, sagt Margarete Mitscherlich. Kluge Frau.

Es hilft, achtsam mit sich umzugehen. Zunächst ist es wichtig, nicht jeden Mist zu essen, sich mehr von den guten Dingen zu ernähren, die wir in Österreich haben. Ich versuchte, nie Mist zu essen, selbst wenn ich kein Geld hatte. Gut, nach dem Krieg aß ich Mist, weil ich froh war, wenn es überhaupt etwas zu essen gab. Nach einer durchtanzten Nacht verdrückte ich einen halben Meter Burenwurst und fand das ganz toll. Ich holte mir damit Energie, denn ich tanzte fünf Stunden Walzer durch und verbrauchte dabei mindestens 20 Männer an einem Abend. Die meisten konnten nach einem Tanz schon nicht mehr. Ich lief los und suchte mir den nächsten, bis ich selbst nicht mehr konnte und schließlich zur Burenwurst griff. Als junger Mensch konnte ich so einen Fraß gut verarbeiten, später ließ ich solche Blödheiten bleiben.

Heute esse ich vier bis fünf Mal am Tag, allerdings kleine Portionen. Wenn ich nach einer Vorstellung heimkomme, habe ich manchmal Lust, den Kühlschrank zu plündern, das erlaube ich mir hin und wieder. Fett lasse ich weg, außer Rahm und pflanzliches Öl. Fleisch gibt es, wenn ich viel Leistung bringen muss. Dann bevorzuge ich Beefsteak, medium. Sonst schneide ich mir vielleicht ein Radl Wurst in der Früh runter, mehr nicht. Wenn es dieses oder jenes Gemüse im Winter nicht gibt, lässt man es Gott behüte weg. Und wenn ich mit vier Käsesorten glücklich bin, brauche ich nicht 97. Ich esse Brot, Gemüse, Fisch, manchmal nur kalte Speisen. Als ich jung war, aß ich überhaupt nie warm. Es schadete mir nicht.

Genuss in Maßen ist das eine. Weiters ist entscheidend, beweglich zu bleiben. Ich sitze nicht gerne, bin eine Steherin und Geherin. Und ich bin schnell. Immer gewesen.

Bewegung, damit meine ich nicht hatschen, spazieren, in der Landschaft stehen und schauen, sondern schnell und lange gehen, so lange wie möglich. Nordic Walking ist sicher sehr gut, ich mag es nicht, weil ich es nicht brauche. Ich gehe auch ohne Stöcke schnell.

Mir war ohnehin immer das Schwimmen lieber. In Gars bei Willi Dungl schwamm ich 50 Längen im 13-Meter-Becken und brauchte dafür nicht länger als 20 Minuten. Als ich merkte, dass das Schwimmen zu wenige Muskeln aufbaut, begann ich mit dem Turnen. Ein natürlicher Prozess: Wenn das Schnellgehen zu schwer wird, fehlt es an Muskelkraft. Dann wird es Zeit für die Hanteln.

Ein Heilpraktiker stellte mir ein Programm für Rücken, Schenkel, Wadeln und Arme zusammen. Ich begann klein, mit einer fünf Kilo schweren Scheibe, mit der ich Rücken und Beine stärkte, und zwei Einkilohanteln für die Arme. Heute bin ich bei zehn und drei Kilo, dabei wird es bleiben. Mein Programm:

1. Ich stehe gerade, nehme die Zehnkiloscheibe mit beiden Händen zur Brust und setze abwechselnd links und rechts einen Ausfallschritt, 20 Mal, kurze Pause, 20 Mal, kurze Pause, wieder 20 Mal. Pause.
2. Ich steige an der Sprossenwand auf die erste Sprosse und stelle mich mit dem anderen Bein auf die Zehenspitzen, ebenfalls 60 Mal. Pause.
3. Mit der Scheibe gehe ich in die Knie, als würde ich mich aufs Klo setzen, und wieder hoch, als würde ich aufstehen, 60 Mal. Pause.
4. Grätsche, in die Knie gehen, Oberkörper gerade, mit zehn Kilo in den Armen, 60 Mal. Pause.
5. Ich lege mich auf den Bauch, darunter schiebe ich mir einen harten Polster. Ich winkle mein Bein ab und hebe es zirka 20 Zentimeter in die Höhe, mit jedem Bein 50 Mal, das ist gut für den Popo. Pause.
6. Ich lege mich auf den Rücken, liege auf einem niedrigen Hocker mit einem Polster, sodass ich mit den Armen weiter hinunter kann. Ich hebe die Hanteln hoch. Je 30 Mal. Pause.
7. Noch immer Rückenlage, die Hanteln halte ich in den Armen und ziehe sie mit abgewinkelten Armen nach oben wie ein Vogel, der seine Flügeln spannt, 60 Mal. Pause.
8. Ich setze die Hanteln hinter dem Kopf ab und ziehe sie nach oben, 60 Mal.

Das war's. Zweimal pro Woche, je eine Stunde.

Ich war immer sportlich. Bewegung ist mir wichtig, immer gewesen. Als Mädchen liebte ich Pferde und das Reiten, ich schwamm, fuhr Rad. Ein eigenes Kapitel ist meine Karriere als

Skifahrerin. Ich begann nach dem Krieg, mit Ernstl Haas am Arlberg. Wir fuhren mit der Gondel hinauf und sollten nach St. Anton ins Tal hinunter. Es war die zweite Abfahrt meines Lebens, ein bisschen mulmig war mir schon.

»Heast, das ist mein zweiter Skitag, Ernstl. Vielleicht ist das nicht so gescheit?«, jammerte ich.

Doch der Ernstl, ahnungslos und lieb wie er war, meinte, ich solle das nicht so eng sehen, runter seien immer noch alle gekommen. Ich musste ihm recht geben.

Die Abfahrt wurde natürlich eine Katastrophe.

Ich stürzte schätzungsweise 197 Mal. Damals war das so eine Kotze, diese langen Ski. Die Schuhe störten mich sehr, das war alles furchtbar umständlich.

Ernstl war ein guter Skifahrer. Aber da riss er einen Stern, der nicht ohne war. Er schlug einen Salto – und landete stehend auf den Skiern! Nicht schlecht. Das brachte ich nie zusammen. Ich landete immer auf dem Hintern.

Und weil es so lustig war, musste ich Kitzbühel ausprobieren. Dort stürzte ich nur noch 170 Mal. Ich war 19 Jahre, hatte Kräfte wie ein Pferd, aber unten war ich am Ende. Alle lachten: »Habt's g'sehn: Die Ski fahrende Erni!«

Ich hätte gute Anlagen gehabt: Man bewunderte meine Furchtlosigkeit. Der Skilehrer meinte, mit meinen X-Haxen könnte ich sicherlich eine gute Skifahrerin sein: »Und weil Sie so mutig sind und immer ganz oben anfangen, würden Sie es sehr schnell lernen.«

Ich fürchtete mich überhaupt nicht. Das wurde mir in meinem Leben oft genug zum Verhängnis. Gehirnerschütterungen hatte ich in meinem Leben so viele, dass ich sie nicht mehr zählen kann. Helmut wunderte sich: »Sag, musst du dir immer den Kopf anhauen? Das ist ja furchtbar!«

Immer, immer donnerte ich auf den Kopf. Ich fiel vom Pferd: Gehirnerschütterung. Ich saß am Esel im *Vogelhändler*, die Szene war im Kasten, das Vieh trottete weiter nach dem Motto »Jetzt ist es eh schon wurscht« und warf mich ab: Gehirnerschütterung. Mit der Lambretta krachte ich in ein stehendes Auto: Gehirnerschütterung. Im Theater haute ich mir den Schädel an: Gehirnerschütterung. Karajans damalige Frau, Anita Gütermann, fuhr mich ins Spital. Der Arzt warnte: »Noch einmal sollten Sie sich den Kopf nicht anhauen. Ich kann Ihnen nicht garantieren, dass er beim nächsten Mal ganz bleibt.«

Aber es nützte nichts. Zuletzt donnerte ich vor der Aufführung von *Altweiberfrühling* gegen eine Glastüre in einem Geschäft. Die Verkäuferinnen staunten über meinen harten Schädel.

Später fuhr ich noch ein einziges Mal Ski, weil ich für eine Filmaufnahme den Berg hinunter sollte.

»Fahren Sie Ski?«, fragte mich der Regisseur.

»Links kann ich nicht bremsen«, sagte ich. Ich hatte die Rolle.

Der Film hieß *Lügen haben hübsche Beine*. Die folgenden 14 Tage fuhr ich rechts bremsend.

Die richtige Technik erlernte ich nie mehr, weil ich von Berufs wegen nicht durfte. Die Verträge verbieten das Skifahren, da geht gar nichts.

*

Zu den Skilegenden hatte ich keinen Kontakt, aber ich kannte alle Fußballer, die in den Fünfzigern einen Namen hatten, denn ich hatte eine Karriere als passive Sportlerin. Ich war fanatischer Fußballfan, eine treue Rapidlerin.

Als Sozialdemokratin war das eine selbstverständliche Pflicht. Ich unterzog mich ihr gerne, selbst als ich von den unrühmlichen politischen Machenschaften während der Nazizeit erfuhr, war ich an den Wochenenden in Hütteldorf. Ich ärgerte mich, aber im Grunde war es mir egal.

Heute gilt als bewiesen, dass sie gar nicht so böse waren und den Hitlergruß auf dem berühmten Foto wahrscheinlich machen mussten. In der Zwischenzeit sind zig Jahre vergangen. Es war so und aus.

Hamburg in den Sechzigerjahren liebte ich, weil es die ganz, ganz große Zeit von HSV und Uwe Seeler war. Mein Gott, war das eine Zeit! Der HSV war unumstrittene Nummer eins, die Begeisterung war grenzenlos. Uwe Seeler brachte uns mit seinen Fallrückziehern fast um den Verstand. Von 25 Meter Entfernung schoss er ein Tor, wir fielen fast um vor Glück. Im Stadion waren wir nach jedem Spiel heiser, weil wir so schrien.

Während in Wien die Rapid-Torwarte die Matches retteten, war der HSV in den Fifties irrsinnig stark. In der Stadt gab es einen kleinen Fußballplatz, wo die Trainingsspiele stattfanden. Die Kicker nannten mich Fußballbraut, weil sie mich immer sitzen sahen und dachten, da müsse doch irgendeiner dabei sein, auf den ich stehe. Aber ich stand eigentlich auf alle, ich fand sie großartig.

Es gab einen Sportarzt, zu dem ich ging, weil ich einen Tennisarm hatte, nicht, weil ich so viel Tennis gespielt hätte – ich spielte gar nicht –, aber ich trug beim Einkaufen immer schwere Taschen die Stufen hinauf, und mit der Zeit bekam ich unangenehme Schmerzen. Der Arzt gab mir Injektionen, die mir gut taten, und so ging ich regelmäßig.

Als ich einmal durch die Gänge gehe, sitzt da dieser Typ. Den kenn ich doch, denke ich, und in der Sekunde schießt es mir ein: Uwe Seeler! Mein Held!

Ganz artig saß er da und wartete auf seine Behandlung. Sein Anblick haute mich komplett um, ich verehrte ihn grenzenlos. Noch mehr beeindruckten mich allerdings seine Beine. Man kann sich nicht vorstellen, wie die aussahen. Alles war voll mit Beulen, Wunden, Narben, offenen Stellen und Schnitten, und ich frage mich bis heute, wie dieser Mann überhaupt noch gehen konnte.

Der HSV hat das später nie mehr wieder gepackt. Die, die ich nie mochte, waren die Bayern. Eingebildete Trotteln, die stolz waren, weil sie alle Gymnasiumabschluss hatten.

Heute bin ich Laie. Ich schaue Spiele, von denen ich annehme, dass etwas passieren könnte. Brasilien, Spanien, Italien zu einem gewissen Teil und Mannschaften wie Ghana, die mich dann ärgern, weil sie nicht gewinnen, obwohl sie gut sind. Österreich? Ja, manchmal, fünf Minuten, dann schalte ich um. Es ist vorbei. Man muss es leider sagen, oder?

*

Ich rauche nicht mehr, obwohl ich fünfzig Jahre smokte wie eine Idiotin. Merkwürdigerweise gab es nach dem Krieg Mädels, denen die Raucherei ganz wichtig war.

»Du musst rauchen, sonst gehörst du nicht dazu!«, sagte eine und stopfte mir eine Lucky Strike in den Mund.

Mir war sauschlecht, aber ich begann trotzdem, weil in meinem Job tatsächlich alle rauchten. Zum Schluss kam ich auf 40 Zigaretten pro Tag, aber irgendwann grauste mir vor all dem Gestank in den Fingern, in den Haaren, in der Kleidung, und ich legte die Packung von heute auf morgen weg. Das ist nun 20 Jahre her, ich habe nie wieder geraucht.

Den Alkohol habe ich in meinem ganzen Leben nie ganz aufgegeben. Die Ärzte können nie glauben, dass ich keinen Leberschaden habe, wenn ich ihnen erzähle, wie viel ich schon getrunken habe, aber es ist nichts. Als ich jung war, trank ich über alle Maßen. Gleichzeitig bewegte ich mich viel, schwamm, ritt, fuhr Fahrrad. Aber der Alkohol damals, das war zu viel, und das würde ich heute nicht mehr tun.

Einer meiner Ärzte sagte: »Erni, du kannst trinken, was du willst, aber es muss sehr, sehr gut sein. Schlechter Wein macht krank.«

Guter Wein ist okay, und so trinke ich abends zwei, drei Achterl, am liebsten Zweigelt. Würde jemand sagen, ich müsse damit aufhören, wäre ich sehr traurig, weil es mir schmeckt, aber ich hätte kein großes Problem damit. Ich gehöre nicht zu den Suchttypen, deshalb konnte ich vieles ausprobieren, was für andere vielleicht Suchtgefahr bedeuten würde.

Es gibt, glaube ich, kein Casino in Deutschland, in dem ich nicht war. Während der Theatertourneen kam ich in jedes Kaff, so lernte ich Baden-Baden, Wiesbaden, Lindau kennen. Ich hatte Spaß am Spielen, behielt aber stets die Übersicht. Wenn ich verlor, waren das höchstens 100 D-Mark, und das passierte vielleicht ein- oder zweimal. Ich kann spielen.

Ich pokerte, ich konnte das alles. In Baden-Baden spielte ich mit 20 D-Mark eine Stunde und gewann schließlich: 20 D-Mark. Das ganze Casino amüsierte sich. Die Jetons waren damals nicht so teuer, und ich gab dem Croupier immer »großzügiges« Trinkgeld, warf ihm gönnerhaft 50 Pfennig zu. Ein Riesenspaß.

Ich kokste vielleicht fünf Mal in meinem Leben. In den Siebzigern, den Stoff kaufte ich nie selbst, so weit hätte ich es nicht kommen lassen. Ich muss gestehen, dass ich die Wirkung dieser Droge faszinierend fand. Ich erinnere mich, dass ich einmal einen ganzen Abend mit Erhard Busek diskutierte, stundenlang. Ich hatte gekokst und konnte mich nach vier Stunden noch an jedes einzelne Wort erinnern, jedes Zitat, das ich vor vier Stunden gesagt hatte.

Kokain ist die Droge der Intelligenzler. Wenn das einer nimmt, der nicht so auf Zack ist, wird er aufgekratzt und glaubt, er ist König, und das ist die Gefahr. Das erkannte einer meiner Freunde für sich: »Das Kokain ist eine Nummer zu groß für mich«, sagte er und entschied, fortan Marihuana zu rauchen. Na, hab ich das auch probiert.

Er gab mir einen Joint, doch dieses Experiment verlief enttäuschend. Die Wirkung des Marihuanas machte mich fuchsteufelswild, weil ich plötzlich idiotisch zu lachen begann. Ich sah die Anderen, sie kicherten ebenfalls wie Irre, ich fand ihr Verhalten schlicht saublöd. Ich bin ein Kopfmensch und hasse es, die Kontrolle zu verlieren. Schließlich wurde mir komisch, vermutlich weil ich mich gegen die Wirkung ständig wehren musste. Nie mehr griff ich das Zeug an.

Bei Kokain hat man das Gefühl einer Klarheit. Man kann es nehmen, wenn man tanzt oder sich unterhalten will. Mir gab es einmal einer, weil er sich einbildete, ich müsse danach sehr geil werden und würde mit ihm schlafen. Natürlich passierte genau das Gegenteil. Ich war völlig anders drauf und wollte alles andere als in die Betten.

Ich hörte auf, weil ich mir meine wunderbaren Nasenschleimhäute nicht ruinieren wollte. Ich merkte innerhalb kürzester Zeit, wie sie vertrocknen, und wusste, das vertrage ich nicht. Schon beim zweiten Mal greift das Kokain die Schleimhäute an, und das störte mich. Also ließ ich es bleiben.

Ich bin nicht zu packen mit Giften. Ich kann – bis auf Spritzen – alles ausprobieren, aber ich habe ein untrügliches Gespür, wenn etwas wirklich Gefährliches im Spiel ist. Als dieses grauenhafte Contergan auf den Markt kam, nahm es mein Mann Heinz und fand es toll, weil er wunderbar damit schlafen konnte. Ich probierte es und wusste danach, dass dies das größte Gift war, das ich je zu mir genommen hatte.

Geistige Fitness ergibt sich durch meinen Beruf. Obwohl: Verblöden tust du trotzdem. Das heißt, du musst schauen, dass du dich erinnerst und nicht sieben Mal an einem Tag etwas vergisst. Ich kann mich gut konzentrieren, aber manchmal lässt diese Fähigkeit nach, weil es nicht mehr automatisch funktioniert.

Dann fallen mir gewisse Worte nicht ein, was ich hasse. Wenn ich unaufmerksam bin, neige ich dazu, wichtige Sachen wegzuwerfen und unwichtige aufzuheben.

Oder das Suchen.

Das Suchen geht mir auf die Nerven. Ich nehme an, dass ich irgendein Trumm an einen besonderen Platz gelegt habe. Hab ich aber nicht, und dann ärgere mich grün und blau: Wo ist das denn nur? Das gibt es nicht, dass das nicht mehr da ist! Hier geht es darum, sich Bilder zu schaffen. Eine Ansicht, die ich abrufen kann, wann und wo ich etwas hingelegt habe. Schau hin! Das mach ich jetzt manchmal: Wo habe ich den Schlüssel hingelegt? Ah, natürlich, in den Abstellraum, vor fünf Tagen. Das hat sich offenbar gebessert.

Aber natürlich sind diese Konzentrationsschwächen vorhanden, diese kleine Demenz habe ich. Jetzt wird natürlich jeder sagen: Ich bin 30, 40, 50 und habe das auch. Ich bin aber 84 und denke mir: Öha. Aber Gott sei Dank denke ich mir das noch: Öha!

Für die seelische Gesundheit ist es natürlich ganz schön, wenn man einen Job hat, den man mag. Die Schwierigkeit ist, dass viele Leute diesen Luxus nicht haben. Ich verstehe, dass das nicht leicht ist und gewisse Krankheiten bringen kann.

Das Private in unserem Leben ist oft nicht lustig, wir müssen durch viele Gewässer schwimmen, die manchmal eng und stickig sind, sodass wir glauben, nicht durchzukommen und fürchten, im Schlamm stecken zu bleiben. Trotz Enttäuschungen schaffte ich es, durchzukommen, weil ich Menschen ganz grundsätzlich mag. Wenn ich jemanden nicht mag, halte ich mich nicht mehr damit auf, ihn zu hassen. Ganz einfach, weil ich es irgendwann uninteressant fand, mich mit Hass vollzustopfen. Müll muss aus dem Körper raus.

Jeder hat seine Leichen im Keller, ich auch. Ich wollte einen Lehrer umbringen, vergiften, um es genau zu sagen. Er war ein

Nazi und besorgte den Job nach dem Krieg selbst. Das ersparte mir die Arbeit, ich fand das schön und freute mich. Aber damit ist er in meinem Keller.

Jeder hat diese Leichen im Keller, und es ist okay. Man muss nur vorsichtig sein, dass es nicht zu viele werden. Ich bin eine Herausschreierin und eine Heraussagerin. Das ist vielleicht mein Vorteil.

# Die Tiere meines Lebens

Meine Katze hieß Heidi. Ein sanftes, gescheites Tier, das ich sehr liebte. Heidi wollte, dass ich das Mäusefangen lerne. Sie legte mir die halbtote Maus vor die Füße und sah mich an, als würde sie sagen: »Jetzt bin ich aber gespannt, was die Alte damit macht.« Ich kniete mich vor sie hin und gab mein Bestes. Sie schätzte meine Bemühungen und verließ mich nie mehr. Viecher gehen mir zu.

Jetzt bin ich ohne Haustier, Gott sei Dank. Ich halte es für undenkbar, mit 84 noch ein Tier haben zu wollen. Wenn's aus ist, dann kommt das arme Wesen irgendwohin, schlimmstenfalls ins Heim.

Ich mag fast alle Tiere, sogar Spinnen. Eine fütterte ich einen Winter lang durch. Sie saß ganz klein im Badezimmer, und ich war sofort alarmiert: »Mah! Die verhungert, ich muss ihr helfen!« Ich gab ihr eine Fliege. Die Spinne fraß die Fliege, und drei Minuten später saß vor mir eine andere, völlig aufgeblähte Spinne. Sie war mindestens fünf Mal so dick. Ich sah sie nie wieder, aber ich bin sicher, es war okay.

Zecken mag ich nicht, und früher fürchtete ich mich vor Schlangen. Das war eine merkwürdige Sache, denn ich fühlte mich von ihnen verfolgt. Die Geschichte hat einen ganz tiefen, tiefen, tiefen Ursprung. Ich erzählte bisher niemandem davon.

Als Kind las mein Vater einmal aus der Zeitung einen Artikel vor, der ihn ungeheuer aufregte. Sie war in Südamerika passiert. Am Weihnachtstag lag ein Baby im oberen Stock eines Hauses, wohl behütet und genährt. Das Baby hatte Milchspritzer im Gesicht, was eine Boa anlockte, die zu dem Neugeborenen kroch und die Milch abschleckte. Die Eltern sahen zu spät, was vor sich ging und waren in einer schrecklichen Zwickmühle: Erschrickt die Schlange, erwürgt sie das Baby. Erschießen konnten sie die Boa nicht, denn sie konnten nicht sicher sein, dass sich das schlafende Baby nicht doch bewegt. Die Familie hatte einen Weihnachtsbaum und unter dem Baum lag ein Teddy. Der Mann warf der Schlange den Teddy hin, die Schlange stürzte sich auf das Stofftier, das Baby war gerettet.

Das schockierte mich zutiefst, und ich entwickelte eine panische Angst. Ich erinnere mich, wenn die Eltern weggingen, setzte ich mich auf den Esstisch und schaute voll Angst darunter, ob sich nicht irgendwo eine Schlange versteckt hielt. Mein Vater wusste nichts davon, aber es war eine ziemliche Phobie.

Die Geschichte verfolgte mich bis zu meinem 50. Lebensjahr. Mit der Zeit wurde es besser.

In Berlin, 1958, war ich bei einem Freund einquartiert, dessen Nachbar Schlangen hatte. Er erzählte, dass er mit der Schlange im Bett liegt.

Na, gute Nacht, dachte ich.

»Wenn ich wegfahre, ist das wunderbar«, schwärmte er. »Ich schmeiße einfach ein paar Mäuse ins Terrarium. Die Schlange holt sie sich, alles bestens.«

Ich war beunruhigt.

Eines Tages kam er mit der Schlange und zeigte sie mir stolz. Ich sollte sie streicheln, das tat ich und fand sie eigentlich ganz herzig.

Ich besuchte Schlangen im Zoo, blickte der grünen Mamba in die Augen, die ich so gar nicht mochte. Irgendwann hatte ich die Phobie überwunden. Heute kann ich Blindschleichen nett finden und rette Schlangenbabys.

In den Fifties hatte praktisch jeder in Hamburg einen Pudel. Pudelzeit, unglaublich. Meiner hieß Puschi, ich war 35, als ich ihn mir kaufte. Puschi sah immer gut aus, weil ich sie selbst schor. Damals durften Hunde noch ins Theater, also nahm ich sie mit zur Arbeit. Allerdings nur, wenn Gründgens nicht da war, er hätte Puschi vermutlich nicht geduldet.

Dieser Hund war ein merkwürdiges Tier. Helmut Qualtinger wunderte sich: »Heast, des Viech passt überhaupt nicht zu dir.« Er schätzte Hunde überhaupt nicht, aber eines Tages bemerkte er: »Dein Hund, das ist eigentlich kein Hund, sondern ein kleiner Mensch.«

Vielleicht wollte ich ihn genau deshalb.

Im Alter von fünf Monaten ging die Puschi sicherer über Straßenkreuzungen als ich. Ich konnte sie ohne Leine laufen lassen, ohne große Befehle zu rufen. Sie lernte schnell und konnte alles allein.

Es war Weihnachten, München, Puschi und ich waren am Bahnhof, um nach Wien zu fahren. Unglaublich viele Leute schwirrten um uns. Ich hatte so viel Gepäck, mein Hund lief neben mir, ich konnte mich in dem Gewirr nicht um sie kümmern und sagte: »Liebe Puschi, es tut mir furchtbar leid, aber falls wir uns nie mehr im Leben sehen: Du musst jetzt auf dich selbst aufpassen. Schau, dass du in diesen Waggon hineinkommst. Ich kann nichts für dich tun.«

Ich verlor den Hund tatsächlich aus den Augen und musste einsteigen. Der Zug fuhr ab, mein Hund war weg. Naja, jetzt ist es vorbei, dachte ich. Was soll ich sagen: Plötzlich stand sie mit aufgerissenen Augen vor mir, als würde sie sagen: »Da ist sie ja, meine Alte! Sie hat sicher auch Angst gehabt.«

Während meiner Theatertourneen durch Deutschland bewies Puschi ihren praktischen Verstand. Wo immer wir schon einmal aufgetreten waren, fand sie das nächste Mal nicht nur das Theater, sondern sogar die richtige Eingangstür. Sie war ein entzückender Theaterhund.

Ein einziges Mal war es peinlich. Hunde mögen anders gehende Menschen nicht. Für Menschen mit Behinderungen ist das nicht lustig, weil sie oft angebellt werden. Sie werden angebellt, weil sie sich anders bewegen, das irritiert das Tier.

Oscar Fritz Schuh, der nach Gustaf Gründgens die Intendanz in Hamburg übernahm, hatte einen Klumpfuß, er humpelte. Wir mochten ihn alle nicht, denn Schuh hasste Gründgens. Helmut schenkte ihm einmal eine Platte, Titel *Krüppel haben so etwas Rührendes.* Eine unglaubliche Frechheit, aber Schuh freute sich.

Jedenfalls sah die Puschi den Schuh, der Schuh sah die Puschi. Er beugte sich zu ihr und wollte sie streicheln. Doch die liebe Puschi war anderer Meinung und kläffte ihn böse an. »Ich weiß nicht, was sie hat. Sie ist vielleicht ein wenig nervös«, stotterte ich verlegen, aber es war wegen Schuhs Humpeln. Uns hat's heimlich gefreut.

Puschi starb mit 15. Wir hatten eine schöne Zeit. Sie bekam Krebs, und es war vorbei. Ich war traurig und weinte, als ich sie einschläfern lassen musste.

1969 bekam mein Mann die österreichische Staatsbürgerschaft. Wir wollten feiern, und ich fragte ihn, was er sich als Geschenk wünsche.

»Einen Papagei«, sagte er ohne zu überlegen.

»Einen Papagei? Wieso um alles in der Welt willst du einen Papagei?«, fragte ich. Einen derart komischen Wunsch konnte ich überhaupt nicht verstehen.

»Unbedingt! Als ich ein Junge war, ging ich in Kiel an einem Geschäft vorbei, und plötzlich ruft mir einer ›Hallo, wie geht's! Hallo, wie geht's!‹ zu. Ich möchte so gern einen Papagei haben!«

Also gut, ich wollte ihm den Wunsch erfüllen. Damals wusste ich von den Tieren so gut wie nichts, kaufte ein Buch, in dem allerdings kaum Hilfreiches zu lesen war.

Ich kam also mit meinem Hund in die Tierhandlung ums Eck. Der Papagei war ein Jahr alt, schaute den Hund an und akzeptierte die Rangordnung. Puschi war zehn Jahre und unumstrittene Nummer eins, der Vogel Nummer zwei. Ich erwarb einen Gelbstirnamazonas-Papagei.

Wir nannten ihn Bazi. Als Nummer zwei sind Tiere ein wenig untertäniger, daran hielt sich der Bazi zumindest bis Puschis Tod. Hätte ich gewusst, wie anstrengend, wie schwierig, wie aufwendig so ein Papagei selbst als Nummer zwei ist und gleichzeitig wie arm, hätte ich es mir anders überlegt.

Sein erstes Wort war »Ruhe!«. Das lehrte nicht ich ihn, denn das Einstudieren von Worten fand ich blöd und mühsam. Das meiste brachte er sich selbst bei. Ich deckte den Papagei am Abend zu, und Heini Schweiger sagte: »Ruhe!« Dabei blieb es, und wenn abends die Decke über den Käfig kam, verabschiedete sich der Bazi mit »Ruhe!«.

»Arschloch«, »Quatschkopp«, sagte er zu Heinz, ich lehrte ihn den Namen »Reincke«. Das funktionierte tadellos, solange Heinz nicht im Zimmer war. Sobald er kam, krähte der Vogel »Rein«. – »-cke«, sagte Heinz. »Rein«, krächzte der Bazi – »-cke!«, rief Heinz. »Rein« – »-CKE!!!« Das ging so lange, bis es Heinz zu blöd wurde, und er ging. »Reincke«, rief der Vogel fröhlich, sobald die Tür ins Schloss gefallen war. Der Bazi wusste, wie er Heinz ärgern konnte.

Bazi hieß eigentlich Coco, was ich ganz grauenhaft fand und ihm abgewöhnen wollte. Manchmal nannte er sich »Cocobazi«, zu Fleiß, vermute ich. Er war ein großer Zufleißtuer.

Papageien sind keine lieben »Vogi«, sondern ziemlich gerissene Raubtiere. Sie sitzen am Schiff auf den Schultern der Matrosen. Dort lernen sie nur grausige Sachen. Das konnte der Bazi auch.

In der Sendung von Elizabeth T. Spira hätte er »Arschloch« sagen sollen. Er konnte das sehr gut, daheim rief er unentwegt: »Arschloch! Arschloch!« Als er sollte, hat er es natürlich nicht rausgebracht, weil er eben gerade nicht wollte.

Er konnte ebenso freundlich sein: »Auf Wiedersehen!«, »Grüß Gott!« und »Guten Tag!«, flötete er vor sich hin. Er telefonierte gerne, so wie ich: »Halloooo? Bittäää? Bittäää? Ja? Ja? Wiederhören!« Bazi sprach Hochdeutsch (»Idiot«) und konnte ein bisschen Wienerisch (»Depperter«).

Papageien lernen nur fünf Jahre, das wusste ich vorher nicht. Sie gehen nur fünf Jahre in die Schule, dann lernen sie nichts mehr, besser gesagt, nur noch das, was sie wollen. Der Bazi brachte sich im hohen Alter Waldviertlerisch bei, was man nur hörte, aber leider nicht verstand. Wenn die Nachbarn gegenüber miteinander sprachen, redete er mit: »Wos gheatndiaundwosmia, joseawas, doworado, odadoned«, brabbelte er vor sich hin. Er kommunizierte mit Kindern, obwohl er sie überhaupt nicht mochte. Keine Bazi-Eigenschaft, sondern eine allgemeine Vogelschwäche: Sie fürchten sich vor den schnellen, unkontrollierten Bewegungen von Kindern.

Ich wusste nicht, dass Papageien in der sexuellen Reife wie Affen werden: nur ekelhaft. Papageien nennt man nicht umsonst gefiederte Affen des Urwaldes. Wie Affen sind sie ab einer gewissen Zeit nicht mehr zu bändigen. Sie werden boshaft und aggressiv. Es war zum Verzeifeln.

Aber natürlich auch sehr lustig. Wann immer wir in unser Haus am Irrsee fuhren, saß ich im Auto, mit Hund und Papagei: Der Papagei hockte auf einer Stange, der Hund auf der Rückbank.

Bazi liebte das Autofahren. Natürlich hielt mich einmal die Polizei auf, als der Papagei auf meiner Schulter saß. Mein Gott, jetzt wird es furchtbar, dachte ich. Der Polizist prüfte meine Papiere, sein Blick fiel auf den Papagei. Er sah mich an, dann den Bazi, dann wieder mich.

»Gnädige Frau, das geht aber nicht, dass der Papagei da sitzt. Das ist gegen die Straßenverkehrsordnung.«

»Schauen Sie, Herr Inspektor, der Papagei ist völlig ausgewachsen, er ist schon vierzig Jahre alt.«

»Ach so, na dann …«, sagte er und ließ mich weiterfahren.

Autofahren war sein Vergnügen, er jodelte hinaus, ich machte Musik, er begann zu singen: »Laalaalaaa« – genauso falsch wie ich.

Papageien kann man nicht längere Zeit alleine lassen, deshalb musste er immer mit. Ich war nicht die Liebe seines Lebens, denn er hätte wahrscheinlich lieber einen Mann dauerhaft um sich gehabt. Das heißt, jeder Mann wäre ihm lieber gewesen als der meinige, der ihn irgendwann gar nicht mehr mochte.

Heinz hatte einmal den Kopf in den Käfig gesteckt, was ein schwerer Fehler war. Der Vogel erschrak und hackte ihm so heftig ans Hirn, dass das Blut nur so tropfte. Heinz hatte eine Stinkwut und wollte ihn augenblicklich killen. Bazi presste sich an mich und zitterte am ganzen Leib, so fürchtete er sich. Er dachte, jetzt geht es ihm an den Kragen. Ich konnte Heinz davon abhalten, aber fortan achteten beide sehr darauf, sich aus dem Weg zu gehen: Wenn der eine links ins Zimmer kam, verschwand der andere nach rechts – und umgekehrt. Die Liebe war zu Ende.

Ansonsten war es nicht zu übersehen: Er bevorzugte Männer, mit Frauen plauderte er, aber er konnte die hohen Stimmen nicht leiden. Wenn es ihm zu viel wurde, flog er sie an und biss zu, selbst wenn er sie kaum kannte. Mit Männern war er anders, zurückhaltender. Er war eindeutig männerorientiert. Alle fanden ihn entzückend, aber ich wusste, wenn ich ihn aus dem Käfig lasse, beißt er den Nächstbesten in die Nase. Er griff Freunde von mir an, eine Freundin zwickte er in die Lippe. Eine ungeheure Aggression steckte in ihm.

Ich hasste und liebte ihn. Manchmal hätte ich ihn umbringen können, wenn er mir wehtat oder wieder Schlimmes angerichtet hatte. Er war hinterhältig und gemein, krallte sich Gegenstände und schmiss sie auf den Boden. Das genoss er, dieses Mistvieh.

Bazi trauerte drei Monate, als Puschi tot war: »Puschi komm, Puschi komm!«, rief er immer wieder voller Verzweiflung.

Obwohl er sie zu Lebzeiten manchmal in den Schwanz beißen hatte wollen.

Er zwickte alles und jeden. Schallplatten knabberte er besonders gern an. Papageien sind Nager und haben einen natürlichen Drang zum Beißen. Wie oft ich von ihm gebissen wurde, kann man sich nicht vorstellen. Das Blut spritzte oft. Ich watschte ihn dann so ab, dass ich mich hinterher wunderte, wie er das überlebt hatte. Er bekam von mir Nasenstüber, die er hasste. Mit Daumen und Mittelfinger versetzte ich ihm Klapse auf die Nase. Für Papageien ist das wie eine Ohrfeige, und danach war er ein bissl braver. Wenn ich ihn erwischte …

Als Puschi weg war, kam eine merkwürdige Lovestory auf mich zu: Heidi.

Die Katze gehörte Nachbarn, die einen Sohn hatten, der irgendwann von zu Hause auszog. Die Katze liebte diesen Sohn sehr, und weil er nicht mehr da war, suchte sie sich ein anderes Zuhause und fand es bei mir. Ich ließ sie ins Haus, wann immer sie es wollte. Damals unterrichtete ich noch und kam nur an den Wochenenden heim. Wenn ich freitags aus dem Auto ausstieg, lief mir Heidi voller Freude entgegen, als würde sie rufen: »Oh, sie ist wieder da! Sie ist wieder da!«

Als es Winter wurde und ich mehr Bekanntschaft mit ihr geschlossen hatte, ließ ich ein Fenster offen und stellte ihr einen Korb mit Wäsche hin, weil sie nicht mehr nach Hause gehen wollte. Es war nichts zu machen, die Katze wich mir nicht von der Seite. Es war eine große Liebe zwischen uns. Mit dem Bazi ging es sehr gut, denn er hatte Respekt vor ihr, und sie war vorsichtig.

Sie wurde 22. Eines Tages merkte ich, dass es mit ihr zu Ende ging. Sie kämpfte bis zum Schluss, unglaublich, wie Tiere um ihr Leben ringen, und dann geschah etwas, das ich faszinierend fand: Ich war unterwegs und kam nach einem Achtstundentag heim. Ich wollte ihr etwas zu fressen geben, das sie gerne mochte und brachte ihr ein Stück Leber mit. Als ich es ihr hinhielt, presste sie die Lippen zusammen, als würde sie sagen: »Nein, jetzt will ich nicht mehr.«

Am nächsten Tag holte ich den Arzt, ich setzte mich mit ihr in den Garten, die Sonne schien. Sie hob ihren Kopf, ich streichelte sie und ließ sie in Ruhe sterben.

Der Spruch »Wie der Herr, so das G'scherr« traf auf keines meiner Haustiere zu. Jedes war eine eigene Persönlichkeit und mir nicht ähnlich. Was sie von mir bekamen: Die größtmögliche Freiheit, halbwegs so zu leben, wie es ihrer Natur entspricht.

Jedes Tier muss diese Freiheit haben. Der Bazi konnte fliegen, seine Flügel waren nicht gestutzt. Ich hatte kaum Angst, dass etwas passiert. Gefährlich wäre es gewesen, wenn er zu segeln begonnen hätte, denn nach Hause hätte er nicht gefunden. So saß er oft auf den Dächern der Liechtensteinstraße, ich stand in der Bindergasse unten, und wenn man mich »Bazi! Bazi!« rufen hörte, wussten die Nachbarn, dass der Vogel wieder einmal abgepascht war. Ich fand ihn immer, am Land flog er ohnedies nicht weg.

Bazi starb 2009, er wurde fast 42 Jahre. Bei seiner letzten Fahrt legte er sein Köpfchen an meine Wange, so fuhren wir von zu Hause nach Strebersdorf in die Tierklinik. Er war ein Wochenende dort, aber schließlich gab ich den Auftrag, ihn einschläfern zu lassen. Todesursache? Fast wie bei einem alten Menschen. Es kamen mehrere Sachen zusammen. Er hatte über längere Zeit zu fette Körner von mir bekommen. Ich hätte wohl strenger sein müssen. Er hatte eine kleine Leber und ein zu großes Herz. Das stammte vermutlich aus der Quarantäne, denn er war aus Kolumbien und hatte Glück, dass er bei der Überstellung nicht krepierte.

Heute rate ich jedem ab, ein exotisches Tier zu kaufen. Die Transporte sind Gott sei Dank verboten. Einen Papagei zu halten, ist fast unmöglich, und glücklich sind diese armen Kreaturen bestimmt nicht. Höchstens man besorgt ihnen eine Frau, dass sie zu zweit sind. Alleine ist es unmöglich. Eine Frau für den Bazi – als ich von dieser Möglichkeit erfuhr, war er alt, und ich hatte keine Lust, etwas Neues auszuprobieren: »Ich bin allein, du bist allein, basta.«

Nach seinem Tod bekam ich einen Brief, der an den Bazi gerichtet war. Eine Tierklinik in Krems lud ihn zum Krampusfest ein. »Lieber Bazi …«

Ich hob den Brief auf, aber zum Krampus konnte er nicht mehr, der Bazi.

# Hexisches und der Tod

Mit 15 Jahren legte ich Karten, las Hand und hatte dabei überraschende Erfolge. »Ja, das stimmt, wie machst du das? Du bist ja toll!«, riefen die Leute völlig entgeistert.

Man führte meine Talente auf meine Jungfernschaft zurück, solange man in deren Besitz sei, könnten diese verborgenen Fähigkeiten zutage treten. Ich spielte das bis lange nach meinem 19. Lebensjahr aus. Mit der Zeit wusste jeder von meiner Hexenkraft.

Als Kind trieb ich einen merkwürdigen Totenkult. Friedhöfe zogen mich magisch an, das Unheimliche faszinierte mich. Nachts ging ich zwischen den Gräbern spazieren, ohne mich im Geringsten zu ängstigen.

Dieses seltsame Totenspiel hörte nie ganz auf, ich halte bis heute Verbindung mit den Toten. Ich denke an sie, beschäftige mich, spreche mit ihnen. Mit meinem Vater rede ich durch seine Bilder, die er malte und von denen einige an den Wänden meines Hauses hängen. Ich rede mit ihm, wenn mir danach ist: »Papa, heut hast du aber einen finsteren Blick, warum schaust du denn so komisch?«

Früher beschäftigte ich mich intensiv mit dem Übersinnlichen, heute halte ich es für selbstverständlich, sodass ich die sonderbaren Begebenheiten rund um mich meistens gar nicht mehr bemerke.

Im Reinhardt-Seminar half mir mein Sinn, ich konnte den Studierenden auf den Kopf zusagen, was stört, was quält, was in ihnen vorgeht. Sie sahen mich erstaunt an: »Woher wissen Sie?« Ich spürte, wenn sie Schwierigkeiten hatten, und konnte das gut übersetzen.

Ob die Toten mir antworten? Darum ging es nie, aber es passierte zwei Mal.

Meine Mutter hatte einen Stock, wenn sie vor meiner Wohnung stand, klingelte sie nicht, sondern hämmerte mit dem Stock gegen die Tür. Zwei Wochen nachdem sie starb, pumperte es auf einmal an meinem Schlafzimmerfenster. In Wahrheit war das völlig unmöglich, denn das Schlafzimmer ging in den Garten, und diese Seite war so verwachsen, dass niemand an das Fenster hingekommen wäre. Es war ihr Klopfen. Ich schreckte hoch und rief im Halbschlaf: »Mama, jetzt gib endlich a Ruh und geh nach Haus.« Ich hörte nie mehr von ihr.

Mit meinem Vater hatte ich ebenfalls eine lustige Geschichte. Ich war am Irrsee und kochte Pilze. Mein Vater hatte sie zu Lebzeiten geliebt. Beim Kochen trug ich für gewöhnlich einen Hut, der ihn stets amüsierte: »Du darfst den Hut nicht runternehmen, Erni. Wenn du ihn trägst, kochst du besonders gut.«

Nach dem Essen wusch ich ab, mein Blick fiel aus dem Fenster, da war der Gartenzaun, und dahinter begann der Wald. Plötzlich sehe ich meinen Vater, der zu dem Zeitpunkt schon ein Jahr tot war. Ich sagte: »Papa, es tut mir leid, du kannst nicht reinkommen. Es gibt keine Pilze mehr für dich.« Wahrscheinlich war er beleidigt, weil er nichts mehr vom guten Essen bekam.

Damit war das erledigt.

Aus der Kirche trat ich mit 22 Jahren aus. Es war vor Ostern, und als gute Christin ging ich beichten.

Ich setzte mich im Beichtstuhl zurecht und fing an zu sprechen: »Ja, ich hatte schon einen Freund, und jetzt habe ich den zweiten, und vorehelicher Verkehr und blablabla.«

Der Pfarrer hörte still zu, plötzlich sagte er: »Und was hast du mit ihnen gemacht?«

Ich verstand nicht. »Was ›gemacht‹?«

»Ja, was hast du mit deinen Freunden gemacht, wenn du mit ihnen zusammen warst?«

Ich schnallte es noch immer nicht. »Ja, Herr Pfarrer, das macht man mit Liebe, und ich bin verliebt.«

»Naja, ja schon, aber *wie* hast du es gemacht?«

»Auf Wiederschaun«, sagte ich, und am nächsten Tag trat ich aus.

Um von Gott zu sprechen: Was immer damit gemeint ist, betrifft ein Gefühl, das in einem ist. Ich habe in mir einen Glauben, der nicht an eine Person gebunden ist. Ich habe keinen Menschen mit Bart vor mir oder mit Heiligenschein. In meinem Wohnzimmer habe ich einen kleinen Buddha, den ich heiß liebe. Mein Lieblingsheiliger der katholischen Kirche ist Antonius, der Bettelmönch, der viel Gutes tat. Ihm bin ich treu, zu ihm habe ich einen guten Draht.

In jedem Menschen wohnt etwas Göttliches. Ich bete nicht, habe aber eine Innigkeit und eine Wärme zu meinem Glauben. Ich versuche, nicht egoistisch und rücksichtslos zu sein. Soziales Verhalten habe ich gelernt. Es geht mir nicht ums Gutsein oder ums Bössein. Mir ist Religion nicht wichtig, ich fühle mich aufgehoben, nicht von Gott verstoßen, wie mir ein Pfarrer vielleicht sagen würde. Ich bin als Menschlein ziemlich richtig positioniert. Das hat vielleicht damit zu tun, dass ich keine Angst habe.

Ich habe wirklich keine Angst. Vor nichts. Als in Wien 1972 das Erdbeben war, ein Beben der Stärke 7, schwankte das Haus in der Bindergasse hin und her. Ich fürchtete mich nicht.

Für Angst bin ich vielleicht zu blöd, ich weiß es nicht. Meine Mutter war eine große Angstmacherin: »Du wirst schon sehen!«, rief sie und wachelte mit den Armen unheilschwanger in der Luft. Sie verräumte und verriegelte, was nur ging, weil sie Raub, Mord, Diebstahl fürchtete. Mir wurde vieles gestohlen. Mein ganzer Schmuck kam weg, weil ich zu vertrauensselig war.

Ich geriet oft genug in prekäre Situationen. Eigentlich müsste mir Angst bekannt sein. Vermutlich habe ich aus diesen Erlebnissen nichts gelernt, denn ich dachte mir stets aufs Neue: Das geht schon, das stehst du schon durch, gemma!

Heute versuche ich, mich nicht mehr so zu belasten. Ich gehe nicht mehr Eistanzen, das muss nicht sein, ein Esel tanzt nicht auf dem Eis. Ich achte darauf, mich nicht mehr wissentlich in Gefahr zu begeben.

Ältere Leute werden oft unsicher. Weil ich Muskeln habe, kann ich gut stehen und bin nicht wackelig. Wenn du wackelig bist, hast du Angst.

Früher baute ich auf meine Qualitäten als Stehaufmandl: Wenn ich umfalle, bin ich wieder da, und so ein Umfaller, der schadet nicht. Dieses Denken vermeide ich heute in gewisser Weise. Ich lade mich nicht so voll, weil es das System nicht mehr zulässt.

Am Nachlassen meiner Kräfte werde ich spüren, dass ich sterbe. Ich weiß natürlich, dass mich meine Energien, meine Power am Leben halten. Wenn das ausgelöscht ist, ist mein Leben zu Ende. Ich glaube nicht, dass mein Ende tröpfelt, langsam erlischt, dafür lebe ich zu intensiv. Der Schlag kann mich aufgrund meiner gesundheitlichen Verfassung allerdings schwer treffen. Auf der Bühne? Glaube ich nicht. Ich mache mir keine Gedanken darüber. Soll ich mir etwas einreden oder ausreden? Ganz schlecht, dann bekomme ich vielleicht wirklich Angst. Mach ich nicht.

Das Zukunftsdenken ist zwar immer noch in mir, weil ich Verträge abschließe für das nächste Jahr. Da sage ich allen: »Vorsicht, wer weiß, ob ich noch lebe.« Sie antworten meist mit einem verlegenen Lachen.

Nach dem Tod? Es gibt nur zwei Möglichkeiten: Entweder es ist etwas oder es ist nichts. Mein Vater, der sich sehr intensiv mit diesen Dingen beschäftigte, behauptete kurz bevor er starb: Ah, da kommt nix mehr. Ich gehe davon aus, dass nach dem Tod mein System weg ist. Das hat sich erledigt. Irgendwie haben wir aber Energien in uns, und die gehen nicht weg, sie bleiben. Was die dann machen? Keine Ahnung. Irgendetwas werden sie schon tun.

Ich fürchte mich davor nicht. Ich setzte mich in meiner Jugend viel mit dem Tod auseinander und dachte eigentlich nicht, dass ich alt werden würde. Ich wäre mehrere Male fast gestorben. Wenn ich schwer krank bin, gebe ich mich nicht auf, aber ich kämpfe nicht.

Umgebracht hätte mich beinahe ein Weisheitszahn. Ich war 19 und bekam eine Sepsis. Hätte ich kein Penicillin bekommen, wäre ich 14 Tage später gestorben. Heute ist eine Sepsis für gewöhnlich keine große Sache, Antibiotika, schwupps, und es geht schon wieder. Als ich 19 war, war der Krieg ein Jahr aus, und Antibiotika auf Krankenschein gab es nicht, weil es nämlich überhaupt keine Antibiotika gab. Ein Arzt beschaffte mir Penicillin am Schwarzmarkt und verhalf mir so zu meiner ganz persönlichen und sehr authentischen *Dritte Mann*-Geschichte. Wie im Film Jahre später zu sehen war, wurde am Schwarzmarkt in Wien mit unsauberem, gestrecktem Penicillin gehandelt. Eine Spritze davon, und du warst tot oder konntest schwere Schäden davontragen. In meinem Fall achtete der Arzt offenbar darauf, gutes Penicillin zu kriegen – oder er hatte einfach Glück. Und ich auch.

Zu sterben wäre mir schon damals egal gewesen. Wenn man jung ist, stirbt man leichter. Ich war unbeschwert und sagte, was soll's und auf Wiederschaun. Die Vorstellung, woanders hinzugehen, fand ich wunderbar.

Mit 50 dachte ich, ja, jetzt bist du in der Mitte deines Lebens, geht's noch eine Zeit lang gut? Wir werden sehen. Es wäre beinahe nicht gut gegangen, denn ich bekam am Kehlkopf Abszesse. Das war ganz schlimm und hätte mich beinahe mein Leben gekostet.

Später spielte ich ein Spiel, indem ich mir einredete, jetzt lebe ich noch zehn, fünfzehn Jahre, und dann ist es aus. Als ich 60 war, dachte ich, na ja, vielleicht werde ich noch 70. Als ich 70 wurde, dachte ich: Ich weiß nicht. Aber tief in mir war ich sicher, dass ich mit 72 sterben würde. Und plötzlich bekam ich doch Angst: »Oje, man muss ja irgendwann einmal abtreten!« Ich lag im Bett und begann zu schwitzen, weil ich überlegte, was ich alles verlassen werde müssen. Dieser merkwürdige Zustand dauerte glücklicherweise nicht allzu lange.

»Bist verrückt?«, rief es in mir. »Warum hängst du plötzlich so am Leben? Schwachsinn! Jeder muss sterben, also auch du, das wird dir hoffentlich klar sein. Sich damit fertigzumachen hat keinen Sinn, lass das.« Damit war es erledigt.

Heute, mit 84, denke ich, vielleicht werden es drei Jahre oder fünf. Was weiß man?

Wenn es irgendwie geht, möchte ich natürlich nicht leiden, klar. Und wenn es nicht schnell geht, wäre ich sehr froh, wenn ich nicht in einem Krankenhaus sein müsste und wenn mir jemand beim Sterben helfen könnte. Man sichert sich ab.

Das Wegsein machte mir keine Probleme. Weil ich an den irdischen Gütern nicht hänge. Ich verlasse mich, aber sonst verlasse ich nichts. Manche fürchten sich vor Schmerzen, dagegen gibt es heute gute Medikamente. Ich vertrage Morphium nicht, man wird sich darüberhelfen. Den Kontrollverlust muss niemand fürchten, denn du spürst ihn nicht. Höchstens so, wie bei älteren Menschen häufig, dass ich mich furchtbar beschimpfe, wenn ich wieder nicht weiß, wo ich dieses oder jenes blöde Trumm hingelegt habe. Darüber ärgere ich mich, das ist normal.

Mein Begräbnis stelle ich mir gar nicht vor. Ob es jemanden gibt, der etwas über mich sagen wird? Mein Gott, wen kümmert das? Was mit mir zu geschehen hat, ist genau festgelegt: Erstens will ich verbrannt werden, zweitens will ich, dass aus einem kleinen Rest meiner Asche – so viel wird nicht da sein, weil ich ja nicht so viel bin – ein Brillantring gemacht wird. Den bekommt eine Freundin in Mailand. Sie ist fast verwandt, Tochter meines Cousins ersten Grades, mit dem ich sehr, sehr verbunden war.

Ich habe einen wunderschönen Stein ausgesucht. Er gehörte einem meiner Nachbarn. Als ich einmal bei ihm zu Besuch war, krachte dieser Block von seiner Speis hinunter. Ich sah ihn und wusste sofort: Der steht an meinem Grab. Der Nachbar überließ ihn mir, ich brachte den Stein zum Steinmetz und ließ ihn mit meinem Namen versehen. Am Friedhof in St. Leonhard steht er, inklusive Schriftzug »Erni Mangold«.

Ob meine Urne am Friedhof in St. Leonhard stehen wird, ist noch nicht ganz klar. Ursprünglich wollte ich in Rainfeld in Niederösterreich bei meinem Freund Hans Gratzer begraben sein, weil es mir dort gut gefällt. Jetzt schlug eine Freundin vor, dass die Urne in meinem Haus im Garten stehen könnte.

Ich bin unschlüssig. Im Grunde genommen ist es mir egal, wo sie mich letzten Endes hinschupfen.

# Vor dem Auftritt – ungeschminkt

Ich habe kein Lampenfieber.

Das war nicht immer so. Es gab eine Zeit, in der ich diesen Zirkus mitmachte. Geht das heute gut? Hoffentlich! Und wenn nicht? Was ist, wenn …? Die ganze Leier spielte ich rauf und runter.

Meine Panik hing mit meinem Ehemann Heinz Reincke zusammen, der ja schreckliches Lampenfieber hatte und permanent fürchtete, den Text zu vergessen. Um seine Angst zu kontrollieren, trank er. Ich übernahm die Panik eine Zeit allerdings ohne entsprechenden Alkoholkonsum, denn in der Kombination hätte ich das nicht geschafft. In Hamburg trank ich weniger als zuvor in Wien, vermutlich, weil es keinen guten Wein gab. Das war der positive Effekt, denn ich schlug mir so die Nächte nicht mehr um die Ohren. Man feierte Partys, aber sonst war nichts mehr. Ich war 40, als das Lampenfieber kam, und irgendwann sagte ich mir: Das geht so nicht, komm davon wieder runter. Du beeinflusst dich selbst mit Blödsinnigkeiten, das bringt nichts.

Heute sind Hänger überhaupt kein Thema. Bleibt man eben einmal hängen – na, mein Gott, was ist das schon! Ich bin gut im Improvisieren, man hält sich einfach an der Szene fest, verwendet andere Worte, bis der Text wiederkommt. Dumm ist es, wenn selbst die Szene weg ist, weil es dann schwierig für die Kollegen wird. Ich erinnere mich an ein Stück mit Kurt Sobotka, wo ich den Text vergaß und eine komplett andere Szene spielte. Sobotka kam gut damit zurecht, man sah es ihm nicht an, aber er war verzweifelt. »Mir bleibt nichts erspart«, jammerte er danach. Ich lachte und sagte: »Du bist der Kaiser Franz Joseph.«

Ich habe keine Schwierigkeiten, schauspielerisch etwas zu gestalten. Durch meine langjährige Tätigkeit am Reinhardt-Seminar weiß ich, wie man sich einer Rolle annähert. Der Vorgang des Rollenstudiums lässt sich mit einer Perlenkette vergleichen. Eine Perle reiht sich an die andere, dazwischen sind die Verbindungsglieder, Knöpfchen, an denen man sich orientiert und die alles zusammenhalten. So entsteht die Rolle, und je besser man so eine Kette binden kann, umso dichter entwickelt sich die innere Figur. Das ist ein sehr angenehmer Vorgang, weil ich mich dann in einer wunderbaren Abarbeitung des eigenen Seins befinde.

Ich befreie mich von meinen eigenen Schwierigkeiten, indem ich vieles aus mir herausplärren kann, und weil durch das Plärren klar wird, dass vieles gar nicht so wichtig ist. Ich kann mit Fug und Recht behaupten, der Beruf ist wie eine Therapie. Wenn ich ins Theater komme und durch ungünstige Ereignisse mies gelaunt bin, eine schlechte Nachricht oder eine Enttäuschung mit mir herumtrage, kann ich davon ausgehen, dass zwei Stunden später aller Ärger und Kummer wie weggewaschen ist, vorbei. Ich gehe raus und frage mich, wieso ich vorher traurig, verärgert oder sonst was war. Der Beruf hilft, sich von Belastungen zu distanzieren. Ein großer Vorteil. Diese Waschung ist einzigartig, sie passiert unabhängig vom Stück, es ist völlig gleichgültig, ob man in einer Komödie oder in einer Tragödie spielt. Das Theater putzt deine Innereien sehr schön aus.

Ich kann bei den Proben nicht ins Theater kommen und privaten Müll mitnehmen. Was geht mich der Müll der Anderen an, deren Ärger? »Mir geht es nicht gut, was soll ich machen?« Das kann man sagen, aber damit muss es genug sein. Denn interessieren tut es mich eigentlich nicht. Mich interessiert die Arbeit. Jeder Schauspieler sollte sich das abgewöhnen. Es kann passieren, aber zur Gewohnheit werden darf es nicht. Auf körperliche Beschwerden mit Grant zu reagieren, kann ich gut verstehen. Ich hatte einmal bei Proben Schmerzen und bat darum, man möge mich in Ruhe lassen, weil ich nicht verfügbar bin. An und für sich ist das nur möglich, weil ich so alt bin. Wäre ich jünger, hätte ich mich zusammenreißen müssen.

Bei Vorstellungen ist das anders. Da darf jeder mit dem Gesicht kommen, das er in dem Augenblick hat. Völlig egal, ob ich strahle oder sauer bin. Wenn ich spiele, spiele ich, was ich davor oder danach mache, ist meine Geschichte. Das sind zwei verschiedene Paar Schuhe.

Etliche Schauspieler sollten sich öfter daran erinnern, dass es nicht ihr eigener Text ist, den sie sprechen. Da bin ich sehr dahinter, das war immer schwer den Studierenden zu erklären. Sie merkten, dass ich bei allem, was ich spiele, sehr distanziert bin. Ich stecke emotional drinnen, aber ich vereinnahme die Rolle nicht und sie mich nicht.

Es ist schwer zu erklären. Ich steige völlig in die Rolle hinein, und dann breite ich sie aus. Ich muss die Figur mit meiner eigenen Intensität beleben, und dann werfe ich sie aus mir heraus und platziere sie. Ich stelle sie dem Publikum zur Verfügung: Schaut sie euch an, so ist sie, so stelle ich mir vor, dass sie sein könnte. Ich will das Publikum nicht bevormunden. Es ist ein Angebot. Ich sage nicht: So ist diese Frau, sondern: So könnte sie sein, so könnte sie empfinden. Ich will dem Zuschauer die Möglichkeit geben, dass er die Figur für sich definiert.

Diese Distanz hat den Vorteil, dass ich eine Figur stärker hinausschleudern und viel mehr von mir geben kann. Ich füttere die Rolle mit meiner eigenen Substanz. Dass dahinter ein Stoff steckt, viel Stoff, weil ich ja ein Mensch bin, der viel erlebt hat, ist klar. Bei der Umsetzung hole ich meine ganze Substanz aus mir heraus und setze sie ein.

Theater hat heute eine andere Bedeutung als früher. Die Leute sahen einst große Liebesszenen und ließen sich einreden: So schauen sie aus, die Gefühle. Das ist der Schmerz, das ist das Glück, das ist die Freude, das ist die Liebe. Sie übernahmen es für sich als Idealbild möglichst 1:1, wie wir Theaterleute selbst ja diesen »True Love«-Mist glaubten, weil er uns so serviert wurde. Deshalb waren wir ebenso überzeugt, Liebe habe so zu sein. Eine Lüge. Dein Schmerz ist nicht mein Schmerz. Wenn ich Schmerz spüre, kann mir der Schmerz auf der Bühne höchstens sagen: Tut mir leid, aber du wirst nicht diesen Schmerz haben, der dir vorgeführt wird, selbst wenn er dir bekannt vorkommt. Er ist es nicht.

Aus diesem Grund bemühe ich mich bei all meinen Rollen, nicht in dieses Bild hineinzukippen und nichts vorzugeben. Ich schaffe Optionen: Als Sarah Bernhardt war mir wichtig, nicht in das Klischee einer Diva hineinzugeraten. Was ich spielte, war nicht Sarah Bernhardt, ich wollte sie gar nicht sein. Nicht, wie man sie vor 30, 40 Jahren dargestellt hätte, mit Drama und überhöhter Theatralik. Ich erzähle mit meinem Körper eine

Geschichte, nicht mit den Worten. Mit dem Körper ist es ein Ausdruck, bei dem ich das Publikum treffe: Das sieht und sich erinnert, als sich sein Innerstes genauso anfühlte, wie ich es ihm zeige, Schmerz, Freude, was auch immer. Ich will, dass die Leute in die eigene Fantasie gehen und sich nicht von mir beträufeln lassen von vorgegebenen Rollen und Empfindungen. In meiner Sarah Bernhardt entdeckten die Leute ihre Mutter, ihre Ehefrau, Teile von sich selbst. Darum geht es mir, das ist es.

Es wird nicht mehr behauptet, das ist Schmerz, so ist er, und so hat er zu sein. Gut so.

Die Aneignung einer Rolle ist ein Prozess, der für manche sehr bedeutsam scheint. Ich finde ihn nicht so wichtig, denn es geht doch mehr um die Frage, was diese Figur da jetzt sagt, die ich spielen soll. Alles andere, Gestik, Mimik, Körperhaltung, Bewegung, ergibt sich daraus wie von selbst.

In der Schauspielerei fasziniert mich zuerst der Körper, dann das Wort. Ich erinnere mich an eine Kritik über Eleonora Duse: »Sie zeigte mit ihrem Körper einen Kuss.« Das strebte ich an: Mit dem Körper Dinge darzustellen, die so und so aufgefasst werden können. Es ist eine Bewegung, die offen und frei interpretiert werden kann. Eine andere Bewegung zu einer anderen Emotion. Eine Emotion, die mit dem Satz nichts zu tun hat, aber aus dem Körper spricht.

Als ich im Sommer 2010 in Reichenau die Rosalie in Daniel Kehlmanns *Ruhm* spielte, ging es um eine alte Frau, die weiß, dass Sterben nicht einfach ist und sie es partout nicht will, weil sie eine Chance für ein Weiterleben sieht. Da ist ein Körper scheinbar unwichtig, er steht herum, spuckt seinen Protest aus, hilflos und verängstigt. Weil er findet, dass es nicht umzusetzen ist, was sich der Herr Schriftsteller vorstellt, der einfach so über einen Menschen drüber fährt. Ich muss mich nicht anstrengen, Rosalie steht einfach da. Sie ist verloren, und wenn ein Mensch verloren ist, hat er eine indifferente Haltung, die ich aber niemals künstlich hervorrufen könnte. Ich sage mir, du bist jetzt ganz alleine, und dann kommt es von selbst. Rosalie sprudelt in passiver Körperhaltung alles aus sich heraus und erreicht daher einen Wahrheitseffekt, der für das Publikum ganz ungeheuerlich ist. Die Leute kamen zu mir und schwärmten, es sei eine meiner besten Rollen.

Ich stelle mich beim Proben nicht vor den Spiegel. Das würde ich nie tun. Ich kann mich auf meinen Körper verlassen, stelle mich hin, und er macht. Für Sarah Bernhardt brauche ich keine künstliche Beinprothese, die beim Humpeln hilft. Ich habe vielleicht manchmal aufs Hatschen vergessen, aber das ist egal, das Publikum merkt es in neun von zehn Fällen nicht, und selbst wenn: Was ist dabei? Es muss alles lockerer und selbstverständlicher sein.

Ich bin kein Fan von Kostümierung. Ich habe einen untrüglichen Sinn für Farben und weiß von vornherein, wie die Person auszusehen hat, die ich spiele. Nie würde ich mir für eine Rolle die Haare färben. Die Haarfarbe spielt keine Rolle für die Wirkung der Figur. Nicht im Traum würde mir einfallen, eine Perücke aufzusetzen. Nur unter Zwang – oder wenn es sein muss, muss es eben sein.

Gegen Schminke habe ich eine gewisse Abneigung. Ich mag sie nicht. Es dauert mir zu lange, und wenn ich sie trage, habe ich das Gefühl, zugepappt zu sein, ein zweites Gesicht zu haben.

Mit 19 schminkte ich mich viel und stark, bis ich drauf kam, dass es mich viel älter macht. Ich ließ es bleiben, was angenehm war, denn das Abschminken war mir lästig. Die ganze Nacht feierte ich durch und wollte frühmorgens nur noch ins Bett, ging aber nicht, weil ich noch die blöde Schminke aus dem Gesicht waschen musste. Ich hatte immer das Gefühl, eine zweite Haut zu haben.

Beim Theater ging es eine Zeit lang nicht anders, es musste geschminkt werden. Ganz grausig war das Herumgepatze beim Filmen. Maskenbildnerinnen schafften es, in einer Stunde aus einem hübschen Gesicht eine ausdruckslose Maske zu machen. Du hast das Gefühl, du sitzt nicht mehr vor dem Spiegel – was dich anglotzt, ist eine andere Person, grausig.

Eva Bartok drehte 1953 *Der letzte Walzer* mit Curd Jürgens. Bei dem Film lernten sie sich kennen, er verliebte sich in sie. Ich mochte Curd. Er plauderte gerne mit mir über seine furchtbaren Frauengeschichten.

»Kurti, sei vorsichtig, diese Frau legt dich!«, warnte ich ihn vor Bartok.

Er wollte es nicht glauben: »Das verstehst du nicht.«

Die Ehe wurde bekanntlich ein Desaster. Curd war in dieser Beziehung völlig ahnungslos.

An Bartok bemerkte ich, dass sie sich nur wenig schminken ließ, obwohl sie sehr viel älter wirkte als ich.

»Warum macht ihr das nicht mit einem jungen Gesicht?«, fragte ich die Regisseure.

Sie sahen mich verständnislos an: »Nein, das geht nicht.«

Also blieb mir nichts anderes übrig. Aber irgendwann begann ich zu kämpfen, auch am Theater. Ich wollte mich nicht mehr schminken lassen. Nur noch Augen, Lippen, es merkte kein

48/49 *»Home« von David Storey, Josefstadt 1972, und Kainz-Medaille dafür: Mit Erik Frey*
*50 Seit Jahrzehnten: Komische Kunst mit Alfred Böhm und Heinz Marecek in der Josefstadt und in den Kammerspielen*

*51 Mit Fritz Eckhardt und Kurt Jaggberg in »Tatort: Mord im Ministerium«, 1974*

*52/53 Mit Peter Patzak und Michael Schottenberg bei den Dreharbeiten zu »Kottan ermittelt: Der Geburtstag«, 1977. – Als heruntergekommene Hausbesitzerin in ihrer vergammelten Küche: »Kottan ermittelt: Die Einteilung«, 1982, mit Lukas Resetarits und Curt Anatol Tichy* ▶

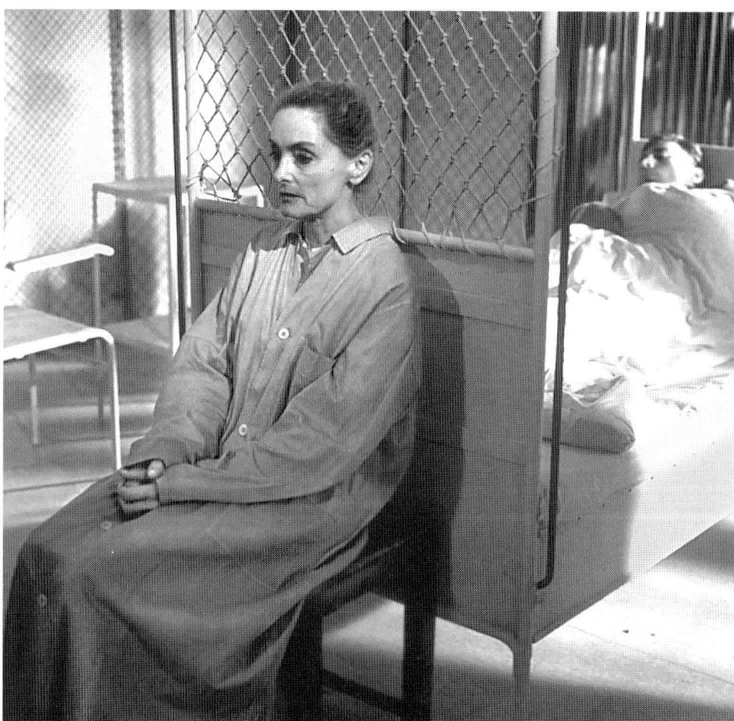

*56 Professorin am Max-Reinhardt-Seminar*

◀ *54/55 Mit Richard Linklater bei den Dreharbeiten zu »Before Sunrise«, 1995. – In »St. Petri Schnee« von Peter Patzak, 1991*

*57 Der Schluck aus der Wasserflasche*

*58 Mit Erwin Steinhauer in »Blumen für Polt«, 2001*

*59 Mit Michael Rastl in »Prinzessinnendramen« von Elfriede Jelinek, Volkstheater 2005*

*60 Am Life Ball 2006*

*61 Hexisch*

*62 80. Geburtstag – Michael Schottenberg huldigt.*

*63 Fitnessprogramm, denn von nichts kommt nichts.*

*64 Achtung, liebe Kinder, hier wohnt Erni Mangold!*

Mensch, und ich hatte den Vorteil, schneller fertig zu sein, vor der Aufführung und nachher, weil ich mir das Abschminken sparte. Sehr angenehm.

Meine Haut nimmt Licht nicht auf und glänzt nie, selbst beim Fernsehen kam keiner auf die Idee, dass ich nicht geschminkt sein konnte.

Es muss nicht geschminkt werden, es wirkt auch so.

*

Die Kapazunder wie Lietzau, Stroux oder Gründgens hatten ihre Qualitäten. Irgendwas wusste ich mir immer davon zu nehmen. Ich denke, gute Regisseure lassen dem Schauspieler Freiräume. Beim Theater sind die Schauspieler die Nummer eins, beim Film ist es der Regisseur. Es gab früher beim Theater autoritäre Regisseure, aber wer einen Schauspieler zu sehr quetscht und drückt, engt ihn ein, macht ihn nicht besser, sondern schlechter.

Der Filmregisseur muss Führungsqualitäten haben und sie einsetzen. Hat er die nicht, muss er eine andere Kraft mitbringen. Er trägt die Verantwortung – für Ausstattung, Kamera, Schnitt, die Umsetzung des Drehbuchs. Als Schauspieler im Film kann ich das Endergebnis nicht beeinflussen, außer dass ich gut bin.

Manchmal macht der Kameramann den Film, und der Regisseur ordnet sich ein. Fassbinder hatte das Bild im Kopf, er wusste genau, wie die Szene am Ende aussehen sollte. Er stand vor dem Set, schaute sich alles genau an und sagte zum Kameramann: »Du musst zwei Millimeter nach links.« Zwei Millimeter, irre, der Mann hatte die Szene gestochen scharf im Kopf.

Xaver Schwarzenberger ist Kameramann und Regisseur in einem, mehr Kameramann. Er inszeniert mit der Kamera. Und das sehr gut.

Das Gefühl, nach bestimmten Vorstellungen in komischer Stimmung zu sein, ist mir dennoch gut bekannt. Zwanzig Minuten nachher kann es sein, dass ich Aufmerksamkeitsstörungen bemerke, beim Autofahren ist das nicht ganz ungefährlich. Ich schaffe es für gewöhnlich relativ schnell, mich am Riemen zu reißen und die Konzentration auf den gegenwärtigen Moment zu richten.

Wenn Leute gut in ihrem Beruf sind, verlieren Sympathien oder Antipathien ihre Bedeutung. Meistens mag ich Menschen, wenn sie gut sind. Manchmal kann es schwierig werden mit jungen Rotzlöffeln, die glauben, sie sind etwas Besseres. Aber die werden weniger. Natürlich gibt es solche, die gut sind und sich ekelhaft aufführen. Ich hatte nie Schwierigkeiten, ihnen die Schneid abzukaufen: »Halt die Papp'n oder ich geh« – dazwischen gibt es nichts. Wenn es zu schlimm wird, zu enervierend und sie die Arbeit stören, dann gehe ich. So einfach ist das.

Früher bedeutete mir Applaus mehr, heute nehme ich ihn dankbar entgegen. Buhrufe finde ich okay. Als ich früher in die Oper ging, buhte ich selbst tüchtig, wenn ich es für gerechtfertigt hielt. Theater sollte lebendig sein. Ich fand es nie gut, wenn es zu still abläuft.

Am Theater war mir der rote Teppich lange Zeit im Weg. Ich mochte ihn nicht, diese aufgeblasenen Rituale machten mich nervös. Ins Theater durch den Hintereingang zu gehen, die Schminkerei, das ganze gelackte Getue, das alles war mir zuwider. Dann trittst du auf, siehst hinunter und vor dir nur schwarz, du siehst – nichts. Das fand ich am Anfang aufregend, später wurde es zur Last.

Mit 50 entschied ich, alternativ zu spielen. Das war nun ganz anders, ich ging beim Haupteingang hinein, die Leute redeten mich an, ich plauderte mit ihnen und merkte: Uh, das tut mir gut, uh, das ist angenehm, uh, das ist fein! Es fiel mir nicht im Traum ein, das Theater der Jugend, das GemeindeHOFtheater und die anderen Kleinbühnen als Abstieg zu sehen, obwohl ich davor von Anfang an nur in den großen Häusern aufgetreten war. Heute kann ich sagen, dass ich diese Form des lebendigen Theaters am meisten liebe.

Ich genieße es, mit den Leuten in den Außenbezirken zu reden, davor, danach. Ich gehe gerne auf Tuchfühlung mit den Zuschauern. Es macht mir nichts, wenn ich beim Haupteingang eines Theaters hinauszische und auf Menschen stoße, die in der Aufführung waren. Manchmal reden sie mich an, wollen Autogramme, dann sind sie wieder schüchtern und trauen sich nicht, mich anzusprechen. Mir ist beides recht.

Ich mag es, im Freien zu spielen. Wenn Kinder schreien, der Hund bellt, das ist lebendig, dann bin ich in meinem Element. Als ich das erste Mal im Gasthaus spielte, fand ich das hervorragend und werde es nie vergessen.

Seit ich dieses »normale« Theater kenne, stört mich der rote Teppich nicht mehr. Na gut, sage ich mir, dann sitzen sie jetzt halt unten, die Leute, und ich sehe sie nicht. Egal. Aber ich habe nicht mehr dieses merkwürdige Gefühl des Abgesondertseins. Es ist schön, wenn man sein Publikum ein bisschen kennt und es nicht nur rein- und rausschleichen sieht.

Ich könnte mir vorstellen, dass mich die Leute schätzen, weil ich meinen Job gut erledige. Und weil sie glauben, dass sie mich bei jeder Vorstellung womöglich das letzte Mal lebend auf der Bühne gesehen haben. Dass ich als Puck im *Sommernachtstraum* den Fünf- und Sechsjährigen gefalle, liegt daran, dass ich eine gewisse Kindlichkeit habe. In meinem Alter ist das natürlich von Vorteil. Die Alten bewundern mich, die Jungen mittlerweile ebenso, weil ich tüchtig bin. »Ui, wir möchten gern so fit sein wie sie!«, wünschen sie sich.

Sie mögen das Schlitzohrige an mir: »Sie ist zwar eine alte Frau, aber wenn sie ihren Willen durchsetzt, könnte sie in ihrer Schalkhaftigkeit ebenso acht Jahre alt sein.« Das strahle ich offenbar aus. Dazu kommt der »Fitnessbonus«: »Mah, ist die noch gut beinander! Mah, kann die springen! Mah, hast den Striptease gesehen? Die kann sich noch so toll bewegen! Hoffentlich bin ich auch einmal so fit!« Darauf kann ich nur sagen: Der liebe Gott macht das nicht. Man muss schon etwas dazu tun. Hoffnung allein wird nicht reichen.

Es gibt Zeiten, da stehe ich sechs Mal pro Woche am Abend auf der Bühne, und tagsüber lerne ich für das nächste Stück. Ich staune manchmal selbst, wie ich das alles schaffe. Schonen muss ich mich nicht für die paar Jahre, die da noch bleiben. Solange es mir gut geht, mach ich, was ich kann und will.

Umgekehrt kenne ich natürlich das Gefühl, dass alles zu viel wird. Es ist zwiespältig. Wenn ich mitten in einer intensiven Arbeitsphase stecke, ist es kein Problem, und ich bin stolz auf meine Kraft und Energie. Aber davor und danach plagen mich Gefühle der Überforderung, und ich werfe mir vor, wieder nicht Nein zu einem Rollenangebot gesagt zu haben. Und ich über-

*So sieht mich die Karikaturistin Winnie Jakob*

schätze manchmal meine Energien. Dann komme ich an einen Punkt, an dem meine Energie nicht mehr vorhanden ist und ich es nicht merke. Da kann es zu einer körperlichen Schwäche kommen.

Heute, da ich alt bin, passe ich auf und schone mich während der Arbeit, oder ich sage: Man hat mich zu schonen.

Als ich heute Morgen mit dem Auto nach Gars fuhr, hörte ich auf Ö1 jemanden fragen: Haben Sie Selbstbewusstsein? Hab ich? Wenn man schon so lange dabei ist wie ich, hat man es einfach, werden die meisten sagen. Ich frage mich, ob das so stimmt und bin mir nicht ganz sicher. Das Selbstbewusstsein ist trügerisch. Es macht uns vor, es ist da, aber es ist ein Leben lang ein wackeliges Gerüst. Das Wackeln finde ich gar nicht schlecht, denn nur daraus lernt man, weiß, wer man ist, und was man kann. Oberflächlichkeit spielt in dem Zusammenhang übrigens eine wichtige Rolle. Eine gewisse Oberflächlichkeit in dem Sinn, nicht alles an sich heranzulassen, sondern einmal gekonnt zu ignorieren, nicht wahrzunehmen, hilft durch schwierige Zeiten.

Als Schauspielerin schöpfe ich aus meiner Persönlichkeit.

Ich habe ein Ritual bei jeder Aufführung: Kurz vor meinem Auftritt stelle ich mich hin, halte meine Knie locker, gehe leicht in die Beuge, strecke das Brustbein vor, lasse die Schultern fallen und die Arme nach unten baumeln. Ein Fragezeichen. Das bringt mich auf Null und entspannt mich völlig.

Ich bin bereit und gehe raus.

# Anhang

## *Erni Mangold als Theaterschauspielerin*
*(soweit feststellbar – M = Musik, U = Uraufführung)*

| Stück | Autor | Rolle | Aufführungsort |
|---|---|---|---|
| **1946** | | | |
| Pedro, Pablo und die Gerechtigkeit | Emil František Burian | Wera Lukasch | Theater in der Josefstadt/ Studio – Kleines Haus |
| George Dandin | Molière | Clodine, Kammermädchen | Theater in der Josefstadt/ Studio – Kleines Haus |
| **1947** | | | |
| Seitensprünge (U) | Hans Weigel/ M: Alexander Steinbrecher | | Theater in der Josefstadt/ Studio – Kleines Haus |
| Der Herr im Haus | Howard Lindsay Russel Crouse | Mary Skinner | Theater in der Josefstadt |
| Das Konzert | Hermann Bahr | Eva Gerndl | Theater in der Josefstadt |
| **1948** | | | |
| Wie werde ich reich und glücklich? | Felix Joachimson/ M: Mischa Spoliansky | Das Mädchen mit dem roten Faden | Theater in der Josefstadt/ Studio – Kleines Haus |
| Es schlägt 12, Herr Doktor! | Hans Adler | Zweite Dame/ Agnes | Theater in der Josefstadt/ Studio – Kleines Haus |
| **1949** | | | |
| Finden Sie, dass Constanze sich richtig verhält? | William Somerset Maugham | | Volkstheater Wien |
| Baisers mit Schlag (U) | Fritz Habeck | Liesl, Zofe | Theater in der Josefstadt |
| Dann lieber nach Afrika | Noël Coward | Daphne Stillington | Theater in der Josefstadt |
| Ein Mann wird gesucht | Michel Duran | Janine | Theater in der Josefstadt/ Studio – Kleines Haus |
| Entweder – oder (U) | Hans Weigel/M: Alexander Steinbrecher | B 12337, ein junges Mädchen | Theater in der Josefstadt/ Studio – Kleines Haus |
| Wir sind so frei | Aldo Pinelli Rolf Olsen | | Theater in der Josefstadt/ Studio – Kleines Haus |

| Stück | Autor | Rolle | Aufführungsort |
|---|---|---|---|
| **1950** | | | |
| Das große ABC | Marcel Pagnol | Stenotypistin | Kammerspiele Wien |
| Der Tod des Handlungsreisenden | Arthur Miller | Fräulein Forsythe | Theater in der Josefstadt |
| Ein seltsames Mädchen | Pierre Barillet<br>Jean-Pierre Grédy | Solange | Theater in der Josefstadt |
| Ich müsste lügen | Michel Duran | Ria | Theater in der Josefstadt |
| Von Menschen und Mäusen | John Steinbeck | Curleys Frau | Theater in der Josefstadt |
| **1951** | | | |
| Armer Liebling | Paul Barnett | Andrea, ein Model | Kammerspiele Wien |
| Blaubarts achte Frau | Alfred Savoir | Lucienne | Kammerspiele Wien |
| Frauen in New York | Clare Boothe | Crystal Allen | Wiener Bürgertheater |
| Grüne Jalousien | A. R. Whatmore | Alice | Theater in der Josefstadt |
| Der Engel vom Montparnasse | Jean Giltène | Die erste Verkäuferin | Kammerspiele Wien |
| Stunde der Verführung | Anna Bonacci | Sally | Theater in der Josefstadt |
| **1952** | | | |
| Begegnung | Noël Coward | Beryl Waters | Kammerspiele Wien |
| Der böse Geist Lumpazivagabundus | Johann Nestroy | | Wiener Bürgertheater |
| Meine Schwester Ellen | Joseph Fields<br>Jerome Chodorov | | Wiener Bürgertheater |
| Polizeirevier 21 | Sidney Kingsley | Ladendiebin | Wiener Bürgertheater |
| Räubergeschichte | Edmund Wolf | Doris Rudinger | Kammerspiele Wien |
| **1953** | | | |
| Johanna aus Lothringen | Maxwell Anderson | Tessie/<br>St. Katharina/<br>Aurore | Theater in der Josefstadt |
| Wege des Zufalls | Karin Jacobsen | Monica | Theater in der Josefstadt |

| Stück | Autor | Rolle | Aufführungsort |
|---|---|---|---|
| **1954** | | | |
| Der erste Frühlingstag | Dodie Smith | Betty Gwynne | Theater in der Josefstadt |
| Miau | Ladislaus Fodor | Ruth Gardner/ Berenice, eine Katze | Kammerspiele Wien |
| Der Kaiser von Amerika | George Bernard Shaw | Orinthia | Bregenzer Festspiele, Stadthalle (Produktion des Burgtheaters Wien) |
| **1955** | | | |
| Mariana Pineda | Federico Garcia Lorca | Amparo | Theater in der Josefstadt |
| Das kalte Licht (U) | Carl Zuckmayer | Precious Fillebrown | Deutsches Schauspielhaus in Hamburg |
| **1956** | | | |
| Bei Kerzenlicht | Karl Farkas Siegfried Geyer/ M: Robert Katscher | Ida | Kammerspiele Wien |
| Nichts Neues aus Hollywood (U, spätere Rollenübernahme) | Curt Goetz | | Deutsches Schauspielhaus in Hamburg |
| **1957** | | | |
| Volpone | Stefan Zweig nach Ben Jonson | Canina | Deutsches Schauspielhaus in Hamburg |
| **1958** | | | |
| Der schlafende Prinz | Terence Rattigan | Elsie Marina | Thalia Theater Hamburg |
| Der Verführer | Diego Fabbri | | Komödie, Berlin |
| **1960** | | | |
| Die kleine Frau Molière | Jean Anouilh | Die Duparc | Deutsches Schauspielhaus in Hamburg |

| Stück | Autor | Rolle | Aufführungsort |
|---|---|---|---|
| **1961** | | | |
| Michael Kramer | Gerhart Hauptmann | Liese Bänsch | Deutsches Schauspielhaus in Hamburg |
| Don Gil von den grünen Hosen | Tirso de Molina | Donna Clara | Deutsches Schauspielhaus in Hamburg |
| **1962** | | | |
| Weh dem, der nicht lügt (U) | Richard Hey | Jolly | Deutsches Schauspielhaus in Hamburg |
| Othello | William Shakespeare | Bianca | Deutsches Schauspielhaus in Hamburg |
| Das Konzert | Hermann Bahr | Eva Gerndl | Deutsches Schauspielhaus in Hamburg |
| Scherz, Satire, Ironie und tiefere Bedeutung | Christian Dietrich Grabbe | Großmutter des Teufels | Deutsches Schauspielhaus in Hamburg |
| **1963** | | | |
| Der König stirbt | Eugène Ionesco | Juliette | Deutsches Schauspielhaus in Hamburg |
| **1964** | | | |
| Der Schwierige | Hugo von Hofmannsthal | Antoinette Hechingen | Deutsches Schauspielhaus in Hamburg |
| Der Herr aus der Provinz (Monsieur de Pourceaugnac) | Molière | | Deutsches Schauspielhaus in Hamburg |
| **1965** | | | |
| Die Chinesische Mauer | Max Frisch | Cleopatra | Deutsches Schauspielhaus in Hamburg |
| Die Ballade von Peckham Rye | Christopher Holme nach Muriel Spark | | Euro-Studio im Landestheater Salzburg |
| **1966** | | | |
| Das Glas Wasser | Eugène Scribe | Königin Anna von England | Düsseldorfer Schauspielhaus |
| Schwester George muss sterben | Frank Marcus | Alice McNaught | Theater in der Josefstadt/ Kleines Theater im Konzerthaus |

| Stück | Autor | Rolle | Aufführungsort |
|---|---|---|---|
| **1967** | | | |
| Polizeirevier 21 | Sidney Kingsley | Ladendiebin | Junges Theater, Hamburg (heute Ernst Deutsch Theater) |
| **1968** | | | |
| Die Frage | Hans Krendlesberger | Edith | Theater in der Josefstadt/ Kleines Theater im Konzerthaus |
| Das Geld liegt auf der Bank | Curth Flatow | Anna/ Erna | Kammerspiele Wien |
| Faust I | Johann Wolfgang von Goethe | Marthe Schwerdtlein | Düsseldorfer Schauspielhaus |
| Urfaust | Johann Wolfgang | Marthe Schwerdtlein | Junges Theater, Hamburg |
| **1969** | | | |
| Bäcker, Bäckerin und Bäckerjunge | Jean Anouilh | Elodie | Schauspielhaus Zürich |
| **1970** | | | |
| Die Intrigantin oder Ehe mit beschränkter Haftung | Pierre Bürki | Leslie/Mutter | Theater in der Josefstadt/ Kleines Theater im Konzerthaus |
| **1971** | | | |
| Letzte Grüße, lieber Charlie | George Axelrod | Charlie | Theater in der Josefstadt/ Kleines Theater im Konzerthaus |
| **1972** | | | |
| Home | David Storey | Kathleen | Theater in der Josefstadt |
| Bitterer Honig | Shelagh Delany | Helen | Theater der Jugend, Wien, und thaedok |
| **1973** | | | |
| Don Juan in der Hölle | George Bernard Shaw | Donna Anna | Vereinigte Bühnen Graz, Opernhaus |

| Stück | Autor | Rolle | Aufführungsort |
| --- | --- | --- | --- |
| Die Wirkung von Gammastrahlen auf Ringelblumen | Paul Zindel | Beatrice | Theater der Jugend, Wien |
| **1974** | | | |
| Macbeth | William Shakespeare | Lady Macbeth | Theater der Jugend, Wien |
| **1975** | | | |
| Techtelmechtel | John Chapman<br>Ray Cooney | Agatha Christie/<br>Smythe | Kammerspiele Wien |
| **1976** | | | |
| Das Interview | Hans Krendlesberger | Doris | Bregenzer Festspiele, Theater am Kornmarkt |
| **1977** | | | |
| Urfaust | Johann Wolfgang Goethe | Marthe Schwerdtlein | Theater in der Josefstadt |
| Die Irre (von Chaillot) | Jean Giraudoux | Josephine | Theater in der Josefstadt |
| **1978** | | | |
| Sonnenfinsternis | Christopher Hampton | Eugénie Krantz, Prostituierte | Kammerspiele Wien |
| Die Josefstadt – einmal anders | | Schauspielerin | Theater in der Josefstadt |
| Die gefesselte Phantasie | Ferdinand Raimund | Vipria, Zauberschwester | Theater in der Josefstadt |
| **1979** | | | |
| Bodies (Leib und Seele) | James Saunders | Anne | Kammerspiele Wien |
| Berggasse 19 | Henry Denker | Kathi | Theater in der Josefstadt |
| Moral | Ludwig Thoma | Klara Bolland | Theater in der Josefstadt |
| **1980** | | | |
| Ist das nicht mein Leben? | Brian Clark | Gillian Boyle, Sozialhelferin | Kammerspiele Wien |
| Unten durch (U) | Heinz R. Unger | Frau Zapletal | Schauspielhaus Wien |

| Stück | Autor | Rolle | Aufführungsort |
|---|---|---|---|
| **1981** | | | |
| Figaro lässt sich scheiden | Ödön von Horváth | Josepha/ Frl. Doktor Sänger | Theater in der Josefstadt |
| Liliom | Franz Molnár | Frau Muskat | Theater in der Josefstadt |
| **1982** | | | |
| Kybernetische Hochzeit | Lotte Ingrisch | Seraphim, ein Engel | Kammerspiele Wien |
| Cristinas Heimreise | Hugo von Hofmannsthal | Pasca | Theater in der Josefstadt |
| Hohn der Angst | Dario Fo | Der Arzt | GemeindeHOFtheater im BBB Kraftwagendienst, Wien u.a. |
| Abgebrannt | Georges Courteline | | Theater die Kulisse, Wien |
| **1983** | | | |
| Quartett | Heiner Müller | Merteuil | Schauspielhaus Wien |
| Was ihr wollt | William Shakespeare | Narr | Schauspielhaus Wien |
| **1984** | | | |
| Bruder Eichmann | Heinar Kipphardt | Dr. Frieda Schilch | Schauspielhaus Wien |
| Clara S. | Elfriede Jelinek | Haushalterin/ Geliebte | Schauspielhaus Wien |
| Die Hypochonder | Botho Strauß | | Schauspielhaus Wien |
| Über die Dörfer | Peter Handke | Alte Frau | Schauspielhaus Wien |
| **1985** | | | |
| Die Wirtin | Peter Turrini nach Carlo Goldoni | Dejanira, Schauspielerin | GemeindeHOFtheater im Strindberghof, Wien |
| **1987** | | | |
| Senkrechtstarter | Heinz R. Unger | Susi Schneck | GemeindeHOFtheater in der Zentralwerkstätte Wiener Verkehrsbetriebe u.a. |

| Stück | Autor | Rolle | Aufführungsort |
|---|---|---|---|
| **1989** | | | |
| Liebe und Magie in Mammas Küche | Lina Wertmüller | Francesca Soavi | Volkstheater Wien |
| **1990** | | | |
| Die Präsidentinnen (U) | Werner Schwab | Grete | Theater im Künstlerhaus, Wien |
| Wiener Totentanz | Lotte Ingrisch | Fini Tant | Theater in der Josefstadt im Rabenhof Theater |
| **1991** | | | |
| Übergewicht, unwichtig: Unform (U) | Werner Schwab | Die Wirtin | Schauspielhaus Wien |
| **1992** | | | |
| Alexander Widner | Nietzsche | Franziska Nietzsche | Schauspielhaus Wien |
| **1993** | | | |
| Strafraum | Elizabeth Schraml | Schwester Laetitia | Schauspielhaus Wien |
| Herz + Leber, Hund + Schwein | Hansjörg Schneider | Dottore | GemeindeHOFtheater Kuhheide Gießhübl u.a. |
| **1995** | | | |
| Der Zimmerherr | Lotte Ingrisch | Fränzi | Volkstheater Wien |
| Astoria | Jura Soyfer | Großfürstin Anastasia M. | GemeindeHOFtheater im Rabenhof Theater, Wien u.a. |
| **1996** | | | |
| Sauschlachten | Peter Turrini | Tonhofbäuerin | Stadttheater Klagenfurt |
| **1997** | | | |
| Bunuel, der Fisch und das Wasser (U) | Alexander Widner | Anna | Schauspielhaus Wien |

| Stück | Autor | Rolle | Aufführungsort |
|---|---|---|---|
| **1998** | | | |
| Elena und Robert | Gundi Ellert | Elena | Rabenhof Theater, Wien |
| Figaro lässt sich scheiden | Ödön von Horváth | Hebamme | Theater an der Wien |
| **1999** | | | |
| Nach dem Regen | Sergi Belbel | Exekutivdirektorin | Rabenhof Theater, Wien |
| Der Verschwender | Ferdinand Raimund | Ein altes Weib | Theater in der Josefstadt |
| **2001** | | | |
| Der Talisman | Johann Nestroy | Flora Baumscher | Volkstheater Wien |
| Fisch zu viert | Wolfgang Kohlhaase<br>Rita Zimmer | Klara Schellenberg | Kammerspiele Wien |
| **2002** | | | |
| Geschichten aus dem Wiener Wald | Ödön von Horváth | Großmutter | Sommerspiele Perchtoldsdorf |
| **2003** | | | |
| Don Juan kommt aus dem Krieg | Ödön von Horváth | Großmutter | Volkstheater Wien |
| **2004** | | | |
| Das Konzert | Hermann Bahr | Frau Pollinger | Volkstheater Wien |
| Arsen und Spitzenhäubchen | Joseph Kesselring | Martha Brewster | Kammerspiele Wien |
| **2005** | | | |
| Sechs Tanzstunden in sechs Wochen | Richard Alfieri | Lily Harrison | Volkstheater Wien |
| Prinzessinnendramen | Elfriede Jelinek | Schneewittchen | Volkstheater Wien |
| **2007** | | | |
| Quartetto | Ronald Harwood | Jean Horton | Volkstheater Wien |
| Orpheus in der Unterwelt | Hector Crémieux<br>Ludovic Halévy/<br>M: Jacques Offenbach | Öffentliche Meinung | Volksoper Wien |

| Stück | Autor | Rolle | Aufführungsort |
|---|---|---|---|
| **2008** | | | |
| Geschichten aus dem Wiener Wald | Ödön von Horváth | Großmutter | Volkstheater Wien |
| **2009** | | | |
| Ein Sommernachtstraum | William Shakespeare | Puck | Shakespeare Festspiele Rosenberg |
| **2010** | | | |
| Ganymed Boarding | Franz Schuh | | Kunsthistorisches Museum Wien |
| Tanzcafé Treblinka | Werner Kofler | A | Theater Nestroyhof |
| | | | Hamakom, Wien |
| Ruhm (U) | Daniel Kehlmann | Rosalie | Festspiele Reichenau |
| Altweiberfrühling | Stefan Vögel | Lisi Biegler | Kammerspiele Wien |
| **2011** | | | |
| Memoiren der Sarah Bernhardt | John Murrell | Sarah Bernhardt | Volkstheater Wien |
| Der böse Geist Lumpazivagabundus | Johann Nestroy | Lumpazivagabundus/ Ein Fremder/ Herr von Windwachel | Theater in der Josefstadt |

Außerdem zahlreiche Tourneen, u.a. 1961 mit »Michael Kramer« (Liese Bänsch) von Gerhart Hauptmann, 1963 mit »Don Juan in der Hölle« (Donna Anna) von George Bernard Shaw und 1965 mit »Anatol« (Ilona) von Arthur Schnitzler

## *Erni Mangold als Film- und Fernsehschauspielerin*
*(soweit feststellbar – Alternativtitel in Klammern)*

| Film/TV | Regisseur | Rolle |
|---|---|---|
| **1948** | | |
| Das andere Leben | Rudolf Steinboeck | Mizzi |
| Der Engel mit der Posaune | Karl Hartl | Martha Monica Alt |
| **1949** | | |
| Liebe Freundin | Rudolf Steinboeck | Doris Thaller |
| Lambert fühlt sich bedroht | Géza von Cziffra | |
| **1950** | | |
| Großstadtnacht | Hans Wolff | Susi |
| **1952** | | |
| Abenteuer im Schloss | Rudolf Steinboeck | Mizzi |
| **1953** | | |
| Der Vogelhändler | Arthur Maria Rabenalt | Ernestine |
| Arlette erobert Paris | Viktor Tourjansky | Marilou Bergeret |
| Der letzte Walzer | Arthur Maria Rabenalt | |
| Der Kavalier im Kleiderschrank | Arthur Maria Rabenalt | Susanne |
| Die Fiakermilli | Arthur Maria Rabenalt | Millis Nachfolgerin |
| **1954** | | |
| Echo der Berge (Der Förster vom Silberwald) | Alfons Stummer | Karin |
| Glück ins Haus | Hans Schweikart | |
| **1955** | | |
| Hanussen | O. W. Fischer | Priscilla Pletzak |
| Der falsche Adam | Géza von Cziffra | Dolly Dobbs |
| Ingrid – Die Geschichte eines Fotomodells | Géza von Radványi | Hanne. Ingrids Schwester |

| Film/TV | Regisseur | Rolle |
|---|---|---|
| **1956** | | |
| So süß ist kein Tod (TV) | Volker von Collande | Harriet Hunt |
| Uns gefällt die Welt | Robert A. Stemmle | Lisa |
| Ein Herz kehrt heim | Eugen York | Maxie Mell |
| Skandal um Dr. Vlimmen | Arthur Maria Rabenalt | Mientje |
| Lügen haben hübsche Beine | Erik Ode | |
| Die Ehe des Dr. med. Danwitz | Arthur Maria Rabenalt | Jutta, Mannequin |
| **1957** | | |
| Tolle Nacht | John Olden | Mannequin Ingrid Mai |
| **1958** | | |
| Der Maulkorb | Wolfgang Staudte | Gutsituierte Dame |
| Der Dank der Unterwelt (TV) | Rolf Hädrich | Eileen |
| Penelope (TV) | Harry Meyen | Gerücht |
| **1959** | | |
| Die Halbzarte | Rolf Thiele | Mizzi Schranz |
| **1960** | | |
| Sturm im Wasserglas | Josef von Báky | Lisa |
| Aufruhr (TV) | Josef von Báky | |
| Frau Warrens Gewerbe | Ákos Ráthonyi | Liz |
| **1963** | | |
| Reporter (TV) | Michael Kehlmann | Mollie |
| **1964** | | |
| Don Gil von den grünen Hosen (TV) | Gustaf Gründgens | Donna Clara |
| **1965** | | |
| Die Gigerln von Wien (TV) | Wolfgang Glück | Hansi Stelzer, Wiener Liedersängerin |

| Film/TV | Regisseur | Rolle |
|---|---|---|
| **1966** | | |
| Die Hinrichtung (TV) | Erich Neuberg | Frau Reindl |
| Die Ballade von Peckham Rye (TV) | Ewa Starowieyska<br>Franciszek Starowieyski<br>Jan Biczycki<br>Ottokar Runze | |
| Schöne Seelen (TV) | Edwin Zbonek | Mizzi Manhardt |
| Hafenpolizei: Der Nerz (TV) | John Olden | Tilda |
| **1967** | | |
| Wenn es Nacht wird auf der Reeperbahn | Rolf Olsen | Wanda |
| Ein Florentiner Hut (TV) | Kurt Wilhelm | Baronin |
| **1968** | | |
| Polizeirevier 21 (TV) | Heribert Wenk | Ladendiebin |
| **1969** | | |
| Die Enthüllung (TV) | Theodor Grädler | Karla Hofer |
| Der Bürger als Edelmann (TV) | Hellmuth Matiasek | Dorimène |
| Die Frage (TV) | Wolfgang Lesowsky<br>Erich Winterstein | Edith |
| **1970** | | |
| Ein unglücklicher Zufall (TV) | Claus Homschak | Camilla |
| Der Kommissar: Die kleine Schubelik (TV) | Georg Tressler | Martha Schubelik |
| Das Geld liegt auf der Bank (TV) | Herbert Fuchs<br>Friedhelm Kallina | Anna/Erna |
| **1971** | | |
| Letzte Grüße, lieber Charlie (TV) | C. Rainer Ecke<br>Friedhelm Kallina | Charlie |
| Die Intrigantin oder<br>Ehe mit beschränkter Haftung (TV) | Wolfgang Lesowsky<br>Friedhelm Kallina | Leslie/Mutter |

| Film/TV | Regisseur | Rolle |
|---|---|---|
| **1972** | | |
| Defraudanten (TV) | Helmut Pfandler | Isabella |
| Kinderarzt Dr. Fröhlich | Kurt Nachmann | Thussy Zwiesel |
| Der letzte Werkelmann | Jörg A. Eggers | Franzi |
| Was geschah auf Schloss Wildberg? (Sie nannten ihn Krambambuli) | Franz Antel | Emma Jellinek |
| **1973** | | |
| Hallo – Hotel Sacher … Portier!: Der Manager (TV) | Hermann Kugelstadt | Sekretärin Luise Miller |
| **1974** | | |
| Tatort: Mord im Ministerium (TV) | Fritz Eckhardt | Kora Wiesiewicz |
| **1976** | | |
| Ich will doch nur, dass ihr mich liebt (TV) | Rainer Werner Fassbinder | Mutter |
| Duett zu dritt | Gerhard Janda | |
| **1977** | | |
| Kottan ermittelt: Der Geburtstag (TV) | Peter Patzak | Wirtin |
| **1979** | | |
| Kassbach – Ein Porträt | Peter Patzak | Liesis Mutter |
| **1981** | | |
| Der Bockerer | Franz Antel | Besitzerin des Café Tosca |
| Die Weltmaschine (TV movie) | Peter Patzak | |
| **1982** | | |
| Den Tüchtigen gehört die Welt | Peter Patzak | |
| Kottan ermittelt: Die Einteilung (TV) | Peter Patzak | Hausbesitzerin |
| **1983** | | |
| Die letzte Runde (Strawanzer) | Peter Patzak | Willies Bekanntschaft |
| Kottan ermittelt: Mabuse kehrt zurück (TV) | Peter Patzak | Vorzimmerdame |

| Film/TV | Regisseur | Rolle |
|---|---|---|
| **1984** | | |
| Lebenslinien (TV) | Käthe Kratz | |
| **1987** | | |
| Der Schatz des Kaisers (TV) | Kurt Junek | |
| **1988** | | |
| L'heure Simenon: Les volets verts (TV) | | Mutter |
| L'heure Simenon: La mort d'Auguste (TV) | | Mutter |
| **1989** | | |
| Tatort: Geld für den Griechen (TV) | Peter Sämann | Frau Pieber |
| Der letzte Sommer (TV) | Peter Sämann | |
| Warum Neger schwarz? (Kurzfilm) | Alexander Schwarz | Tante |
| **1990** | | |
| Der veruntreute Himmel (TV) | Ottokar Runze | |
| Roda Roda (TV) | | |
| **1991** | | |
| St. Petri Schnee | Peter Patzak | |
| **1992** | | |
| Das Geheimnis | Michael Schottenberg | Anna Bäumer |
| **1995** | | |
| Before Sunrise | Richard Linklater | |
| Kommissar Rex: Gefährliche Jagd (TV) | Hans Werner | Frau Groh |
| **1996** | | |
| Kaisermühlen Blues: Die Kittelfalte (TV) | Harald Sicheritz | Minka |
| **1997** | | |
| Qualtingers Wien | Harald Sicheritz | |

| Film/TV | Regisseur | Rolle |
|---|---|---|
| **1998** | | |
| Drei Herren | Nikolaus Leytner | Alte |
| Kommissar Rex: Mosers Tod (TV) | Nikolaus Leytner | Frau Schuster |
| **1999** | | |
| Tatort: Nie wieder Oper (TV) | Robert Adrian Pejo | Viktoria Leon |
| **2000** | | |
| Der Verschwender (TV) | Karlheinz Hackl | |
| Happy Hour oder Glück und Glas (TV) | Xaver Schwarzenberger | Kundin Reisebüro |
| Vino santo (TV) | Xaver Schwarzenberger | Nelli |
| **2001** | | |
| Edelweiß (TV) | Xaver Schwarzenberger | Vera Dorfmeister |
| Blumen für Polt (TV) | Julian Pölsler | Anna Breitwieser |
| **2002** | | |
| Wer liebt, hat Recht (TV) | Matti Geschonneck | Mutter Claire |
| Ein Hund kam in die Küche (TV) | Xaver Schwarzenberger | Mutter Blum |
| Der Bulle von Tölz: Der Liebespaarmörder (TV) | Werner Masten | |
| Die Mutter (TV) | Matti Geschonneck | Gretchen |
| **2003** | | |
| Annas Heimkehr (TV) | Xaver Schwarzenberger | Josefa Schweighofer |
| **2004** | | |
| Die Heilerin (TV) | Holger Bartel | Paula |
| Schlosshotel Orth (TV) | Dagmar von Chappuis | Mathilda von Braun |
| Bauernprinzessin (TV) | Susanne Zanke | Burgi |
| Blatt und Blüte – Die Erbschaft (TV) | Michael Kreindl | Franzi |
| Bloch: Fleck auf der Haut (TV) | Stephan Wagner | Großmutter Johanna |
| Kommissar Rex: Das Donaukrokodil | Michael Riebl | Frau Gruber |

| Film/TV | Regisseur | Rolle |
|---|---|---|
| **2006** | | |
| Die Ohrfeige (TV) | Johannes Fabrick | Frau mit Bernhardiner |
| **2007** | | |
| Copacabana (TV) | Xaver Schwarzenberger | Rita |
| Zodiak – Der Horoskop-Mörder (TV) | Andreas Prochaska | Gertrud Orlak |
| Weiße Lilien | Christian Frosch | Frau Danneberg |
| Bauernprinzessin II – Kopf oder Herz (TV) | Susanne Zanke | Burgi Pichler |
| Tatort: Familiensache (TV) | Thomas Roth | Viktoria Papousek |
| Heile Welt | Jakob M. Erwa | Karins Mutter |
| **2008** | | |
| Anonyma – Eine Frau in Berlin | Max Färberböck | Achtzigjährige Frau |
| Nordwand | Philipp Stölzl | Großmutter Kurz |
| **2009** | | |
| Romy (TV) | Torsten C. Fischer | Großmutter Schneider |
| Schnell ermittelt: Graziella Bracci (TV) | Michael Riebl | Frau Havliczek |
| Genug ist nicht genug (TV) | Thomas Stiller | Johanna Clemens |
| Bauernprinzessin III – In der Zwickmühle (TV) | Susanne Zanke | Burgi |
| Hinter Kaiteck | Esther Gronenborn | Alma Lukas |
| **2010** | | |
| Fremdenzimmer (Kurzfilm) | Bela Lukac | Frau Wiener |
| Kottan ermittelt: Rien ne va plus | Peter Patzak | Mutter Ziwoda |
| Tod in Istanbul – Jeder hat seinen Preis (TV) | Matti Geschonneck | Mutter von Kurt Herder |
| Der Besuch (Animationsfilm) | Conrad Tambour | Die Alte |
| Echte Wiener 2 – Die Deppat'n und die Gspritzt'n | Barbara Gräftner | Morak |
| **2011** | | |
| Pilgerfahrt nach Padua (TV) | Jan Ruzicka | Frau Lechthaler |

## *Erni Mangold als Regisseurin*

| Stück | Autor | Aufführungsort |
|---|---|---|
| **1980** | | |
| Nur Kinder, Küche, Kirche | Dario Fo/Franca Rame | GemeindeHOFtheater im Künstlerhaus (Die Komödianten im Künstlerhaus) u.a. |
| **1982** | | |
| Endlich Ruhe | Peter Reinhard Gruber | Volkstheater Wien |
| **1986** | | |
| Kindsmord | Peter Turrini | Theater Drachengasse 2, Wien |
| **1996** | | |
| Party for Six | Wolfgang Bauer | Neue Studiobühne, Wien |
| **1997** | | |
| Nacht Mutter | Marsha Norman | Ensemble Theater Petersplatz, Wien |

# Preise und Auszeichnungen

1962 Hamburger Inselpreis
1971 Kainz-Medaille
2000 Kammerschauspielerin
2005 Nestroy-Theaterpreis
2006 Goldenes Ehrenzeichen für Verdienste um das Land Wien
2009 Goldenes Ehrenzeichen für Verdienste um das Land Niederösterreich
Preis der Freunde der Filmakademie für künstlerische Lebenshaltung
2012 Österreichisches Ehrenzeichen für Wissenschaft und Kunst

# Namenregister

*Die kursiven Ziffern verweisen auf Abbildungen*